罗宾斯谈管理 原书第8版

Supervision Today!

[美] 斯蒂芬 P. 罗宾斯（Stephen P. Robbins）
戴维 A. 德森佐（David A. DeCenzo）
罗伯特 M. 沃尔特（Robert M. Wolter）◎著
樊登　徐文◎译

机械工业出版社
CHINA MACHINE PRESS

这本《罗宾斯谈管理》由罗宾斯教授的经典教材《管理学》原书第8版改编而成。罗宾斯教授是著名的管理学和组织行为学学者，也是全球管理学和组织行为学领域的畅销书作者。他的《管理学》被世界上几千所大学选用为教材，并被翻译成20多种语言。此译本打破原有的教材体例，删去学习目标、课堂讨论、阅读理解、技能训练等原本专门为课堂教学设计的版块，只保留核心框架和精彩观点，化繁为简，旨在为一线管理者提供一本精炼、务实、完整而权威的管理指南。

图书在版编目（CIP）数据

罗宾斯谈管理/（美）斯蒂芬 P. 罗宾斯（Stephen P. Robbins），（美）戴维 A. 德森佐（David A. DeCenzo），（美）罗伯特 M. 沃尔特（Robert M. Wolter）著；樊登，徐文译. —北京：机械工业出版社，2016. 6(2017. 1 重印)

书名原文：Supervision Today!

ISBN 978-7-111-53910-0

Ⅰ. ①罗…　Ⅱ. ①斯…　②戴…　③罗…　④樊…　⑤徐…　Ⅲ. ①管理学　Ⅳ. ①C93

中国版本图书馆 CIP 数据核字（2016）第117423号

机械工业出版社（北京市百万庄大街22号　邮政编码　100037）

策划编辑：李新妞　　责任编辑：李新妞　廖　岩　何　洋

责任印制：李　飞　　责任校对：舒　莹

北京铭成印刷有限公司印刷

2017年1月第1版第2次印刷

170mm×242mm・21.5印张・3插页・326千字

标准书号：ISBN 978-7-111-53910-0

定价：69.00元

凡购本书，如有缺页、倒页、脱页，由本社发行部调换

电话服务	网络服务
服务咨询热线：（010）88361066	机工官网：www.cmpbook.com
读者购书热线：（010）68326294	机工官博：weibo.com/cmp1952
（010）88379203	金书网：www.golden-book.com
封面无防伪标均为盗版	教育服务网：www.cmpedu.com

译者序

关于管理的一切

樊登

我和罗宾斯他老人家还真是有缘分。大学时在一次图书馆清仓处理中就买了他的 *Training in Interpersonal Skills* 的英文原版书，虽然一直没工夫看，但后来竟然机缘巧合地被出版社委托让我和马思韬将其翻译成中文，也就是之前的那本《管人的艺术》。本来不打算继续翻译了，实在是太累也不赚钱。结果这次给我的任务是 *Supervision Today!* 我简单翻了翻，就发现这本书我实在是太熟悉了。

2008 年我在 IBM 参加了一个叫做 MDS（Management Development Service）的领导力授权课程，据说是在 2005 年被美国的 *Training* 杂志评选为“全球排名第一的领导力课程”。当时我们的第一个客户是海尔。我们用 MDS 参与了海尔的 1 000 天流程再造。不可否认的是，2008 年之后的海尔和之前判若两公司，无论是财务指标还是员工士气。这多多少少和我们帮助他们培养出的 600 名高管是有些关系的。那时候我们问 IBM 的外国老师，这门课有没有一本书或者几本书可以参考？他们总是讳莫如深，没有正经推荐过一本书。2016 年，当我看到罗宾斯这本经典的 *Supervision Today!* 时，我忍不住笑了。那门课程里面的几乎所有工具和方法都在这本书里！无论他们谁的研究在先，我得说，这些方法非常有效。

中国企业基本不怎么研究管理的方法，只是交流一些管人的经验。比如柳传志常说的“定战略、组班子、带队伍”，这里面包含着多少步骤和细节？我们的文化传统就不喜欢把它变成第一步、第二步、第三步……宋丹丹说“把大象关进冰箱分三步：打开门、把大象关进去、关门”在我们听来是特别有趣的笑话。但在西方人看来会问："难道不是这样吗？"他们的文化传统和思维模式就是把任何一个任务都拆分成模块和步骤。管理是什么？无非就是你怎么给员工布置工作，怎么和他们谈话，怎么激励他们，怎么带领他们创新，怎么完成变革……无论你要做哪件事，罗宾斯教授在这本书里都把它整理成步骤和方法。所以我说这里几乎涵盖了关于管理的一切！

一切？是不是说得有点满了？当然，如果你希望读了这本书就不再面对复杂的管理问题，不需要自己去身体力行，那肯定会失望。但我敢保证的是：**你在管理工作中遇到任何问题，都能够在书中找到相应的解决路径。**这是一种没有标准答案的指导，让答案变得更完美的，是你对所有工具的熟练运用和一点点正确的价值观。

杰克·韦尔奇和稻盛和夫都曾经指出，在工作中不应该有无谓的情绪。什么是无谓的情绪？就是纠结、生气、烦恼、担心、疑问、迷茫，却不去通过学习和实践来解决问题。随着我教过的管理者学生越来越多，还加上办樊登读书会，越来越多的人愿意来问我问题。我逐渐学会区分什么问题是真问题、什么问题只是在发泄情绪。真问题在遇到建议的时候会有行动的动力，假问题遇到任何答案都会有不去行动的理由。

能翻开这本书的人都是想寻找管理问题答案的人，希望你有动力读下去，找到你想要的。因为这里有**关于管理的一切**。

前　言

欢迎阅读第 8 版《罗宾斯谈管理》！这个版本一如既往地非常实用。在广大读者的支持下，这本书以前的版本大获成功。在这一版中，我们将继续保持这一趋势并带给你更好的阅读体验。

我们充分考虑了读者的反馈意见，力求使此书成为目前市面上最完善的管理学教材。本书继续关注管理学的基本内容，除了涵盖有效管理员工的一些基本、传统的概念，还具有较强的应用性、实用性和技巧性，方便读者使用。

第 8 版的基础

如果可以把概念和我们的日常生活联系起来，那么大多数人对概念的理解就会更加深刻。在本版中，我们通过一些实际生活中的观点、事例和实践来帮助你建立对管理的理解。当你有机会把这些知识运用到工作中时，你的工作效率会更高。与此同时，你会形成自己的管理技能组合。

随着时代的发展，管理工作变化巨大。如今主管们和更多元化的员工一起工作，这些员工具有不同的性别、民族和种族背景。管理工作也不断受到各种因素的影响，如技术的变革、日益激烈的市场竞争、公司的重组和工作流程的再设计等。虽然有诸多新变化，但管理者们仍需了解一些指导员工工作的传统内容以及需要具备的相关技能，比如设定目标、预算、计划、授权、会谈、协商、处理投诉、向员工提供咨询及评估员工的绩效等。

一本优秀的管理学教材必须既关注传统问题，又关注当代问题。我们通过聚焦相关问题、列举诸多事例、穿插大量图表，使抽象的概念变得鲜活。我们投入数年时间开创了一种“生动的、有趣的、对话式的”写作风格。也就是说，你能理解我们所讲的内容，仿佛我们就在你面前。当然，只有你能判断这本书是否具有可读性。我们建议你随机阅读几页，就会发现这本书不仅内容丰富，而且非常生动。

新增内容

读者对本书之前版本的反馈令我们非常满意。评论家和读者认为，本书内容翔实。在本版中，我们重点关注如今管理者如何应对不断变化的角色要求。本版新增内容主要包括以下几点：

1. 可持续发展（第 1 章）
2. 管理者的重要性（第 1 章）
3. 激励临时员工（第 2、7 章）
4. 工作场所多元化（第 1、2、7 章）
5. 企业家面临的监管问题（第 3 章）
6. 创业环境中如何招聘及留住员工（第 3 章）
7. 团队的项目结构（第 4 章）
8. 远程工作人员（第 4 章）
9. 虚拟网络组织（第 4 章）
10. 调控文化差异（第 5 章）
11. 决策中的大数据（第 6 章）
12. 决策中的设计思维（第 6 章）
13. 使用员工识别程序（第 7 章）
14. 平衡工作和生活（第 7 章）
15. 员工敬业度（第 8 章）
16. 解决问题、自我管理、跨职能和虚拟工作团队（第 10 章）
17. 管理全球团队（第 10 章）
18. 成对比较评价（第 11 章）

主要特点

在开始一段旅途之前，知道目的地在哪儿可以让我们少走弯路。阅读一本书时，这一道理同样适用。为使学习更富有成效，我们应了解本书具有的特点：

应对管理困境 每章开头有趣的小故事都与该章将要讨论的一个主题有关。尽管这些故事极具价值，但通常被人们忽略。为解决这一问题，也为使读者重点关注管理问题，这些开篇小故事都以情境困境的形式出现。无论你在哪家公司当主管，在职业生涯的某一刻你总会面对某一难题——应对这些问题不像遵循法律那么简单。这些开篇内容可以鼓励你思考所面临的问题，并开始提出行动计划来应对工作中的困境。本版中有三个开篇故事是新设计的，可以为工作困境提供一种当代视角。

重在理解 我们仍以问题的形式作为二级标题。每个问题均精心设置，以加强对特定信息的理解。每读完一章（或一节）后，你应能回答标题中的问题。如果你无法回答或对自己的答案不确定，便会知道哪些部分的内容应该重读、复习或投入更多精力。总之，这种标题形式是对阅读理解的自我检测。

批判性思维 批判性思维也是本书的一个重要目标。几年前，各培训机构开始认真审视自己，发现自己的培训项目需要增加基于语言的技能、知识和能力的课程。这取得了怎样的成果呢？实际上，这说明所有的培训项目都需要涵盖一些基础技能，如沟通、批判性思维、计算机技术、全球化、多元化、道德和价值观等。

第 8 版继承了这一特色，从知识到理解再到应用，逐步提高思维水平，帮助读者掌握关键技能。

致谢

本书的撰写凝结了许多人的辛勤劳动。尽管很多人的名字并不会出现在封面上，但是如果没有他们的帮助，本书不可能获得成功。在此，我们希望对那些为本书的面世做出无私奉献的人们致谢。

首先我们想向本书以往版本的读者致谢，你们为本书的修订提出了宝贵意见。我们十分重视所有反馈的评价和建议，希望把它们写进书里。然而有些时候，尽管一些评论和建议十分中肯，想把它们加进书里却并不可行。这并非我们不重视你们的意见，而是权衡了本书重点和反馈意见之后的选择。

最后，我们希望加上一些个人的致谢辞。

来自斯蒂芬的致谢辞：感谢我的妻子劳拉·奥斯帕尼克。她给予了我源源不断的灵感和支持，非常感谢她。

来自戴维的致谢辞：非常感谢我的家人，你们鼓励并支持我的工作。你们每个人对我来说都很重要，是你们给我的生命带来源源不断的爱和温暖。特里、马克、梅瑞狄斯、盖比瑞拉还有娜塔莉，谢谢你们。有你们做我的家人我感到十分荣幸。

来自罗伯特的致谢辞：我想感谢我的妻子希拉，在写作此书的过程中她一直支持我、鼓励我。我还想感谢我的孙女肯尼迪、凯瑟琳和卡罗琳，她们学习本书的热情给了我极大的鼓舞。写作本书也是一个学习的过程，我为有机会参与其中而心存感激。

邀请信

如果您想为我们提供反馈意见，欢迎联系我们。

请将您的反馈发送给戴维·德森佐，地址：E. Craig Wall, Sr. College, Coastal Carolina University, P.O. Box 269154, Conway, SC 29528-6054.邮箱：ddecenzo@coastal.edu。您也可以联系罗伯特·沃尔特，邮箱：spv2day@iupui.edu。不管以何种方式，我们欢迎您的反馈！

希望您喜欢阅读本书，正如我们欣然为您撰写本书一样。

斯蒂芬 P. 罗宾斯

戴维 A. 德森佐

罗伯特·沃尔特

目　录

第三部分　激励、领导、沟通及发展

第四部分 激励、领导、沟通及发展

1

第一部分
定义管理及管理工作中的挑战

在第一部分中,你将了解职场以及主管的职能。这部分的重点在于管理者的角色，以及在如今充满变化的职场中要成为一名成功的管理者所需的技能。管理职位也受到一些环境因素的影响。这些因素是什么？它们会如何影响主管的职能？

第1章　管理基础

应对管理困境

组织在不断变化，但组织的传统结构也随之改变了吗？答案基本上是否定的，传统的组织结构如今依然随处可见。然而，一些企业为了吸引潜在的员工，正在改变传统的组织结构。谷歌就是一个典型的例子。根据《财富》杂志的排名，谷歌已连续五年在“最佳雇主”中名列前五。[1]谷歌为何如此与众不同？员工为何都涌向谷歌这样的企业？

在传统的金字塔形组织中，操作员工处于最底层，他们之上依次是主管、中层管理者和高层管理者（见图1-1）。在这种垂直的组织结构中，高层管理者制定决策，自上而下地向底层员工传达命令。员工对组织的运作并没有多少话语权。

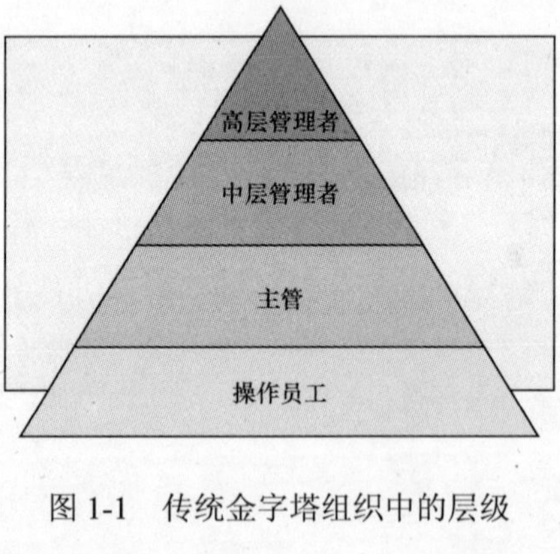

图1-1　传统金字塔组织中的层级

1 Fortune, “100 Best Companies to Work for,” *CNN Money*, 2014, http://money.cnn.com/magazines/fortune/best-companies (accessed May 23, 2014).

谷歌用一种独特的理念实现了跨职能的组织结构。这是一种水平的组织结构，更像一种团队管理模式。谷歌在官方网站中表示，公司有意保持一种“通常只有创业公司才有的开放文化，在这种文化中，每个人都亲自参与公司的成长，可以自在地分享观点、交流意见”。[2] 谷歌的福利待遇也是吸引员工的一个重要因素。谷歌声称，不论是员工的退休金，还是免费的午餐和晚餐，他们都力求根据每一位员工的需要量身定制。对于这样的企业，员工还会有什么不满意的地方吗？

你认为哪种组织结构最有效？为什么？你是否认为在某些情况下垂直的组织结构更有效，而在另一些情况下水平的组织结构更胜一筹？你更希望在轻松的工作环境下工作，还是在更结构化的组织中工作？

1.1　组织及其层级

主管在**组织**（Organization）中工作。在鉴别谁是主管以及他们的职务之前，有必要先阐明“组织”的含义。组织是为了达成某些特定目标而系统地聚集在一起的一群人。你所在的学院或者大学就是一个组织，还有超市、慈善机构、教堂、社区加油站、印第安纳波利斯小马队、诺基亚公司、澳大利亚牙医协会、西达斯西奈医院等，它们都包含了特定的共同特征，因此都是组织。

组织的共同特征是什么

所有的组织——不管其规模大小和核心业务——都具备三个共同特征：第一，每个组织都有目的。一个组织的特定目的由希望达成的一个或一组目标来表示；第二，每个组织都是由人组成的。组织由人来设定目标，也通过人来开展各种活动以实现目标；第三，所有的组织都构建了一个系统

2 Google, “Our Culture,” Google.com, http://www.google.com/intl/en/about/company/facts/culture (accessed May 23, 2014).

结构，以定义成员的角色并限制他们在工作中的行为。这种系统结构可能包括创建规章制度，给予某些成员监督其他成员的责任，组建工作团队，或者撰写职位描述使组织成员清楚自己的责任。

尽管组织及其结构千差万别，且经常根据组织运营的环境进行调整，但对于大多数传统的组织，我们可以将其结构表示为一个包含四个一般类别的金字塔（见图 1-1）。

组织的层级是什么

一般来说，组织可以分为四个不同的层级：操作员工、主管、中层管理者和高层管理者。我们先简要地了解一下每个层级。

金字塔的底层由**操作员工**（operative employees）构成。这些员工完成特定的任务，用体力来生产商品和服务。例如，汉堡王（Burger King）的前台销售员、前进保险公司（Progressive Insurance）的索赔调查员、丰田汽车公司（Toyota）的生产线工人和美国联合包裹运送服务公司（UPS）的包裹递送员。操作员工可能还包括许多专业的职位，如医生、律师、会计师、工程师和信息技术专家。他们的共同特征是一般不管理或者监督其他员工的工作。

接下来看图 1-1 中最高的两个层级。这些是传统的管理职位。**高层管理者**（top management）负责制定组织总体目标，并制定相应策略。在营利性机构里，典型的高层管理者头衔有董事会主席、首席执行官、总裁和高级副总裁；在非营利性机构中，高层管理者的头衔可能有博物馆馆长、地方教育官员或者州长。**中层管理者**（middle managers）位于高层管理者之下，管理其他管理者。他们负责在各自的部门或单位制定和实现特定的目标，但是他们的目标并不是独立制定的。相反，高层管理者制定的目标为中层管理者提供了具体方向。理想的情况下，如果每位中层管理者都实现了他们的目标，整个组织也就实现了它的目标。中层管理者的头衔有财务副总裁、销售总监、部门经理、团队经理、地区经理、项目经理或者高中校长。

让我们再回到图 1-1，现在唯一还未介绍的层级就是**主管**（supervisors）。和高层管理者与中层管理者一样，主管也是管理团队的一分子。与其他管理者不同的是，主管监督操作员工的工作。主管是唯一不管理其他管理者的管理者，也可以将主管看作**基层管理者**（first-level managers）。也就是说，从传统的金字塔形组织的底部算起，主管代表了管理层的第一个层级。

什么样的头衔能告诉你某人是一位主管？尽管头衔有时带有欺骗性，但那些拥有如下工作头衔的人，如助理经理、部门主管、部门主任、总教练、领班或者团队领导，通常都处于主管职位。主管工作的一个有趣的方面是他们可能和员工一起参与到操作性工作中。例如，汉堡王的柜台职员可能也是轮值主管；前进保险公司的索赔主管可能也处理索赔事件。需要注意的是，尽管主管会进行操作性的工作，但他们仍是管理层的一部分。1947 年美国国会通过了《塔夫脱-哈特莱法案》（Taft-Hartley Act），使这一点变得更为明确。该法案将主管排除在“员工”的定义之外，而且规定“主管是指那些能雇用、停职、调任、解雇、复职、升职、任命、奖励或者惩戒其他员工并且可以进行独立判断的人”。由于基层主管通常拥有这些职权，尽管他们也参与员工的工作，但并不会改变他们的管理者地位。事实上，他们仍旧被期望履行与管理相关的职责。

1.2　管理过程

组织具有共同特征，同样，组织内各个层级的管理者也有其共同特征。不论是华盛顿中心医院心脏科监督 11 个危重病人护理专家的护士长，还是拥有超过 15 万名员工的埃克森石油公司的首席执行官，尽管他们的头衔彼此大不相同，但他们的工作中有一些共同的要素。在这部分，我们将重点讨论管理过程和管理者们做什么。

什么是管理

管理（management）是指由其他人或与其他人一起有效果和有效率地将事情完成的过程。这里有必要讨论几个与该定义相关的术语：过程、效率和效果。

在管理学的定义里，**过程**（process）是指主管所从事的主要活动，我们称之为管理职能。在下一节我们将具体介绍这些职能。

效率（efficiency）是指合理地做事，表示投入和产出的关系。在给定的投入下，如果你能获得更多产出，就提高了效率；当用更少的资源获得相同的产出时，你同样提高了效率。因为主管的资源投入，如资金、人员和设备，是有限的，所以他们很关心如何有效率地使用这些有限的资源。因此，主管必须关注资源成本最小化。

尽管降低资源成本很重要，但仅有效率是不够的。主管还必须关注任务的完成。我们称之为**效果**（effectiveness）。有效果是指做正确的事。在组织中，这就是指目标的达成。图 1-2 显示了效率与效果之间的联系。效率会对效果产生深刻的影响，忽视效率会更容易实现效果。例如，如果忽视投入的劳动力和材料成本，就能生产出更精致、更高质量的产品。然而，这很可能导致严重的财务问题。因此，做一位好的主管意味着既要关心目标的达成（效果），又要尽可能地有效率。

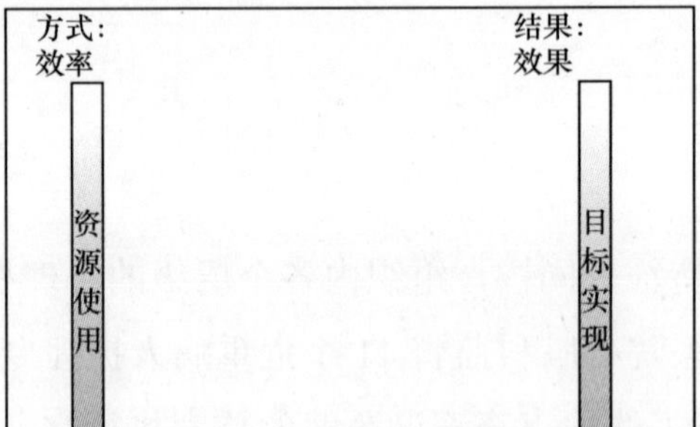

图 1-2　效率与效果

管理的四个职能是什么

在 20 世纪早期，法国工业家亨利·法约尔（Henry Fayol）提出所有的管理者都执行五种管理职能（management functions）：计划、组织、命令、协调和控制。[3]20 世纪 50 年代中期，加利福尼亚大学洛杉矶分校（UCLA）的两位教授将计划、组织、人员配置、指挥和控制职能作为他们的管理学教材的框架。[4]尽管管理职能一般已压缩为四个基本职能：计划、组织、领导和控制（见图 1-3），但大多数管理学教材仍围绕管理职能来组织框架。

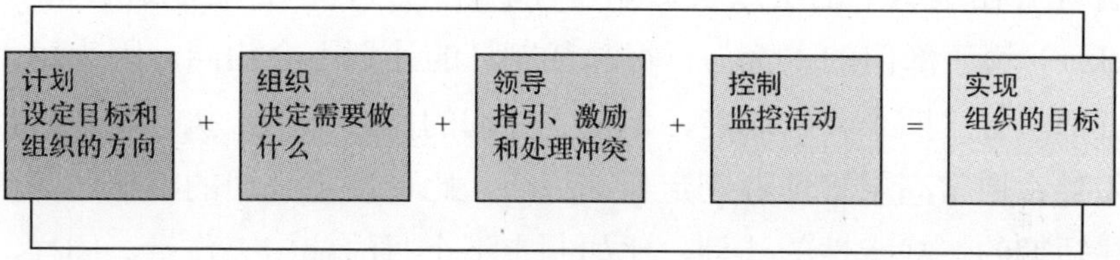

图 1-3　管理职能

既然组织是为实现某些目标而存在的，就必须有人来定义这些目标以及达到目标的手段。管理者正是这样的人。**计划**（planning）职能包括制定组织的目标，制定实现这些目标的总体战略，以及提出全面系统的行动方案以整合和协调活动。设定目标可以保证工作重点恰当，有助于组织成员将注意力放在最重要的部分。

管理者还必须将工作分解为一些易于管理的部分并协调结果以达到目标，这就是**组织**（organizing）职能。它包括决定进行哪些任务，谁来完成这些任务，如何组合这些任务，谁应该向谁汇报，以及什么时候需要做出决策。

我们知道每个组织都是由人组成的，管理者的部分工作就是指挥和协调这些人的活动。管理者的**领导**（leading）职能就是执行这项活动。当管理者激励员工，指引他人的活动，选择最有效的沟通渠道或者解决成员之间

3 H. Fayol, *Industrial and General Administration* (Paris: Dunod, 1916).

4 H. Koontrz and C. O'Donnell, *Principles of Management: An Analysis of Managerial Functions* (New York: McGraw-Hill, 1955).

的冲突时，他们就在执行领导职能。

管理者的最后一个职能是**控制**（controlling）职能。在设定了目标，制订了计划，决定了结构安排，雇用、培训并激励员工之后，仍会有一些事情出差错。为了保证工作进展，管理者需要监控组织的绩效。实际的绩效必须与事先设定的目标相比较，如果有严重的偏离，管理者有责任使组织重回正轨。监控、比较和调整的过程就构成了控制职能。

管理职能是否随组织的层级而有差异

管理者在组织中的层级会影响管理职能的执行。百得制造公司（Black & Decker）销售部门的主管与百得总裁制订的计划不会相同。因为尽管所有管理者都执行这四个管理职能，但由于他们的层级不同，执行职能时也会有很大差异。通常高层管理者制定长期战略，比如决定公司的整体业务；而主管关注短期的、战术性的计划，比如制定下个月的部门工作量。同样，高层管理者关心整个组织的架构；而主管则负责系统安排个人和小组的工作。

1.3 人们对主管的期望在不断改变

70 年前，如果你问一群高级管理人员，他们眼中主管的工作是什么，你会得到一个非常标准的答案。他们会这样描述主管（那个时代可能就是这样）：能够做出有力的决策，告诉员工该做什么，密切监视员工以保证员工按他们说的来做，惩戒违反规定的员工，解雇表现不好的员工。主管是“业务层面”的老板，他们的工作就是管束员工并完成工作。

如今，如果你再问高层管理者同样的问题，只有很少的人还认同“主管即老板”的观点。大多数高层管理者会用培训师、顾问、导师、推动者或者教练等术语来描述今天的主管。在这一节，我们着眼于人们对主管的不断变化的期望。

主管扮演着什么角色

主管的工作很特别，因为他们是连接管理层与操作员工的桥梁，组织中的任何人都不能替代他们。然而，正是这一特性使主管的角色不是那么明确。下面列出了几种对主管角色的不同看法[5]：

关键人物：主管在组织的职权链中是关键的沟通环节。他们就像是轮毂，所有的运营活动都围绕着他们进行。

中间人物：因为主管的角色并不明确，有些"不伦不类"，他们必须沟通并调和更高管理层与员工之间的敌对情绪。如果不能解决这种差异，这一矛盾的角色会给主管带来挫折与压力。

普通员工：一部分人，特别是高层管理者，认为主管不过是"普通员工"，而非管理人员。尤其当主管的决策权受到限制时，当他们被排除在决策层之外时，或当他们和所管理的员工一起执行操作工作时，这种看法尤为明显。

行为专家：这种观点认为主管最重要的技能之一就是人际交往的能力，主管被当作行为专家。只有能够理解员工多样化的需求，并且耐心倾听、激励以及领导员工，主管才能胜任工作。

虽然这四种观点都有一定的道理，但也都有其不太妥当的一面。不同的人对主管工作的不同看法使得如今主管的角色模糊不清、充满矛盾。

如今组织中主管比过去更重要吗

不管人们持有何种观点，主管的工作将来会变得更加重要和复杂。为什么？至少有以下三点理由：

首先，为了降低成本、提高生产率，组织正在进行重大变革，实行一系列质量计划，如持续的质量改进，推行团队工作、集体奖励和弹性工作制，以及事故预防与减压项目。这些项目的重点往往都在操作员工的工作活动中，这就使得主管越来越重要，因为他们担负着介绍和执行这些计划的责任。

其次，组织正在进行大规模的裁员。很多大公司的裁员人数从 1 000 人

---

5 基于 J. Newstrom and K. Davis, *Organizational Behavior: Human Behavior at Work*, 9th ed. (New York: McGraw-Hill, 1993), p.239.

到 50 000 人不等，波音公司（Boeing）、通用汽车公司（General Motors）、联合航空公司（United Airlines）、摩托罗拉公司（Motorola）、国际商业机器公司（IBM）、美国运通公司（American Express）等只是这些大公司中的一小部分。组织中的中层管理者和员工支持部门都是精简的对象。“至精至简”始终是优秀公司的重要主题。大规模裁员意味着将有更多的人直接向主管汇报工作。而且，以前很多辅助性的工作，如工作设计、流程跟进、日程安排以及质量管理等，将被重新分配给主管及其员工，这就使主管的责任将大大增加。

最后，由于组织试图提高生产率，员工培训变得比以往更为重要。很多新员工的工作准备不足，或有语言或交流障碍，需要接受阅读、写作以及数学方面的基础培训。随着计算机、自动化和其他技术的不断发展，工作中的新变化要求对现有员工进行额外的技能培训，以防止他们的技能过时。主管将首先担负起这些工作——发现技能不足，设计合适的培训计划，有时甚至亲自提供培训。

显而易见，成为主管既充满挑战，又令人兴奋。主管在组织中很重要，这一点毋庸置疑。盖洛普咨询公司（Gallup）调查了上百万名员工和上万名主管，发现影响员工生产率和忠诚度的唯一重要因素不是薪水，不是福利，也不是工作环境，而是他们和直接上司的关系。当员工对工作满意、充满热情时，和主管的关系是影响员工敬业度（employee engagement）的最大因素，据统计，其影响程度至少占 70%。[6]此外，韬睿惠悦咨询公司（Towers Watson）的调查发现，公司管理人员的方式会极大地影响其财务业绩。[7]我们可以从这些调查中得出什么结论呢？主管很重要，而且会对组织越来越重要！

可持续性对主管重要吗

组织意识到需要增加产品来应对瞬息万变的世界带来的挑战。现代企

6 E. Frauenheim, “Managers Don’t Matter,” *Workforce Management Online* (April 6, 2010); and K. A. Tucker and V. Allman, “Don’t Be a Cat-and-Mouse Manager,” The Gallup Organization, www.brain,gallup.com (September 9, 2004).

7 “WorkUSA® 2004/2005: Effective Employees Drive Financial Results,” Watson Wyatt Worldwide, Washington, DC.

业的行动证明，可持续性和绿色管理已经成为主管的主要任务。21 世纪流行的是可持续的管理理念，这有助于扩展公司的责任，不仅能有效率、有效果地管理，而且可以策略性地应对一系列的环境和社会挑战。[8]尽管不同的人对“可持续性”有不同的理解，然而 2005 年世界可持续发展工商理事会（World Business Council for Sustainable Development）的一份报告指出，“可持续性”指“满足当今人们需要的同时不损害后代满足其自身需要的能力”。从商业的角度来看，可持续性（sustainability）是指公司把经济、环境和社会机会整合为商业策略，以实现其商业目标并增加长期股东价值的能力。[9]可持续性正日益受到商界领袖和许多公司董事会的关注。沃尔玛公司（Walmart）的主管发现，以可持续的方式经营公司，必须与不同的利益相关者充分沟通，理解他们的需求，把经济、环境和社会方面化为追求商业目标的因素，在此基础上做出明智的商业决策。

主管有必要成为“教练”吗

今天的主管不太可能胜任员工工作的方方面面。主管需要了解员工的工作内容，但是他们并不一定要像每个员工一样擅长特定的工作任务。而且，员工并不需要一个权威人物来告诉他们该做什么或者“让他们遵守规则”。相反，他们可能需要一个“教练”来倾听、指导、训练以及帮助他们。作为“教练”，主管应该确保员工拥有完成一流工作所需的资源，应该不断提升员工的技能和知识，明确责任和目标，激励他们提高工作绩效，并且在组织内代表自己工作团队的利益。

1.4 从员工到主管的转变

从部门里的质量管理专家变成主管并不容易。这周五我还是他们中间的一员，下周一我就成了他们的领导。突然之间，那些曾和我一起开玩笑的、

8 KPMG Global Sustainability Services, *Sustainability Insights*, October 2007.

9 *Symposium on Sustainability—Profiles in Leadership*, New York, October 2001.

相识多年的同事和我拉开了距离。我明白他们的担忧——他们不知道现在的我是否还值得信任。我并不觉得我们的关系变得有什么不同。我们曾经是朋友，每周五下班都会一起出去玩，但现在我成了管理人员。我依然和他们一样，都是团队里面的一员，但他们并不这样看，甚至在我和他们一起喝酒时，也不再是原来的那种感觉了。他们现在有了防备心。这对我来说是一个艰难的适应过程。

这段话来自孟山都公司（Monsanto）一位刚被晋升的质量监控主管，反映出许多新任主管面临的困境。

成为主管意味着什么？对这个问题有必要思考片刻。对许多员工而言，成为主管是他们职业生涯中的一个重要转折点。加入管理团队意味着你不仅要对自己的工作负责，还要对其他人的工作负责；你可以用各种各样的方式来行使权力，而且要对组织承担更多的责任和义务。

成为主管是令人兴奋的，会面对很多挑战。实现目标、做出合适的决策、监管员工、成为向员工传达信息的沟通桥梁等工作都是极大的挑战，但是当拥有作为一位优秀主管所需要的技能时，这也是值得的。

在最近的调查中，一些首次晋升的主管对管理职位表现出不同的反应。他们中的 10%认为自己已经接受了培训，可以胜任，而 48%认为自己还做不到。尽管他们中有 68%的人承认自己并不喜欢主管职位，但仍有 40%的人排名在优秀主管的前 90%，40%排名在优秀主管的后 10%。然而，42%的新晋主管相信自己知道如何胜任这份工作。参与调查的员工中，有 90%认为优秀的主管可以提升他们对公司的忠诚度，42%认为沟通意见或期待是优秀主管的最重要的品质。[10]

---

10 基于 D. Zack, “Lead From Your Strengths,” *T&D*, February 2013, p. 72-73; M. S. Plakotnik and T. S. Rocco, “A Succession Plan for First-Time Managers,” *T&D*, December 2011, p, 42-45; D. Zack, "How to Manage When You Hate Being a Boss,” www.fastcompany.com, September 26, 2012; A. Fox, “Help Managers Shine,” *HR Magazine*, February 2013, p. 43-48; A. Fisher, “Unhappy Manager? You’re Far from Alone,” management.fortune.cnn.com, July 20, 2012; J, Yang and P. Trap, “What Is Effective in Increasing Your Loyalty to Your Company,” *USA Today*, August 14, 2012, p. 1B; D. Meinert, “Executive Briefing,” *HR Magazine*, May 2012, p. 18; and K. Plombino, “No.1 Quality in a Good Boss?” hircommunications.com, November 26, 2012.

在本节中，我们将介绍成为主管的主要方式以及在获得新的身份后所面临的挑战。

主管来自何处

很多新主管是从现有的员工中提拔的。主管的第二个主要来源是刚毕业的大学生。有时其他组织的员工也会被聘为主管，但是这种情况越来越少见，因为雇主通常更倾向于内部选拔，选择他们认识并且了解组织的人来担当此任。

雇主倾向于提拔操作员工来从事基层管理工作，原因如下：首先，操作员工了解操作过程，知道组织运转程序并且了解他们要监管的员工。其次，组织非常了解候选人。管理层晋升“自己人”为主管可以使风险最小化。如果从外部招聘，管理层只能参考候选人先前雇主所提供的有限信息。而从内部提拔，管理层可以全面地了解候选人的所有信息，最后，从内部提拔会起到激励作用，能激发员工努力工作、追求卓越。

那么管理层通常使用什么晋升标准呢？雇主喜欢提升那些工作认真且对管理工作有兴趣的员工。然而，并非所有“优秀”的员工都能成为优秀的主管，因为有过硬的技术本领并不意味着有管理他人的技能。所以，通常组织会从内部选拔有足够技术能力的员工，并在入职初期对他们进行管理方面的培训。

刚毕业的大学生也是主管职位候选人的主要来源。在大学里学习两年或四年的管理学课程后，他们一般具备了从事主管工作的基础。再通过额外的组织培训，许多大学毕业生都有能力胜任基层管理工作。

向主管转变困难吗

中层管理职位之间的转变或从中层到高层管理职位的转变都不及从操作员工到主管的转变那样令人焦虑。这种焦虑有些像为人父母。如果你已经有三个孩子，再多一个也不是件大事。为什么？因为你已经养过三个孩子，很了解怎么当父母。从没有小孩到初为人父或人母，这才是真正的挑战。从员工晋升为基层管理者也一样，这种挑战是独一无二的，和日后在组织层级上继续晋升时所遇到的挑战完全不同。[11]

之前的一项研究调查了19位新任主管在他们任职第一年的经历，可以帮助我们更好地理解向基层管理者的转变。[12]14名男性和5名女性参加了这项研究，他们都从事销售或市场营销类工作。虽然这只是对19人的调查，但是他们的经历对所有从员工转变为主管的人都有参考价值。

虽然这些新任主管作为销售人员已经平均工作了6年，但是他们对主管一职的认识并不完整且过于简单。他们不喜欢对主管的全方位要求。每个人都曾经是销售明星，这种晋升很大程度上是曾经良好绩效的回报。然而，销售人员的"良好绩效"和主管的"良好绩效"是不同的——但只有个别新任主管意识到这点。事实上，曾经在销售工作上的成功可能会使他们向管理层的转变更为困难。他们具有扎实的专业技术以及很高的积极性，所以与一般的销售人员相比，他们以前更少地依赖主管的支持和指导。而他们一旦成为主管，就必须跟那些低绩效的、动力不足的员工打交道。他们对此毫无准备。

这19位新任主管遇到了很多意想不到的问题。我们简单总结了几个主要的问题，这些问题反映出许多主管面对新身份时的困境。

管理者即"老板"这种先入为主的观点并不正确。在担任主管工作之前，这些准主管谈论了他们即将拥有的掌控权力。其中一个人说："我将成为发号施令者了。"一个月后，他们认为自己是"问题终结者""变戏法者"以及"可以快速转换角色的演员"，认为解决问题、做出决策、帮助他人和提供资源才是他们的主要职责，而不再认为他们的工作是当"老板"。

对管理工作的要求和含糊之处准备不足。在上任的第一周，这些主管对新岗位的工作量和工作节奏感到诧异。通常情况下，他们不得不同时处理很多问题，而且不断地被打扰。

---

11 参见 R. D. Ramsey, "So You've Been Promoted or Changed Jobs. Now What?" *Supervision*, November 1998, 6-8.

12 本部分内容基于 L. A. Hill, *Becoming a Manager: Mastery of New Identity* (Boston: Harvard Business School Press, 1992).

专业技术知识不再是成败的主要决定因素。这些主管过去习惯于通过完成具体的技术任务，通过个人努力——而不是通过获取管理能力和调动他人的工作积极性——使自己变得更加出色。大多数的人用了 4~6 个月来明白这一点：如今判断他们工作表现的是他们激励员工提高绩效的能力。

主管工作也包含行政职责。这些主管发现日常的沟通活动，比如文书工作和交流信息很花费时间，而且会影响他们的自主性。

对新工作“来自人的挑战”准备不足。这些主管一致认为在他们上任的第一年中最需要学习的技能就是如何管理人，他们在对员工提供咨询和指挥他们时会感到不适。就像他们中的一位所说：“我没有想到……激励他们、发展他们还有处理他们的个人问题是那样的困难”。

基于上述普遍问题，成为一位有效的主管有哪些方面的要求？需要哪些能力或技巧？不论在组织中处于何种层级，这些要求都一样吗？我们将在下一节中回答这些问题。

你真的想成为主管吗

你正在学习管理这个事实表明你对如何管理人很感兴趣。管理的哪方面让你兴奋？是你能帮助组织达成目标吗？是管理他人（指导他们的工作）带来的挑战吗？是通过主管一职获得一个管理职位，并有望不断攀登职业阶梯吗？不管你的理由是什么，你需要明确即将面对的是什么。

主管职位并不简单。就算你曾是员工之星，也并不能保证你将成为一位成功的主管。有能力出色地完成工作确实会给你加很多分，但是你还需要考虑许多其他因素。你需要认识到管理工作比员工工作可能占用更多的时间。你得在员工上班之前开始工作，在他们下班之后才离开。管理确实是每天 24 小时、每周七天的工作。当然不是每时每刻都在工作，但是当你承担了管理的职责，你就再也不能“脱身”了。不管什么时候，不管你在哪里，一旦有事情发生，你就得去处理。如果出现问题，即使你在度假也可能会接到工作电话。组织政策可能规定，如果有不能预见的事情发生，同事和下属可以通过手机或其他无线手持设备联系你。那么组织中的某些人是如何在你度假时得到你的联系方式的？可能组织的政策要求你提供紧急联络方式，或要求你定期打电话关注工作进度。

你也需要认识到，作为一位主管，你可能会有无数的文书工作需要完成。尽管组织一直致力于减轻主管这方面的工作，但是仍然有很多需要做，比如员工工作时间表、生产成本估算、库存清单或者预算和工资事宜。

你需要考虑的另一件重要事情是主管工作可能会影响你的工资。在一些组织中，虽然主管的基本工资会上涨，但年收入未必也会上涨。为什么会这样？因为作为主管，你一般不再有资格得到加班费或佣金，而是获得带薪假期。当你是操作员工时，法律规定你的组织依照保险费率（一般是 1.5 倍）支付你加班费。但当你成为主管，这就不可能了。假如你成为主管后基本工资上涨了 6 000 美元，但去年你还是员工时在加班费上挣了 6 500 美元，那么事实上你作为主管反而挣得少了。在你决定成为主管之前，你需要与组织谈一谈这个问题。

综上所述，你应该思考一下为什么要成为一位主管。管理别人可以得到回报，这是实实在在的，但是头痛也是实实在在的。你必须想清楚自己当主管的目的是什么，以及为了成为最好的主管你愿意付出什么代价。

1.5 管理能力

30 多年前，罗伯特·卡茨（Robert Katz）教授开始归纳**管理能力**（supervisory competencies）。[13] 卡茨等人发现，成功的主管必须具备四种关键能力：技术能力、人际交往能力、概念能力和政治能力。该研究成果对于今天的主管仍然有参考意义。

什么是技术能力

高层管理者都是多面手。他们的主要活动，如战略规划、构建组织的整体结构和文化、维持与主要顾客和银行的关系、营销产品等，在本质上

13 R. L. Katz, "Skills of an Effective Administrator," *Harvard Business Review*, September-October 1974, 90-102; and B. Humphrey and J. Stokes, "The 21st Century Supervisor," *HR Magazine*, May 2000, 185-192.

是共通的。对高层管理者的技术要求通常是对行业知识以及组织的流程和产品的大致了解，而对其他层级的管理者就不是这样了。

大多数主管，如人力资源副总裁、计算机系统总监、地区销售经理、卫生保健主管，都在自己的专业知识范围内进行管理。这些主管需要**技术能力**（technical competence）——运用专业知识或专门技术的能力。如果你对员工工作的技术方面没有足够的了解，你会很难——尽管不是不可能——有效管理那些有专业技术的员工。即使主管不必执行特定的技术工作，但是了解每个员工的工作是主管工作的一部分。比如计划工作流程，主管需要具有相关的技术能力，才能决定该做什么。

人际交往能力有什么用

能够与他人很好地共事、理解他人需求、有效沟通、激励他人（个人或团队）的能力就是**人际交往能力**（interpersonal competence）。很多人精通技术，但是不擅长人际交往。他们可能不会倾听，对他人的需求漠不关心，或者不擅长处理冲突。主管要通过员工才能完成工作，因而他们必须具备人际交往能力来沟通、激励、协商、委派和解决冲突。

什么是概念能力

概念能力（conceptual competence）是指分析和判断复杂情况的能力。如果主管具有很强的概念能力，就会将组织看作一个由许多相互关联部分构成的复杂系统，并且组织自身也是包括行业、社会和国家经济在内的更大的系统的一部分。这给了主管更广阔的视野，有助于他们创造性地解决问题。从更实际的角度来说，较强的概念能力可以帮助管理者做出明智的决策。

为什么需要政治能力

政治能力（political competence）是指主管增强权力、建立权力基础并在组织内建立“正确的”关系的能力。如果主管想影响某一局面的优势和劣势，就需要政治能力。这超出了正常的工作活动。不管什么时候，当两个或多个人为了某种目的而走到一起时，每个人对于可能发生的事都会有一些想法。如果有人试图影响所处的局势来获得更多好处，或者阻止其他人获得某些好处，那么他就是在“玩弄”政治。但是，并非所有的政治行为都是负面的。政治行为并不一定是通过操纵一系列的事件、投诉同事、妨碍他人工作或者损坏他人声誉来促进自己的职业生涯。在适当的政治行为和负面的政治行为之间存在着明确的界限。

管理能力如何随管理层级变化

主管们需要具备上述四种能力，但每种能力在管理工作中的重要性会随个人在组织中所处的层级而有所不同。如图 1-4 所示：①随着个人在组织中层级的上升，技术能力的重要性会下降；②不论在组织的哪个层级，人际交往能力都是成功的必备因素；③管理者的职责上升时，概念能力和政治能力的重要性也会提升。

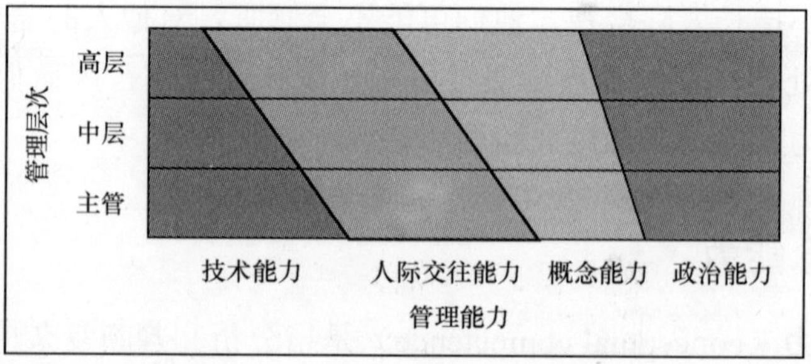

图 1-4　不同管理层级的能力需求

一般来说，技术技能与一线管理者最为相关。有以下两个原因：首先，很多主管在执行管理工作的同时也执行技术工作，和其他层级的管理者相比，个人贡献者和一线管理者之间的区别经常是模糊的；其次，相较其他管理者，主管会花更多的时间来培训和开发他们的员工。相比中、高层管理者，这要求他们更多地了解员工工作的专业技术知识。大量事实表明，人际交往能力在所有的管理层级中都很重要。这没什么值得惊讶的，因为我们知道管理者正是通过其他人来完成工作的。主管尤其需要具备人际交往能力，因为他们要花费很多时间在领导性的活动中。

当我们与一些运营主管交谈时，他们都一致认为人际交往能力对于达成部门目标非常重要。

随着管理者在组织中不断晋升，概念能力会显得越来越重要。这是由他们在更高层级上所遇到的问题和所做出的决策类型决定的。一般来说，管理者的职位越高，他们面对的问题就越复杂、越模糊、越不明确。这些问题需要特定的解决方案。而主管一般面对的都是直接的、熟悉的、易界定的问题，因此他们往往会用常规方法进行决策。难以界定的问题需要特定的解决方案，这就要求管理者具备概念能力，而不是只会用常规的方法处理明确的问题。

最后，一个人在组织层级中的职位越高，政治能力就变得越重要。在组织中，高层决定资源的分配，因此中、高级管理者会为自己的“派别”而“斗争”。他们需要建立联盟，支持其中某个项目，或者影响特定的情境，这就涉及更高层次的政治能力。这种能力对主管同样重要，因为主管的大多数工作是明确的，他们需要很强的政治能力才能完成部门工作，才能生存。

1.6　从概念到技能

了解某一学科的知识很重要，但是你能否运用这些知识同样重要。你能将学过的知识应用到实践中吗？只了解管理学知识是远远不够的，就好像你绝不会想让一个从未拿过手术刀的外科医生给你做手术，也不想乘坐一班从未有过飞行经验的飞行员驾驶的航班。你应该在实践中进行管理。你可以学习如何成为一位有效的主管！有些人或许一开始占据优势，但没有人生来就具备管理技能。

确实，管理工作对于一些人来说会比其他人做起来更容易。有些人非常幸运，他们的父母、亲戚或者朋友具有管理经验，他们有榜样可以模仿，早早地就了解到管理工作是怎么一回事。同样，有些人的父母帮助他们设定了切合实际的目标，给他们积极的反馈，鼓励自主性，锻炼他们开放的沟通能力，培养他们的自我意识，这也有助于他们成为主管。此外，有些有幸为优秀主管工作的人也可以学到管理能力。但就算没有这些优势，你也能提高管理能力。本书将同时关注理论知识和实践技能，帮助你成为一名有效的主管。在下面的章节中，我们将介绍计划对主管的重要性，尤其是设定目标在计划中的重要性，我们还会介绍一些具体的技巧来帮助员工设定目标，给你提供实践的机会并培养你的设定目标的能力。

什么是技能

技能（skill）是掌握与实现绩效目标相关的一个体系或一系列行为的能力。[14] 单独的行为不能构成技能。例如，以文字的形式进行良好的沟通是一种技能，拥有这种技能的人懂得怎么提出一个项目或者总结一份报告。他们能区分主要思想与次要思想，能有条理地整理思路，能将复杂的想法简单化。但没有哪一项行为能算是一项技能，技能是一个行为系统，能适用于多种状况。

与管理效能相关的重要技能有哪些呢？尽管老师和培训师们对此并没有一致的意见，但有些技能相对来说确实是比较重要的。图 1-5 列出了一些重要的管理技能，它们一起构成了有效管理的能力。

关于计划和控制
- 设定目标
- 预算
- 创造性地解决问题
- 制作控制图表

关于组织、员工配置和员工发展
- 授权他人
- 面试
- 提供反馈
- 指导

关于激发个体和群体绩效
- 设计激励性工作
- 显露领导魅力
- 倾听
- 举行群体会议

关于应对职场动态
- 谈判
- 减压
- 咨询
- 处罚
- 处理申诉

图 1-5　重要的管理技能

14 R. E. Boyatzis, *The Competent Manager: A Model for Effective Performance* (New York: Wiley, 1982), 33.

需要了解的其他关键管理知识有什么

现在，你可能对主管的工作和必备的技能有了大致的了解，但还需要了解一些其他因素，尤其是以下这些个人问题。

首先，你需要认识到作为主管你是管理层的一部分，你要拥护组织并接受管理层对你的期待。你可能并不认同这些期待，但是作为主管，你必须忠于组织。你必须找到一种方式来赢得员工、同事和老板的尊重。如果你想成为一位优秀的主管，就要得到他们的信任，建立信誉。要想做到这一点，一种方法是不断更新技巧和能力。你必须坚持学习。学习不仅能帮助你，还能为员工树立榜样。它会传达这样的信息：坚持学习很重要。

其次，你还要明白组织赋予你的合法权力，因为你要指导他人的工作。这种权力是你采取行动以及让人听从指挥的权威，但是，仅靠铁腕管理可能并不奏效。你得学会收放自如，合理运用这些权力来完成工作。如果你不想用“这是我的命令”来完成工作，就需要培养人际交往能力来影响他人。在与不属于你管理的组织成员打交道时，这一点尤其重要。

最后，你需要认识到组织成员是不同的——不仅才能各不相同，性格也是有差异的。你要对他们的需求保持敏感，包容甚至赞美他们的差异，要设身处地地为他们着想。在某种程度上，成功是从懂得变通开始的。

本书将贯穿始终地强调以上问题。比如，在第 2 章中，我们将向你介绍员工的多元化以及对你有何影响；在第 8 章中，我们将介绍信任和信誉以及它们在领导效能中的作用。

第2章　管理工作中的挑战

应对管理困境

技术是指能够使人们的工作更有效率的设备、工具或操作方法。技术使得许多行业能够更好地服务顾客。技术的应用带来了巨大的好处，但同时也存在一些弊端。

员工在工作时非常容易分心，互联网使这种情况更为严重。员工们承认每天在工作中会浪费两小时以上的时间，而这些时间中的一半都用在了互联网上。一些员工有 Facebook 和推特（Twitter）等社交网站的账号，他们会在工作时间看看朋友们的动态，在亚马逊等网站购物或写博客都会严重浪费工作时间。为了防止员工浪费工作时间，一些公司屏蔽了这些网站。但是，随着智能手机的兴起，他们同样能够坐在办公桌前轻松地登录 Facebook 和其他网站。感恩节的第二天往往是一年中最盛大的购物日，被称为“黑色星期五”（Black Friday）。现在，感恩节后的星期一也有了一个新的称呼——“网络星期一”（Cyber Monday）。员工们结束了假期，开始在工作时间上网购物。员工大量的时间以及公司大量的财力都浪费在与工作无关的事情上了。

对于员工在工作时间上网的问题有两种截然相反的看法：① 员工浪费工作时间，给公司造成了数十亿美元的损失；② 工作中偶尔消遣一下能够帮助员工恢复精神，激发他们的创造力，这实际上提高了公司的“底线”。*作为主

* S. Opperman, "'Surfin' USA'—Accessing the Net at Work and Other Time-Wasting Activities—Are They a Cost or a Benefit to Your Agency," *FedSmith*, July 11, 2007, www.fedsmith.com/article/1298 (accessed February 15, 2011).

管，防止员工在工作时间上网闲逛是一项非常困难的任务。尽管主管可以将工作设计得更加有趣，为员工提供专门的上网时间或制定明确的互联网使用指导，但是员工很有可能还是会随心所欲地上网。

你认为上网是一种会浪费时间且导致损失的行为，还是一种有助于员工集中精力的必要行为？你会在工作时间上网处理私人事情吗？在工作中你会花多少时间上网？为了防止员工上网闲逛，最重要的是屏蔽那些流行的社交网站吗？你认为这样做能够防止员工浪费工作时间吗？作为主管，如果你的员工在工作时间使用 Facebook 和推特这样的社交网站，你会如何处理？

有人说，生活中唯一不变的就是变化。大多数人都十分赞同这句话，主管必须时刻准备着应对那些可能会对他们的生活产生重大影响的变化。变化有助于形成主管和员工之间的互动，而且这种互动永无止境。最近的一些变化有：全球市场竞争、技术和电子商务的扩展、员工队伍的多元化、持续改进流程、机构精简和道德伦理问题。让我们看一看这些变化是如何影响主管的。

2.1　全球竞争力

由于应对来自世界各地的适度竞争，北美的许多公司在第二次世界大战后变大变强。例如，在 20 世纪五六十年代，通用汽车公司成为世界上规模最大、盈利最多的公司。是因为它的生产效率高、产品质量一流，能很好地满足消费者的需求吗？在某种程度上或许是，但它的成功更多的是和其他两个相对低效的美国汽车生产商——福特（Ford）和克莱斯勒（Chrysler）——竞争的结果。今天的通用汽车公司已经大幅度降低了成本，提高了质量，并且缩短了从设计到展销的时间。通用汽车公司是自愿进行这些变化的吗？显然不是！它是为了迎接全球竞争才被迫采取了这些措施。福特和克莱斯勒则大幅度地提高产品的质量，开发小型货车等创新产品，并且开始在自家品牌下销售进口汽车。福特和克莱斯勒还通过一系列的国际收购在全球市场处于领先地位。福特分别于1990年、1999年和2000年收购了捷豹（Jaguar）、沃尔沃（Volvo）和路虎（Land Rover）。然而，由于全球竞争和市场复苏，福特于2008年将捷豹和路虎卖给印度塔塔汽车公司（Tata Motors）。2010年，中国浙江吉利控股集团从福特手中收购了沃尔沃。克莱斯勒于1987年收购了玛莎拉蒂（Maserati），1993年售出，1998年和戴姆勒-奔驰（Daimler-Benz）合并组成戴姆勒克莱斯勒公司（DaimlerChrysler）。然而，由于经济不稳定，这个联盟公司存在的时间非常短。2007年，克莱斯勒被塞伯勒斯资产管理公司（Cerberus Capital Management）收购，后被称为克莱斯勒有限责任公司（Chrysler LLC）。2009年4月，克莱斯勒有限责任公司宣布破产，后于2009年6月10日依据《美国破产法》条例重组为克莱斯勒集团有限责任公司（Chrysler Group LLC），之后被出售给意大利菲亚特汽车公司（Fiat），后者持有30%的股份。2011年，克莱斯勒的股东除菲亚特外，还有美国汽车工人联合工会（UAW）退休人员医疗信托基金（持有59.2%的股份）、美国政府（持有8.6%的股份）以及加拿大政府和安大略省政府（持有2.2%的股份）。[1]最终，菲亚特收购了除美国汽车工人联合工会退休人员医疗信托基金外的所有的股份，并于2014年1月1日宣布将继续收购剩余股份。同时，来自外国汽车公司的压力，如本田（Honda）、丰田（Toyota）、日产（Nissan）和宝马（BMW），也迫使通用公司为了生存而持续变革。

“购买美国货”合理吗

通用汽车公司的例子表明组织不再局限于某个国家。还有很多其他例子，如麦当劳（McDonald）在中国卖汉堡；肯德基（KFC）在中国卖炸鸡；埃克森（Exxon）、可口可乐（Coca-Cola）、美国家庭人寿保险公司（AFLAC）、沃尔玛等美国公司的大部分利润都来自其国外业务。[2]本田、宝马、三菱（Mitsubishi）、梅赛德斯-奔驰（Mercedes-Benz）、斯巴鲁（Subaru）、日产和

1 Fred Meier, *USA Today*, April 12, 2011, http://content.usatoday.com/communities/driveon/post/2011/04/fiat-given-another-5-by-feds-now-owns-30-of-chrysler/1 (accessed May 9, 2011).

2 L. M. Cacace and R. K. Tucksmith, “Global 500”, *Fortune*, July 26, 2004, F1-F4.

现代（Hyundai）都在美国设有工厂。福特的汽车零部件来自世界各地：座椅、挡风玻璃和油箱来自墨西哥；减振器来自日本；电子发动机控制系统来自西班牙；防抱死制动系统来自德国；关键车轴零件则来自英国。

有必要指出的是，尽管组织的眼光正日渐全球化，明白国界已经不再能够界定一家公司的归属，但一些民众还没有意识到这一点。一些人认为进口外国产品严重影响了本国产品的销售，他们常常呼喊“购买美国国货”。然而讽刺的是，许多所谓的国外产品其实是在美国制造的。例如，法国米其林公司（Michelin）的轮胎是在美国生产的。这个例子告诉我们，一家公司所在的国家并不代表公司的客户范围或其员工的国籍。例如，本田和三星（Samsung）在美国雇用了数千当地人；同时，可口可乐、埃克森和花旗集团（Citigroup）等公司在印度、中国香港和英国等地也雇用了数千当地人。因此，“购买美国货”这样的口号其实代表了一种成见，没有看到这个世界正变得越来越小。

全球化如何影响主管

无边界的世界向主管提出了新的挑战。例如，主管如何看待外籍员工，如何理解移民员工的文化。其中一个特殊的挑战是，如何认识到可能存在的差异并寻求与员工的有效互动。首先要解决一个问题：如何看待“外国人”？

美国人以前总是对世界持有一种非常狭隘的观点。**狭隘主义**（parochialism）是指只从自己的角度出发，即只从美国人的角度看问题，可以理解为“我们相信我们所做的是最好的”。美国人没有意识到其他国家的人也有有效的思考及做事的方法，虽然和他们的方式不尽相同。狭隘主义造成了美国人想当然地认为他们比其他文化背景的人做得好。显然，我们知道并非如此。但是，要改变这种观点，首先需要理解不同的文化和它们所处的环境。

不同的国家有不同的文化环境——价值取向、道德规范、风俗习惯和法律条文。虽然文化问题比这复杂得多，而且超出了本书的范围，我们还是会涉及一些主管必须理解的基本的文化问题。比如，美国法律反对就业歧视，但其他国家并没有类似的法律。在地球村里，理解文化环境对于一位成功的管理者是至关重要的。

吉尔特·霍夫斯泰德（Geert Hofstede）曾做过一个非常著名的关于**文化环境**（cultural environment）的研究。[3]他分析了不同国家文化的众多方面，发现一个国家的文化对员工的工作价值观和工作态度有着重要的影响。通过不同维度的分析，霍夫斯泰德提出了一个理解文化差异的框架。图 2-1 中列举了拥有相似文化特征的国家。

拉丁美洲	阿根廷
	智利
	哥伦比亚
	墨西哥
	秘鲁
	委内瑞拉
英美模式国家	澳大利亚
	加拿大
	爱尔兰
	新西兰
	南非
	英国
	美国
中欧	奥地利
	德国
	瑞士
拉丁语系的欧洲国家	比利时
	法国
	意大利
	葡萄牙
	西班牙
北欧	丹麦
	芬兰
	挪威
	瑞典

图 2-1　拥有相似文化特征的国家

资料来源：改编自 S. Ronen and A. Kranur，"Similarities among Countries Based on Employee Work Values and Attitudes，" *Columbia Journal of World Business* (Summer 1977)，94.

霍夫斯泰德根据一些文化变量，如地位差异、社会不确定性、自信程度等，将国家进行了分组。这些变量体现了一个国家和人民的关系以及人

3 G. Hofstede, *Cultural Consequences: International Differences in Work-Related Values* (Beverly Hills: Sage,1990).

们怎样看待自己。例如，在个人主义社会中，人们首先考虑自己的家庭；相反，在集体主义社会中，人们关心群体中的每个人。美国是一个典型的个人主义国家。除非美国主管意识到自己和太平洋沿岸国家的文化差异，否则他们将很难和这些国家的人打交道。因为和美国不同，这些国家多以集体主义为主导。

当我们和来自不同文化的人一起工作时，会不经意地发现文化差异。很多公司也提供这方面的正式培训，使主管了解在与员工打交道时必须灵活应变，通过了解员工的不同背景和习俗，去理解甚至欣赏这些文化差异。

2.2　技术进步

变革、新鲜事物、不确定性——这些对未来的主管意味着什么？尽管预测徒劳无益，但事实证明主管需要时刻关注变化。成功的秘诀如果一言以蔽之，即时刻准备做出调整。机会只垂青那些时刻准备接受并适应信息时代的人。回想 30 年前，只有极少的人拥有传真机、手机或者掌上电脑；计算机太大，不适合放在桌上；电子邮件、调制解调器和互联网还不是大众口中的日常用语；家庭的安全通常依靠看门狗；而一些精密的小装置则只能在那些激动人心的电影中看到！

今天，硅片技术的进步推动着信息技术的发展，已经彻底改变了主管的生活。电子通信、光学字符和语音识别、数据库的存储和检索等技术正极大地影响着信息的创造、存储和使用。

主管还需要不断提高技术和能力，这同样重要。只有不断接受新知识，学习新技能，才能在高科技时代中生存。40 年前，获得这些信息可能需要花费一个月的时间；然而今天，你只需在计算机键盘上敲击几个按键就能立即获得这些信息！

在过去的 30 年中，一些美国公司，如通用电气（General Electric）、沃尔玛和 3M 公司，见证了自动化办公室、制造业中机器人的运用、计算机辅助设计软件、集成电路、微处理器和电子会议等技术的发展，这些技术一起提高了组织的生产效率，帮助它们创造并保持自身的竞争优势。

什么是技术

技术（technology）是指为了使工作更有效率而设计的设备、工具或操作方法。技术进步则涉及把从投入（原材料）变成产出（商品或服务）过程中的任何环节和技术结合起来的集成技术。几十年前，大多数的加工工序是由人力完成的，而现在，先进的电子和计算机设备已经取代人力，优化了生产流程。例如，克莱斯勒集团有限责任公司的组装业务极大地依赖机器人作业，机器人在执行重复性的工作方面，如点焊和上色，比人工快得多，而且，机器人不会由于化学物质或其他有毒材料而引发健康问题。

技术的使用已经不再局限于大规模生产制造流程，在很多产业，技术的运用可以更好地服务顾客。例如，很多银行在方便顾客的位置安装了自动提款机（ATM）和电子账单支付系统，取代了数以千计的银行柜台出纳。美国数字化诊所运营商 One Medical 开发了一款手机应用，病人可以选择医生、申请预约、描述病情，还可以选择“立即就诊”以防病情加重，这一切只要动动手指就能完成。这个新系统使 One Medical 可以更有效地控制病人数量，追踪病人病情，缩短他们候诊的时间。[4]

技术进步同样可以用来提供更好和更有用的信息。例如，今天制造的汽车都有内置的计算机电路，技术人员可以接通线路来诊断汽车的问题，给修理工节省了大量诊断时间。很多汽车还装有位置查询系统，驾驶员可以接受准确、实时的方向指引。

---

4 E. Rasowsky, “4 Examples of Campanies Using Social Technology to Increase Sales,” Get With the Future Blog, Posted: November 18th, 2013, http://socialdriver.com/2013/11/18/4-examples-companies-using-social-technology-increse-sales (accessed 01/02/2014); R. Mac, “One Medical Group: A Concierge Service By Another Name (And Price),” *Forbes*, 3/27/2013, http://www.forbes.com/sites/ryanmac/203/03/27/one-medical-group-a-concierge-service-by-another-name-and-price (accessed 03/02/2014).

技术如何改变主管的工作

今天，几乎所有的工作都受到计算机技术的影响。无论是生产车间里的自动化机器人，工程部门的计算机辅助设计工作，还是自动化的会计系统，新的技术都在改变着主管的工作。

技术对组织的内部运作有着积极的影响，但是它具体怎样改变主管的工作？要回答这个问题，我们只需看看如今的办公室。今天的组织已经成为综合通信中心，通过连接计算机、电话、传真机、复印机和打印机等设备，主管能够比以往更快地得到更完整的信息。因此，主管能够更好地制订计划，更快地做出决策，更清晰地明确员工的工作内容并且实时监测他们的工作。今天，技术实际上提高了主管执行工作的能力。

技术也在改变着主管的工作地点。过去在组织中，主管的工作地点离操作现场很近，因此员工离老板也非常近。主管不仅可以和员工进行面对面的交流，还能观察到员工的工作过程。随着技术的进步，主管现在可以远程管理员工，二者之间面对面的交流大大减少。只要有计算机，很多工作都可以完成。**远程办公**（telecommuting）能力——将员工、同事和管理者的计算机连接起来——能够对地球村中任何地方的员工轻松定位。如何与身在远方的人有效沟通，如何确保实现绩效目标，这些是主管面临的新挑战。

2.3　工作中的电子商务

大学老师喜欢说“组织的世界正在变化”以及“唯一不变的就是变化”。支撑这些说法最有力的证据莫过于互联网给商业带来的变革了。这一节将介绍计算机和互联网是如何重塑管理实践的。在开始讨论前，我们先了解一下电子商务及其特点。

什么是电子商务

由于“电子贸易”和“电子商务”这两个术语会引起相当大的混淆，

所以有必要先界定一下。[5] **电子贸易**(e-commerce)正成为产品或服务在线买卖的标准术语，它包括在网站上展示产品和填写订单。绝大多数关注互联网在商业中应用的文章和媒体都将注意力放在网络购物上——通过互联网进行产品和服务的市场营销。每天有无数人在线购物，企业也通过自己的网站销售货物、进行交易、收取货款并处理订单，这就是电子贸易。它极大地改变了企业和顾客的关系。2012—2017 年，在线零售业有望以 10%的复合年增长率（CAGR）稳步增长。2013 年美国零售业的电子贸易交易总额为 2 310 亿美元，预计在 2014 年将增长到 2 620 亿美元。电子贸易已经占美国零售总额的 8%，未来几年内其发展速度有望超过实体商店，到 2017 年其销售额将达到 3 700 亿美元，占美国全部零售业的 10%。研究表明，智能手机和平板电脑的普及促使消费者花更多的时间来研究购物、搜索店铺及搜寻性价比最优的商品。[6]但应该注意的是，90%的电子贸易发生在企业和企业之间，例如英特尔（Intel）将芯片卖给戴尔（Dell），固特异（Goodyear）把轮胎卖给福特（Ford），而不是像你我这样在网上购买计算机或毛衣的消费者。

电子商务（e-business）是指基于互联网运营的企业所涉及的一系列活动。因此，电子贸易是电子商务的子集。电子商务包括制定基于互联网的企业的运营战略，改善与供应商和客户的沟通，以电子方式与合伙人协调设计和生产，确定不同类型的领导来运营“虚拟”商务，招聘专门人才来建立和运营局域网和网站，以及维护和管理“后台”。电子商务不仅包括开拓新市场，发掘新客户，也包括寻找最佳的方法将计算机、网络和应用软件结合起来。

电子商务使用互联网（一种将计算机互联的全球性网络）、内联网（组

5 E. Strout, “Launching an E-Business: A Survival Guide,” *Sales and Marketing Management*, July 2000, 90-92.

6 Natasha Lomas, “Forrester Research Inc. cited in “Forrester: U.S. Online Retail Sales to Rise to $370BN by 2017 (10% CAGR) As Ecommerce Motors on with Help from Tablets & Phones”” TechCrunch, March 13, 2013, http://techcrunch.com/2013/03/13/forrester-2012-2017-ecommerce-forecast (accessed January 01, 2014).

织的专用网络）以及外联网（内联网的延伸，只有特定的员工和有权限的外来者能够进入）来打开组织的沟通渠道，整合和分享信息，并允许顾客、供应商、员工和其他人与组织相联系并通过组织进行实时交流。

电子商务将给主管带来什么变化

Calico Commerce 公司的前负责人艾伦·瑙曼（Alan Naumann）曾说出大部分电子商务公司主管的心声："尽管我们最关注速度，但对于一件事我们都在自觉地放慢速度：雇用员工……犯错误的成本远远高于实时行动带来的好处。"招聘优秀的员工对电子商务企业的主管尤其具有挑战性。只有那些特别的技术人员和专业人士才能胜任这些岗位。员工必须足够聪明，才能在电子商务公司苛刻的文化中生存下来。但是，了解电子商务的人才非常短缺并且流动性非常高，[7] 主管很难进行有效的招聘。

一旦确定职位申请者，电子商务企业的主管必须仔细地筛选最终候选人，以保证他们能很好地融入公司文化中。电子商务企业通常拥有一些共同的文化特征：非正式的工作地点，团队精神，快速、准时地在高压下完成项目，以及全天候（一天 24 小时，一周七天）的工作心态。不具备团队精神、无法处理不明确的事或无法承受压力的人将在测试、面试和推荐等选拔方式中被"淘汰"。

如何激励员工对主管同样是一个挑战。电子商务企业中的员工更容易分心，影响工作积极性，降低生产率。而且，在电子商务企业中，技术人员和专业人士通常拥有非常抢手的技能，他们自己也意识到雇主依赖这些技能。因此，与传统组织中的同类员工相比，电子商务企业中的员工经常对薪水有更高的期望。他们还需要应对各种各样的干扰，这些干扰在传统组织中是不明显的。

员工经常在工作时受到一些干扰，例如被同事或私人电话打断。但是，互联网极带来了更多的干扰，如网上冲浪、登录 Facebook、发推特、玩网

---

7 "E-Commerce: Online Recruiting—table Website," *Fortune*, Winter 2001, 224.

络游戏、炒股、网购甚至在网上搜寻其他工作。近期一些数据表明，员工生产率的降低很大一部分是由“上网闲逛”（cyberloafing）引起的。如果工作本身很无趣或者带来了过多的压力，员工就有可能去做其他的事。如果员工上网很方便，那么网络会让他们更容易分神去做“其他的事”。但是，智能手机和互联网使很多员工在家也能一样高效地工作，因此，在下班后的时间里工作或许可以弥补工作时间分神带来的低效率。[8]

浪费工作时间的情况有多普遍呢？最近一份调查显示，69%的员工每天上班时都会浪费时间。大多数人（34%）通常每天浪费至少 30 分钟。近 1/4（24%）的员工每天浪费 30～60 分钟；11%的人每天浪费几个小时在与工作无关的事情上。每天不浪费工作时间的员工里，有 21%的人每周会偷懒 1～2 次，而只有 10%的人称从不浪费工作时间。但是他们会上网闲逛吗？调查显示，上网是最浪费时间的事。37%的调查对象认为查看新闻最浪费时间，而 20%的人称工作时间从未浏览过与工作无关的网站。访问人数最多、最浪费时间的网站包括社交类网站（14%）、在线购物类网站（12%）、娱乐/生活类网站（8%）、体育类网站（3%）和旅行类网站（2%）。工作时间访问人数最多的、与工作无关的网站是 Facebook，15%的调查对象认为它是最浪费时间的网站；排名其后的分别是雅虎（Yahoo!），14%；领英（LinkedIn），10%；谷歌（Google+），8%；亚马逊（Amazon），6%；娱乐体育节目电视网（ESPN），2%；YouTub，2%；推特（Twitter），2%；克雷格列表（CraigsList），2%；Pinterest，1%。有趣的是，浪费时间的情况也和人口统计学相关。调查显示，浪费工作时间的男性（73%）多于女性（66%）。调查还显示，在每天浪费工作时间的人群中，26～32 岁的员工占 82%，33～39 岁的员工占 76%，18～25 岁的员工占 75%。单身和有伴侣的员工每天浪费的工作时间最多，各占 75%；而离异的员工浪费的工作时间较少，占 51%。受教育程度更高的员

8 S. Oppermann, "'Surfin' USA'—Accessing the Net at Work and Other Time -Wasting Activities—Are They a Cost or Benefit to Your Agency?" *FedSmith*.July 11, 2007, www.fedsmith.com/article/1298/(accessed May 9, 2008).

工更有可能浪费时间；76%具有博士学位的员工每天都会浪费时间；而那些只有高中文凭（或更低学历）的员工则较少，占 59%。至于浪费工作时间的主要原因，11%的受访者认为是由于缺乏激励，10%的人认为是由于对自己的工作不满意，9%的人认为是由于职业倦怠，只有 3%的人认为是由于薪水较低而懈怠。此外，43%的调查对象认为和同事的互动浪费工作时间，远高于认为上网浪费时间的比例（28%）。紧随其后的依次是发短信、使用社交媒体、打私人电话，各占 4%，网上购物占 2%。在“哪一天工作最懈怠”这个问题上，43%的人认为是周五，周末前的这一天他们浪费的时间最多，接下来是周一（16%）、周三（9%）、周四（6%）和周二（3%）。而在“一天中最容易懈怠的时段”这个问题上，27%的人认为是 15:00—17:00，接着是 13:00—15:00（16%）、11:00—13:00（13%）和 9:00—11:00（10%）。出乎意料的是，有 15%的人会早起，在 7:00—9:00 浪费时间。[9]

主管们解决这个问题的方法包括使工作更加有趣，提供专门的休息时间来克服工作单调性，制定明确的准则使员工清楚何时使用网络是恰当的，还有很多主管安装了网页监控的软件来解决这个问题——尽管这样做可能会对员工的士气产生影响。电子商务企业的主管同样需要快速地做出决策并且保持决策的灵活性。

在做出决策时，任何组织的主管都不可能收集到所需的所有信息，这在电子商务企业中尤甚。这一领域发展得更快，竞争更加激烈。电子商务企业的主管视自己为短跑运动员，把在线下企业工作的同行看作长跑运动员。在快速更迭的工作环境中，先收集资料再做出决策的方法并不适用于电子商务企业。除了速度方面的要求，电子商务企业的主管还需要具有高度的灵活性，能处理各种情况。当发现一些决策没有效果时，他们要能重新指引员工，鼓励大胆的尝试。

最后，电子商务改写了沟通的规则。因为电子商务是围绕全面、整合

9 A. Gouveia, “2013 Wasting Time at Work Survey: Everything You’ve Always Wanted to Know About Wasting Time in the Office” Salary.com, July, 2013, http://www.salary.com/2013-wasting-time-at-work-survey (accessing January 18, 2014).

的信息网络而设计的，传统的“指挥系统”沟通方式不再对沟通行为产生约束。电子商务允许甚至鼓励个人直接沟通，不再按部就班。员工可以在任何时间、任何地点与任何人进行即时沟通，而他们的主管可能连员工在说些什么都不知道。电子商务使沟通方式发生了巨大的改变，淘汰或者修正了一些人际沟通的概念，如区分正式和非正式沟通网络、非语言沟通、筛选等。电子商务也重新定义了一些活动的组织方式，如会议、谈判、监管和办公室闲聊。

2.4 在多元化的组织中工作

半个世纪以前，员工和他们的需求惊人地相似。例如，在 20 世纪 50 年代，美国的劳动力主要由白人男性构成。他们中的很多人来自相同的社区或城镇，受雇于制造行业，他们的妻子都待在家里照顾两个或更多的孩子。而今天的员工队伍更为多元化，而且这种变化会持续下去。

什么是员工队伍多元化

今天的组织需要根据日益加剧的员工队伍多元化（workforce diversity）来调整政策和实践，这是人力资源方面最重要的一个问题。多元化的员工队伍包括男性、女性、白人、黑人、西班牙裔、亚裔、美洲原住民、残障人士、同性恋、异性恋和中老年人等。一些优秀的预言家可以预测未来员工队伍的构成。据美国劳工部预计，到 2022 年，美国劳动力将增至 1.635 亿人，仅 2012 年以后就增加了 850 万人。受人口流动的影响，2022 年和 2012 年的劳动力将有所不同。新生劳动力将以男性为主，2012—2022 年预计有 1 970 万名男性、1 570 万名女性加入劳动力大军。到 2022 年，预计女性劳动力比重为 46.8%，男性为 53.2%。美国劳工标准局预测，2012—2022 年的新生劳动力中，将有 2 580 万名非西班牙裔白人、500 万名黑人、920 万名西班牙裔（西班牙裔劳动力预计将比其他人群增长更快），并且亚裔劳动力也会增加 300 万人。这意味着到 2022 年，将有 60.8%的非西班牙裔白人劳动力、20.6%的西班牙裔劳动力、12.4%黑人劳动力和 6.2%的亚裔劳动力。[10] 少数族裔和女性的比重增加。因此，企业和主管必须确保他们的激励方案和技巧适用于如此多元化的员工队伍。

员工队伍多元化如何影响主管

员工队伍多元化对主管的启示是全方位的。员工工作时不会改变他们的文化价值观和生活方式，因此，主管必须“更新”组织，使其能适应不同的生活方式、家庭需求以及工作风格。主管的管理风格也需要更加灵活，以保证所有员工都能够适应。主管需要认识到，不同员工对工作有着不同的需求和期待，因此激励方式也应该因人而异。员工队伍多元化要求企业能及时实行新政策和新实践。例如，工作时间安排需要更灵活，能适应单亲家庭、双职工家庭和那些两地分居的夫妻。公司可以尝试为员工提供小孩及老人照看服务，从而使员工能更好地把注意力集中在工作上。公司可能需要重新设计更加个性化的福利项目，反映更多不同的需求。公司还需要重新评估职业规划，来应对那些不愿意因为工作经验丰富和晋升而导致工作调动的员工。所有员工都应该接受培训，学习理解和欣赏那些与他们不一样的人。当然，主管也需要重新思考激励员工的方法，来应对各种各样的员工需求。

除了由生活方式、性别、国籍和种族等因素所带来的多元化以外，主管还必须了解战后“婴儿潮”带来的潜在影响。你可能听说过很多与**婴儿潮**（baby boomers）相关的事，这个群体人数众多，出生在 1946—1964 年。因为人数庞大，他们人生的每个阶段（小学阶段、青少年时期和职业生涯等）都对美国的经济产生了巨大的影响，甚至他们退休后依然在影响着主管的工作。为什么会这样？他们的绝对数量再次发挥了作用。

---

10 M.Toossi, “Labor force projections to 2022: The labor force participation rate continues to fall,” *Monthly Labor Review*, December 2013, http://www.bls.gov/opub/mlr/2013/article/labor-force-projections-to-2022-the-labor-force-participation-rate-contunues-to-fall. htm (accessed January 19, 2014).

婴儿潮群体中的许多人在组织中承担了技术性工作岗位。他们虽然不像今天的员工那样精通计算机，但是在数学、科学和技术等方面所起的作用非常突出。当这样的员工群体全体退休时，会在组织中留下技术层面的缺口。这无疑会造成劳动力短缺——这种劳动力短缺使得主管更加难以招聘合适的员工，也更加难以指导工作。

如今，不论哪个年龄段的员工都在试图平衡工作和家庭生活。20 世纪六七十年代，员工从周一到周五都会出现在单位，每天工作八九个小时，工作场所和工作时间都是明确的。然而今天情况并非如此。员工日渐抱怨工作和非工作时间的界限越来越模糊，这引发了个人冲突，导致了更大的压力。[11]

导致工作和个人生活界限越来越模糊的原因有很多。第一，全球性组织的出现意味着员工的工作将昼夜不休。例如，每时每刻都会有数以千计的戴姆勒-克莱斯勒的员工在不同的地方工作。很多全球性公司的员工需要为 8～10 个时区外的同事或客户提供咨询，需要 24 小时在线。第二，通信技术的进步使得员工可以在家、在车上或在塔希提岛的沙滩上办公。很多从事技术和专业工作的人能够在任何时间和地点开展工作。[12] 第三，组织要求员工投入更长的工作时间。美国进步中心（Center for American Progress）最近的一份报告显示，过去 30 年间大部分美国人的工作时间变长，收入却降低了。报告显示，2006 年美国家庭每周平均工作时间比 1979 年增加了 11 小时。过去每周 40 小时的工作时间如今在顶级的教授、律师和医生眼中不过像“兼职”工作时间一样少。报告还显示，“很多人认为每周工作 40 小

11 参见 P. Cappelli, J. Constantine, and C. Chadwick, “It Pays to Value Family: Work and Family trade-Offs Reconsidered,” *Industrial Relations*, April 2000, 175-198; M. A. Verespej, “Balancing Act,” *Industry Week*, May 15, 2000, 81-85; and R. C. Barnett and D. T. Hall, “How to Use Reduced Hours to Win the War for Talent,” *Organizational Dynamics*, March 2001, 42.

12 参见 L. Belkin, “From Dress- Down Friday to Dress-Down Life,” *New York Times*, June 22, 2003, l; and E. Tahminicioglu, “By Telecommuting, the Disabled Get a Key to the Office, and a Job,” *New York Times*, July 20, 2003, l.

时无疑是职业自杀”。对许多专业管理岗位来说，这样的时间安排往往会有损职业声誉，也会降低社会地位。我们来看两项政府调查——一项使用 1977—1979 年的数据，另一项使用 2006—2008 年的数据。报告表明，人们平衡工作—生活和工作—家庭的方式变化显著。以前员工们每周工作 40 小时，如今他们每周工作 50 多个小时。2006—2008 年，有 37.9%专业管理岗位上的男性员工每周工作超过 50 小时，而 1977—1979 年这一数据为 34%。对于女性员工来说，这一变化则更为显著。2006—2008 年，有 14.4%专业管理岗位上的女性员工每周工作超过 50 小时，而 1977—1979 年这一数据仅为 6.1%。[13]

员工们越来越意识到工作正在挤占他们的个人生活，对此他们很不满意。如今双职工家庭已经是一种较为普遍的现象，但已婚的员工没有足够的时间来履行对家庭、配偶、孩子、父母和朋友责任。最近的研究表明，员工希望他们的工作时间可以更加灵活，这样才能更好地处理工作和生活之间的矛盾。[14] 而且，下一代员工也有相似的考虑。[15] 多数大学生表示，平衡好生活和工作是他们主要的职业目标。他们不仅需要工作，也需要“生活”！如果组织不能帮助员工实现工作与生活的平衡，就很难吸引和留住那些最有才能、最积极的员工。[16] 代际差异越来越成为工作中矛盾产生的原因，主管们对此十分关注。表 2-2 总结了人们对不同年龄群体劳动力的刻板印象。

---

13 J. C. Williams and H. Boushey, “The Three Faces of Work-Family Conflict: The Poor, the professionals, and the Missing Middle,” Center for Work Life Law, January 2010, http://www.americanprogress.org/issues/2010/01/pdf/threefaces.pdf (accessed January 25, 2014); Harry Bradford, “Top-Level Professionals View 40-Hour Work Week as Part-Time: Report,” *The Huffington Post*, August 30, 2011, http://www/huffingtonpost.com/2011/06/30/americans- now-view-40-hou_n_888231.html (accessed January 25, 2014).

14 “The New World of Work: Flexibility Is the Watchword,” *Business Week*, January 10, 2000,36.

15 参见 "U.S. Employers Polish Image to Woo a Demanding New Generation," *Manpower Argus*, February 2000, 2.

16 L. L. Martins, K. B. Eddleston, and J. F. Veiga, “Moderators of the Relationship between Work-Family Conflict and Career Satisfaction,” *Academy of Management of Journal* (May 2002), 399-409.

表 2-1 对几代员工价值观的刻板印象

婴儿潮世代（1946～1964）	X 世代（1965～1980）	Y 世代（1981～2002）千禧一代
将科技视为一种必要的工具但不会沉迷于此	科技能手	科技能手，有时会质疑电子邮件等标准化 IT 技术的价值，喜欢网络交流
欣赏层级制度	不喜欢层级制度	不喜欢层级制度，喜欢参与
能接受团队但重视独立工作	认为团队合作非常重要	认为团队合作非常重要
强烈的职业导向	努力争取工作与生活的平衡，但愿意为了现在的生活而长时间工作，喜欢灵活的工作时间	努力争取工作与生活的平衡，反对工作干涉个人生活，喜欢灵活的工作时间
对组织更忠诚	对自己的职业和专业忠诚	忠诚于自己的职业和专业，认为自己有权利掌控自己的职业目标
喜欢交际手段和计策	与人交谈时比较坦率	交谈时非常直接
寻求长期雇佣关系	如果合适，可以接受长期雇佣关系	将每一份工作都视为更好工作的跳板
认为应当正式地讨论事务	认为可以通过非正式途径管理反馈，且欢迎他人的反馈	认为可以通过非正式的渠道获得反馈，渴望得到他人的反馈
比较愿意接受命令和建议	经常质疑为什么一些事情应该以特定的方式完成	频繁地质疑为什么一些事情应该以特定的方式完成，且会提出许多问题
愿意主动提出项目的起止时间	稍微偏向于由经理提出项目时间表的结构	会基于早期结构化的活动来安排项目时期和其他活动
将奖励视为优秀表现和资历的积极结果	期望得到频繁的奖励	强烈认为应该得到奖励，包括晋升
必要时才会在同事面前处理多项任务	认为在与同事交流的同时处理多项任务是合适的	认为与同事交谈时处理多重任务（包括用耳机听音乐）是可以接受的

注：关于婴儿潮世代、X 世代和 Y 世代的年份分类存在不同意见，专业文献以及词典中的解释都多少有些不同之处。

资料来源：图中大多数意见来自 Roberts McGarvey. “The Coming of Gen X Bosses,” *Entrepreneur*, November 1999, p. 60-64; Gregg Hammill, “Mixing and Managing Four Generations of Employees”, *FDU Magazine Online*, Winter/Spring 2005, p.5; SommerKehrli and Trudy Sopp, “Managing Generation Y: Stop Resisting and Start Embracing the Challenges Generation Y Brings to the Workplace”, *HR Magazine*, May 2006, p. 113-119; Ron Alop, *The Tropy Kids Grow Up: How the Millennial Generation Is Shaking Up the Workplace* (San Francisco, CA: Jossey-Bass/Wiley, 2008); Ronald Alsop, “Schools, Recruiters Try to Define Traits or Future Students,” *Wall Street Journal*, February 4, 2006, p. B6; Kathyryn Tyler, “Generation Gaps: Millennials May Be Out of Touch with the Basics of Workplace Behavior,” *HR Magazine*, January 2008, p. 69-72.

2.5 公司的运营方式正在转变

如今，主管们工作的公司正在发生改变。过去美国的商业由大公司主导，现在情况已今非昔比了。过去 10 年里中小型企业成长得很快，它们能更好地回应客户的需求。尽管如此，大公司并没有认输，相反，它们进行了一些重大的变革来向竞争对手靠拢。其中最显著的变革包括缩编裁员、持续改进计划以及业务流程再造。让我们来逐个了解这些变革，并探讨它们对主管工作的影响。

组织为什么要缩编裁员

美国的公司正努力成为“至精至简”的组织。由于某些行业放宽监管（如航空业）、国外竞争、兼并和接管等原因，一些组织开始从工资表上削减员工。事实上，到 20 世纪末，几乎所有的世界 500 强企业——比如西尔斯公司（Sears）、通用电气公司、美国航空公司（American Airlines）以及国际商业机器公司（IBM）——都进行了裁员，调整了运营方式。用商业术语来说，这样的行动称作缩编裁员（downsizing）。[17]

组织进行缩编裁员是为了达到两个主要目的：提高效率和降低成本。在很多情况下，这意味着组织雇用的员工数量减少了。其中包括所有层级的员工，主管也包含在内。组织这样做并不是因为有趣，它们是被迫采取这一措施的。为什么？因为它们周围的世界在改变！

在更迭如此迅速的商业环境中，组织需要有效应对各种情况，比如日益激烈的全球竞争。公司必须寻求更加灵活的方式来完成工作。官僚体制受正式工作规则支配，不允许公司发生快速的变革，毕竟做出决策和执行决策会牵扯太多的人。除此之外，员工可能不具备必要的技能去适应工作的变化。有时候，组织也没有提前计划或做出预算来更新员工的技能，结果不得不雇用一些组织以外的人员来完成工作。公司相信，相比培训和雇用全职员工，有时在组织外完成工作是一种更经济的办法。因此，组织渐渐意识到，通过减少全职员工可以显著地降低成本。

然而，缩编裁员并非总能达到目标。有时裁员不仅会损害员工的利益，

17　缩编裁员也可称作重组（restructuring）、减员（reduction in force）或整编（rightsizing）。

还会影响公司的收益。一些研究表明，在所有缩减规模的公司中，超过 2/3 的公司员工士气不高，那些继续留在公司的员工也不再信任管理者，而且这些公司中员工申请伤残补偿的概率更高。

组织为什么要推行持续改进计划

私营和公共部门都在持续发生质量革命，描述这场革命的通用术语是**持续改进**（continuous improvement）。[18] 这一革命是由一小群质量专家发起的，比如约瑟夫·朱兰（Joseph Juran，1904—2008）和爱德华兹·戴明（W. Edwards Deming，1900—1993）。如今在客户需求与期望的驱动下，他们的一些最初理念已经拓展为一种组织生活的哲学（见图 2-2）。然而，重要的是持续改进计划拓展了**客户**（customer）这一术语，使其超越了传统的定义，它把与组织相关的所有人（不管是内部的还是外部的）都包含进这一术语——不仅包括购买组织产品或服务的人，还包括员工和供应商。持续改进计划的目标是促使组织持续改进，也就是日本人所谓的“kaizen”（持续改进）。[19]

1. 关注客户。这里的客户不仅包括购买组织产品或服务的外部客户，还包括组织内互动和为他人提供服务的内部客户（如运输或会计人员）。
2. 寻求持续改进。持续改进是一种永不满足的追求，仅做到“非常好”还不够，质量总有提高的空间。
3. 提高组织各项活动的质量。持续改进所采用的质量定义非常宽泛，质量不仅和最终产品有关，还和组织如何处理交货，如何快速回应投诉，以及如何礼貌地接电话等方面有关。
4. 精确测量。持续改进运用统计学方法来测量组织运营中的每个关键变量，将其与标准或者最佳基准进行比较来确定问题所在，并追溯根源以消除起因。
5. 员工参与。持续改进会影响改进过程中的员工，持续改进计划广泛使用团队来发现并解决问题。

图 2-2　持续改进的基础

18 在某些情况下，持续改进计划可能归属于全面质量管理（total quality management）这个概念。

19 “Winning with *Kaizen*,” *IIE Solutions* (April 2002), 10.

尽管持续改进计划因过度承诺和执行低效受到某些人的诟病，但它们的总体表现是良好的。瓦里安医疗系统公司（Varian Medical Systems，Inc.）是一家科学仪器制造企业，它在半导体部门推行了持续改进计划，将产品设计的推出时间缩短了 14 天；在另一个制造计算机洁净室真空系统的部门，通过持续改进的方法，将准时交货率从 42%提高到 92%。环球冶金公司（Globe Metallurgical，Inc.）是 1988 年美国国家品质奖（Malcolm Baldrige National Quality Award）的获得者，2006 年以后成为全球特种金属公司（Globe Specialty Metals Inc.）的全资子公司。该公司通过持续改进计划将生产率提高了 50%。不仅如此，过去 10 年中，通用汽车、福特、戴姆勒-克莱斯勒等公司的汽车质量显著提升，都可以直接归功于实施了全面质量管理方法。

业务流程再造与持续改进计划有什么差异

尽管在很多组织中实施持续改进方法是一个积极的开始，但这些方法通常关注渐进式的变化。这种持续和永久的改善具有直观上的吸引力，但是，很多组织是在快速、动态变化的环境下运营的，它们周围的一切都在以前所未有的速度变化着，持续改进的过程可能使它们落后于时代。

过于关注持续改进可能会导致一种虚假的安全感，它可能会让组织成员感到他们正在积极地做着正确的事情。在一定程度上这是正确的，但是这种渐进的变化可能会让组织无法认识到或许它们真正需要的是彻底的或者重大的变革，这就是**业务流程再造**（work process engineering）。[20]持续的变化可能使员工感到他们好像是在采取渐进措施，同时回避了实施重大变革，避免威胁到组织生活的某些方面。渐进式的改进方法就好比是对泰坦尼克号邮轮上的躺椅进行重新排列一样。在当今的商业环境下，所有的组织成员都不可避免地要思考业务流程再造给组织流程带来的挑战。为什么？因为业务流程再造不仅可以帮助组织迎接技术变革带来的挑战，还可以帮助组织节省成本与时间，提升服务品质。

20 M. Budman，“Jim Champy Puts His ‘X’on Reengineering，”*Across the Board*, March–Apirl 2002,15-16.

缩编裁员、临时员工、持续改进计划以及业务流程再造对主管有什么启示

尽管缩编裁员、临时员工、持续改进计划以及业务流程再造等活动通常由组织中的高层管理人员发起，但是它们也十分影响主管的工作。主管必须准备好应对这些变革给组织带来的问题。我们来看看都会有哪些影响。

缩编裁员与主管 组织裁员最明显的后果就是有人失业。主管可以预见到可能发生的事情：不管是离开的还是留下的员工都可能会不高兴，他们都会认为组织不再在乎他们了。尽管裁员是由高层管理人员决定的，但主管可能会受到这种怨恨情绪的攻击。在某些情况下，主管需要根据组织的目标参与决定哪些人应该离开，哪些人应该留下。留下来的员工对企业的忠诚度可能会降低。

主管要面对的一个重要挑战就是如何激励那些没有安全感的、不再那么用心工作的员工。过去员工相信只要他们对公司忠心耿耿、好好工作，企业就会保障他们工作稳定，给予慷慨的福利或者提高工资。而缩减规模后，企业开始废除这些传统政策。这些变化导致员工忠诚度急剧下降。雇主对员工的承诺越少，员工对雇主的承诺也越少。因此，如何激励员工并使员工保持较高的生产率就成为主管面临的一大难题。

裁员也会加剧主管所管理的员工之间的竞争。如果是否被裁员以工作绩效为标准，那么员工之间可能不再互相帮助，每个员工都为了自己而工作。这会使主管建立起来的团队关系受到打击。

最后，裁员对留下来的员工也可能会产生影响。除非工作流程得到改进，否则被削减员工的工作依然需要人来完成。通常这意味着留下来的员工的工作量会增加，不仅会导致工作时间延长，造成个人生活与工作之间的冲突，还会导致更大程度的焦虑、压力，甚至旷工。对主管来说，这些情况都会严重影响所在部门的生产率。

临时员工 “企业需要的是招之即来、挥之即去的员工。”[21] 这句话可

21 J. Revell, C. Bigda, and D. Rosato, “The Rise of Freelance Nation,” *CNNMoney.com*, June 12, 2009.

能会让你吃惊，但事实上如今的劳动力已经开始从传统的全职员工向临时员工转变。“临时员工”是指兼职人员、短期工和合同工等按需雇用的劳动者。为了应对经济形势的转变，许多组织已经把一些全职职位转变为临时职位。一位薪资福利专家认为，“未来越来越多的员工应该围绕这个模型来构建他们的职业”。[22] 据专家预计，美国各个行业的临时员工数量将会不断增多。最近的数据显示，高达 30%甚至 40%的美国工作者都是兼职工、合同工，或者从事其他非标准的工作。来自招募公司 MBO Partners 的一项报告显示，到 2017 年将有 2 300 万名临时员工，比现在增加约 600 万名。[23] 你也有可能成为其中之一！

这些变化对主管和组织来说意味着什么？由于临时员工并非传统意义上的员工，因此对这些人的管理是一个新的挑战，需要一套不同的方法。主管们必须认识到，由于临时员工缺少全职员工那样的稳定性和安全感，他们可能不会对组织产生认同感，对组织的忠诚度以及积极程度也不如全职工作者。主管们在实践和政策层面都需要对临时员工区别对待。然而，通过良好的沟通和领导，临时员工也可以为组织创造与全职工作者一样的价值。今天的主管必须认识到，自己责任是激励所有的员工——不论是全职员工还是临时员工——促使他们把工作做好！

持续改进计划与主管　主管必须明确质量的重要性。这需要与每一位员工进行交流，每个人都要尽力实现完美。主管和员工必须认识到，如果不能做到完美，客户就不会满意，就会购买竞争对手的产品。如果真的发生了这样的事情，部门内的工作会陷入危机。

持续改进的假设会对主管和员工产生一种正面的影响。每个参与其中的人都需要积极投入，将工作做到最好，这是持续改进的基础。这样，持

22 同前。

23 C. Wilbanks, “Temp work raises long-term questions for economy,” CBS Money Watch, 3/7/2013, http://www.cbsnews.com/news/temp-work-raises-long-term-questions-for-economy (accessed 3/2/2014), C. Soto, “Rise of the Contingent Workforce,” Snelling Staffing Services, 3/12/2013, http://www.snelling.com/searchResults.aspx?searchtext=rise%20of%20contingent%20workforce (accessed3/2/2014).

续改进可以消除过去制约工作的许多瓶颈，有助于主管和员工完成更多令人满意的工作。

业务流程再造与主管 如果你相信业务流程再造会改变企业的运营，那么显而易见，主管也将受到它的直接影响。首先，业务流程再造或许会让一些主管和员工感到困惑与气愤。如果流程被调整，一些长期工作关系可能会终止。

尽管总有一些人对业务流程再造持怀疑态度，但它确实为主管带来了一些好处：他们可能有机会学习新的技能，使用最新的技术工作，管理工作团队，也可能会拥有更大的自主决策权。这些技术能让他们一直受到用人市场的青睐，如果有机会的话，也能帮助他们跳槽到其他公司。最后，随着这些变化横扫美国公司，主管们的报酬也在变化。随着业务流程再造的实施，主管和员工可能会在工作中处于更好的位置，如果他们表现出色，会获得奖金和奖励。

员工的忠诚度和敬业度 主管通常将员工的忠诚度视为降低员工流动率、提高组织稳定性的必要因素。问题在于组织中的边缘员工常常并不是出于对组织的忠诚而留在现在的工作岗位上，而是因为他们不能也不会离开组织。员工的忠诚度不是衡量效率的最终指标，主管还需要同时考察他们的敬业度。主管必须明确组织内部的战略问题、核心人力资源流程和运营的组成部分，努力改进那些有助于提升员工敬业度的实践。[24]

2.6 在混乱中成长

作为学生，你更喜欢下面哪一种情景？

情景 1：本学期有 15 周。教师会在课程的第一天介绍教学大纲，详细说明平时作业、准确的考试时间和不同的课堂活动在最终分数中所占的比例。学院制度要求教师必须严格按照课程计划上课，学生们上交的作业要

24 S, Hundley, F Jacobs, and M. Drizin, *Workforce Engagement: Strategies to Attract, Motivate, and Retain Talent* (Scottsdale, AZ: WorldatWork Press, 2007).

在一周内评阅并下发。

情景 2：课程长度不定。你选课时并不知道课程需要学多长时间，可能是 2 周，也可能是 30 周。而且，教师可以在没有任何事先提醒的情况下随时结束课程。每堂课的时长都不同，有时是 20 分钟，有时候是 3 小时。每节课结束时才会安排下节课的上课时间。对了，考试是不会提前通知的，所以你需要时刻准备着。教师也不会对你的考试结果做出任何反馈。

大多数人都会选择情景 1。为什么？因为它是可预测的，为我们提供了保障。你知道会发生什么，可以做出计划。因此，当你发现管理者（包括主管）的世界越来越像情景 2 所描述的那样时，或许会感到十分沮丧。

我们认为，只有那些能在混乱中学习成长的主管日后才会取得成功。在他们面前的是一个正在以前所未有的速度变化着的世界。新的竞争者层出不穷；而那些由于合并、收购、不采用新技术或者无法紧跟市场步伐的老企业则会被淘汰。缩编裁员后的组织要用更少的员工完成必要的工作。计算机和通信技术的不断创新实现了沟通的即时性。这些因素和产品与金融市场全球化一起使局面更加混乱。结果，很多为曾经稳定与可预测的市场制定的传统商业战略已经不再适用。

成功的主管也必须随之改变。他们必须在看似混乱的局势当中发现有利之处，必须能把灾难转化成机遇。要做到这一点，他们的工作方式要更灵活，工作方法要更聪明，制定决策要更迅速，而且还要能更有效地管理稀缺资源，更好地满足客户，更自信地扮演好在大规模、革命性变革中的角色。正如管理学大师汤姆・彼得斯（Tom Peters）在他的一本畅销书中所提炼的观点："如今的主管必须能够在变化和不确定性中茁壮成长。"[25]

2.7　从混乱到危机

尽管如今主管必须要能应对周遭的混乱，但对危机的管理也很重要。

25 T. Peters, *Thriving on Chaos: Handbook for a Management Revolution* (New York: Knopf, 1987).

对于部门陷入麻烦的情况，主管必须对其先兆信号保持警惕。这些信号包括：业绩下降，预算不足，政策烦琐，害怕冲突和风险，部门内沟通不畅，以及对工作不称职的容忍。

意识到业绩下降的另一个角度是“温水煮青蛙”现象[26]，这是一个经典的心理学试验。在这个试验中，将一只活青蛙丢到一锅沸水中，它会即刻做出反应，从锅中跳出来；而将另一只活青蛙丢到一锅温水中，慢慢加热，当水到达沸点时，它已无法做出反应，最终被烫死了。主管非常容易犯类似的错误，因为他可能意识不到“水在加热”，即境况在逐渐恶化。业绩的下降是慢慢发生的，等意识到情况的严重性再采取措施时已经太迟了。温水煮青蛙的现象能给我们什么启示呢？它告诉我们主管应该对部门内不正常的情况保持警惕，不能等到情况恶化成危机（沸点）时才做出反应。

虽然组织中的大多数危机并不是一夜之间由一个问题演化而成的，但是创伤性事件却有可能突然发生。[27]2010 年 4 月 20 日，英国石油公司（BP）在马康多勘探点（Macondo Prospect）的深水地平线海底钻油井（Deepwater Horizon）发生爆炸就是个明显的例子。那么组织和主管能做些什么呢？

处理灾难的关键在于要有一个应急预案，可能包括制订灾后恢复计划，其中可能包括复制和备份系统、选择紧急工作地点和通信设备。[28] 以上这些方面当然很重要，但同时还有一个方面也非常重要，即主管对员工及其家庭的支持，这已经成为这个领域专家们的共识。[29] 在灾难发生时保持良好的沟通至关重要，这有助于帮助员工了解事情的进展。主管必须能让员工倾诉他们的感受，如果必要，还应该让他们发泄悲伤的情绪。主管也要知道，某些员工不能完全排解压力，他们可能会感到抑郁，需要额外帮助。针对

26 P. Strozniak, “Averting Disaster,” *Industry Week*, February 12, 2001, 11-12.

27 “What Companies Can Do in Traumatic Times,” *Business Week*, October 8，2001,92.

28 L. Copeland, C. Sliwa, and M. Hamblen, “Companies Urged to Revisit Disaster Recovery Plans,” *Computerworld*, October 15, 2001, 7.

29 参见 J. Brandt, “Survivors Need Your Solace,” *Chief Executive*, October 2001, 12; and H. Paster, “Manager’s Journal: Be Prepared,” *Wall Street Journal*, September 24, 2001, A-24.

这些情况，没有什么现成的手册可以参考，主管需要表现得体贴、敏感且富有同情心。即使他们自身也在经受着与员工一样的情绪“危机”，也必须做到这一点。

虽然我们希望 2010 年 4 月 20 日那样的灾难永远不会重现，但这样的创伤性事件在组织中可能随时发生。如果组织和主管能够预见到这样的重大灾难并且制订应急预案，就已经领先一步，在灾难发生前就将灾后创伤最小化了。

2.8 有责任感的营利性组织

每个组织都有一个简单的目标：生存下去。生存的方式多种多样，对许多组织来说，生存就是盈利；而对有些组织来说，生存意味着用赚钱的方式来坚持做对社会有益的事情。前者经常会产生很多问题。一个组织能否既做“对”的事情又盈利？虽然答案是肯定的，但是新闻头条随处可见那些用不正当的方式来经营企业的故事。例如，如果烟草公司知道尼古丁会导致严重的健康问题，那它们是否应该在数十年前就从市场上撤回香烟？如果来自墨西哥湾的污染已经导致得克萨斯州布朗斯维尔市的初生婴儿有先天缺陷，而且墨西哥并没有相关要求，那么美国在墨西哥的制造业企业是否应该遵守本国的环境和安全法律？不管我们对这些事有什么看法，我们确实不能谴责这些组织，毕竟在大多数情况下它们确实遵守了法律——它们已经做到了应该做的。我们总是假设只要企业遵守法律，它们就有权利做任何事来保证生存，我们觉得这是天经地义的。但是，现在的很多组织正在制定政策、积极实践，关注自己的社会责任。让我们来看一看这个现象。

什么是有社会责任感的组织

社会责任（social responsibility）是组织对社会的一种责任。它超越了法律的要求，也超越了对利润的追逐。社会责任试图将组织的长期目标与社会利益联系起来。在这个语境下的“社会”是指组织的员工、客户等群体以及组织的运营环境。

要想更好地理解这个概念，我们需要将其与两个相似的概念进行比较：社会义务和社会响应（见图 2-3）。[30] **社会义务**（social obligation）是企业参与社会的基础。当企业尽到它的经济和法律责任时，它就已经完成了社会义务。这也是法律所要求的最低限度的义务。与社会义务相比，社会责任和社会响应都不仅仅是达到基本的经济和法律标准。**社会响应**（social responsiveness）涉及更多的道德义务，即要做使社会变得更好而不是更糟的事情。社会响应要求企业能够判断是与非，追求基本的真理。为了更清晰地了解这两个概念，我们举一个例子来说明。

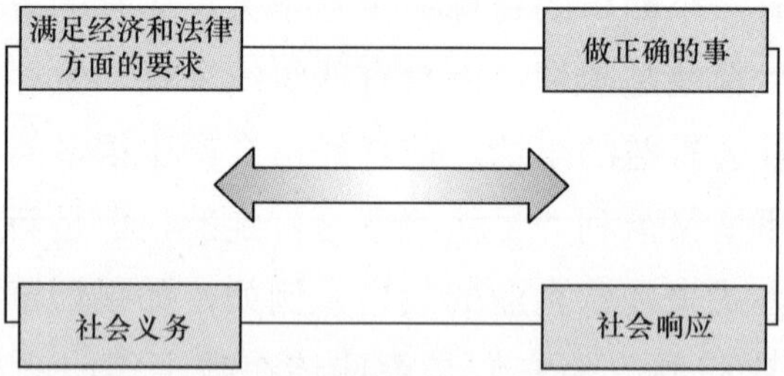

图 2-3　社会义务与社会响应

如果一家企业达到了联邦政府规定的污染控制标准，或者在晋升员工时不进行种族歧视，那么这家企业就履行了它的社会义务，仅此而已。如果有法律规定雇主不能污染环境或者不能歧视某个员工群体，那么上述企业就遵守了法律。然而，如果一家企业使用再生纸包装产品，或者向未婚员工的另一半提供健康保险，那么这家企业就做到了社会响应。为什么？因为尽管会面临来自各种社会群体的压力，但这样的企业在自觉地做一些法律并没有规定而社会需要的事情。

30 W. Acar, K. E. Aupprele, and R. M. Lowry, “An Empirical Exploration of Measures of Social Responsibility Across the Spectrum of Organizational Types,” *International Journal of Organizational Analysis* (January 2001), 26-57.

置身事外讨论企业的社会责任对我们来说很轻松，但我们自己的社会责任呢？个人的社会响应行为会带来一些与家庭相关的问题。

我们怎样履行责任

很多人都认为我们的社会正在遭遇道德危机，很多以前认为应该受到谴责的行为——比如撒谎、欺骗、不实报道、掩盖错误等——在很多人眼中已经成为普遍的商业行为。对消费者有害的产品仍然在市场上出售，大型组织中男员工骚扰女员工的新闻也屡见不鲜。

那么对企业，尤其是对主管来说，又是怎样一种状况呢？主管可能会面对哪些有待商榷的问题呢？下面列举了一些和主管有关的普遍问题：你是否应该保持诚实？只要对公司有利就可以放宽规则吗？只要不被抓住就可以为所欲为吗？现在来考虑两个具体的问题：你们企业的销售人员为了业绩而向对方企业的采购员行贿，这合适吗？用公司的电话打私人长途，这是错误的吗？

主管面临很多困境，很多时候他们必须界定正确和错误的行为。主管的言行是形成组织风气的重要方面。对大多数员工来说，主管是他们与管理层的唯一联系。同样，管理层的要求通常也从主管的行为中体现出来。如果主管把公司的物品带回家，在报销账单上作假或者做其他类似的事情，就会对工作组内的其他成员造成不好的影响，破坏了高层管理者为形成高度纪律性的企业文化所做的全部努力。在美国运通公司和艾克森石油公司这样的大型企业中都有专门为主管制定的行为标准，明确了哪些行为是恰当的，哪些是不恰当的。通常还有正式的文件写明企业的主要价值观以及希望员工遵守的道德准则。

组织为了削减成本、提高生产率，会对主管和员工施加越来越多的压力，这就不可避免地会导致更多的伦理困境。主管们通过一言一行确立了组织的行为标准。组织必须提防任何形式的不适当行为。长久以来，供货商会送给采购员免费票或优惠券，饭店会给警察免单或折扣，这可能会引起局外人的怀疑，他们会质疑未来企业和警察的公正性。

主管希望员工恪守道德规范。那么我们所谓的“道德规范”究竟是什么呢？

什么是道德规范

道德规范（ethics）通常是指界定正确和错误行为的准则和原则。如果员工缺乏高尚的道德品质，那么用规则、政策、工作守则或者强势文化规范来约束他们，他们将不大可能做坏事；相反，如果组织及其文化允许或者鼓励不道德的行为，那些拥有良好道德品质的员工也会被腐蚀。考虑一下前面提到的一个道德情境——采购员接受贿赂。几乎每个人都会认为接受金钱贿赂是一种不道德的行为，这同时也是违法行为。但是，如果“贿赂”的不是金钱那样能够看到的东西，或者贿赂根本不存在，那又会怎么样呢？例如，假设你是一家中等规模医院采购部的主管，有几家供货商都竭力向你推销产品，希望你成为他们的客户。供货商 1 向你介绍了产品，而且考虑到你要采购的产品数量庞大，他还提供了非常有吸引力的报价单。供货商 2 也向你介绍了产品，报价和前者不相上下，但是她邀请你和你的朋友一起去观看一场即将举办的体育赛事——这场比赛你非常想看，但是票已售罄。你会和这个供货商一起看比赛吗？你认为可以这样做吗？毕竟这只是一场比赛，而且，即使该公司成了你们的供货商，事实上他们的报价也和竞争对手差不多。

这个例子说明了道德问题对员工而言是多么模棱两可。**道德准则**（code of ethics）体现了组织的主要价值观和组织对员工道德方面的要求，是解决道德“模棱两可”问题的常用办法。准则要尽可能具体才能指导员工的行为。不过，你所在的组织可能没有这样的准则可供遵守，在这种情况下，你只能自己判断什么才是恰当的，并承担相应的后果。我们再具体地讨论一下。

假设你的老板要求你和竞争对手协定价格，同时从这些与你们合谋的公司中窃取技术。你的老板知道，这样做能使你们的产品在市场上无可匹敌，并且你们的竞争者可能从此在业界再无立足之处。而且如果你这样做了，你将得到丰厚的回报——你可能会负责该产品的运营。[31]你的选择是什么？一个选择是做老板要求的事情，毕竟，他是老板，他可以使你的生活变得更美好或更悲惨。但是，如果你真的合谋定价或者窃取商业秘密，可能会承担法律责任，你（而不是你的老板）将会面临起诉。即使你是为了组织而这么做的，也必须意识到如果被发现的话，你的老板是不会保护你的。并且，你的职业生涯会为此而蒙上污点。

另一个选择是和你的老板沟通，表示你对这些要求的不满。毫无疑问，你的请求会被驳回，但至少你表达了自己的立场。当然，这种拒绝可能会给你带来麻烦。你或许需要和更高一级的管理者沟通，他们可能愿意帮你，但你不能总指望他们帮你。还有一个选择是你假装会按照老板的要求去做，但事实上并不执行。你可以编理由，比如由于和其他公司难以达成一致，价格难以协定。在这种情况下，你会希望老板对你的借口“买账”，或者干脆忘了跟进这件事。这同样也需要你承担一定的风险。这个选择不利的一面就是你仍旧做了不道德的事——对你的老板说谎。

如果你的老板继续向你施压，你还有一个选择，但这是最极端的选择。如果老板的要求完全违背了你的信仰，而且你不能得到组织里其他人的帮助，你可能不得不考虑辞职，或者向外界揭露这一切。当然，这也有坏处，但至少你知道自己做了正确的事，会很安心。在涉及道德的情况中，我们无法预测将面对的问题，但可以事先准备好应对道德困境的方案。你准备得越充分，某天当你被要求做一些“违背原则”的事情时，就越能从容应对。

31 这个例子改编自 M. Whitcare, “My Life as a Corporate Mole for the FBI,” *Fortune*, September 4, 1995, 52-62.

2

第二部分

计划、组织、控制和决策

管理的基础在于有效计划所需完成的工作，恰当地安排工作和员工，雇用具备特定技术、知识与能力的员工，以及监控工作进展。在第二部分我们将要讨论有利于实现组织和部门目标的主要因素。一旦制定了目标，主管一定要合理地组织员工来达成这些目标。在确定了需要完成的工作之后，主管必须找到合格的候选人，培养他们并不断地更新他们的技能。有了合适的计划、组织和员工，主管还必须加以控制，确保目标的实现。计划、组织、用人和控制，每个方面都需要主管具有较高的制定决策和解决问题的技能。因此，我们也将讨论这些重要的管理技能。

第3章　制订计划和目标

应对管理困境

主管们总是面临着相似的问题，常规计划能够帮他们以固定程序解决这些问题。组织通常会制定产假的工作准则与规程，帮助主管解决有价值的员工临时流失的问题。高层管理者通常会制定政策，使组织在法律范围内运行。如果组织为员工制定了灵活的产假调休政策，主管就会安排一个员工临时顶替缺席的员工，保证工作正常进行。产假是一项员工福利，就像病假、休假、假期、事假、短期伤残假和无薪探亲假一样。

尽管出生率在下降，但令人吃惊的是，女性员工认为由怀孕带来的工作歧视问题却越来越严重。“律师们认为，很多情况下，雇主们在理解一系列关于怀孕歧视与家务假的联邦法或州法时，常常会犯一些无心之过。法律总是忽视了员工怀孕给小型公司造成的损失，产假会十分影响这些公司的生产率。但孕妇们总是声称自己被无理开除，得不到晋升机会，有时甚至为了保住工作而被强制终止妊娠。”*

美国平等就业机会委员会（EEOC）对 Denham Springs 出版公司提起诉讼，认为他们违反了联邦法律，解雇了一名怀孕的员工。在新闻发布会上，委员会声称该出版公司“在员工杰米·琼斯怀孕后不让她休产假并解雇了她。琼斯自 2005 年 5 月起就在这家出版公司担任《利文斯顿区教区新闻》

* S. Armour, “Pregnant workers report growing discrimination,” *USA TODAY*, February 17, 2005, http://www.usatoday.com/money/workplace/2005-02-16-pregnancy-bias-usat_x.htm (accessed May 11, 2011).

（*Livingston Parish News*）的特别项目协调员；2005 年 12 月，她开始在公司收购的《古董报》（*Antiques Gazette*）担任销售和市场总监；2006 年 10 月，琼斯开始咨询公司关于产假的政策，因为当时公司并没有相关的书面政策。尽管她一再询问，但是她的主管劳伦·卡茨——《利文斯顿区教区新闻》的销售与营销经理——拒绝告诉她公司的相关规定……在琼斯向公司提出休产假的请求之前，她并没有任何违纪行为，随着职位的提升，公司还给她加了薪，而且在被解雇前公司还发给她一笔丰厚的奖金，奖励她提高了公司的营业收入。因此，琼斯被解雇完全是因为她怀孕了，而公司不想为她提供任何产假”。[+]

如果你是一位主管，你的一名女性员工刚刚告诉你她怀孕了需要休产假，你会向医生要她的医疗记录，询问她的状态是否适合工作吗？你会把她安排到低薪职位上吗？如果她希望继续工作并且身体状况允许，你会同意吗？如果你曾为其他患有伤残的员工减轻工作负荷，那么你会同样照顾她吗？作为一位主管，你需要对与产假相关的法律加以重视，如 1978 年《怀孕歧视法案》（Pregnancy Discrimination Act）与 1993 年《家庭与医疗休假法案》（Family and Medical Leave Act）等，这些法律保护孕妇的权利。了解相关法律能够帮助组织更好地制订计划，待日后问题出现时，便能更好地应对这些状况。但是，你要对怀孕的员工和其他员工一视同仁，这是绝对底线。

在第 1 章中我们提过，计划包括明确组织的目标，制定实现这些目标的总体战略，以及建立一个全面细致的计划体系以整合和协调各种工作。在本书中，我们认为目标（objective）和目的（goal）是可以互换的，它们所传达的含义都是组织、部门、工作团队或个人想实现的理想结果。

3.1　什么是正式计划

计划需要把目标、策略和方案以书面形式写下来吗？理想的情况下是

+ U.S. Equal Employment Opportunity Commission, “Denham Springs Publishing Company Sued by EEOC for Pregnancy Discrimination,” Press Release, September 15, 2011, http://www.eeoc.gov/eeoc/newsroom/release/9-15-10e.cfm (accessed May 11, 2011).

需要的，但多数情况下并不是这样。在制订正式计划时，人们确定详细的目标后会写下来并告知组织内其他成员，而且在其中写明具体的行动方案，以明确实现每个目标的办法。

许多主管都会参与制订非正式计划。他们在脑海中构思这些计划，但并没有以书面形式落实下来，也极少与别人分享。小型企业中经常发生这种情况，因为其主管即老板，他们很清楚自己的目标和相应的策略。本章中所说的“计划”是指正式计划。如果组织想提高生产率，通常必须制订正式计划。

生产率

人们在探讨组织绩效的时候，焦点最后都会落到生产率这个问题上。**生产率**（Productivity）成了所有问题的核心。我们可以用生产率来讨论制造业，如计算机芯片生产；也可以讨论服务业，如计算机硬盘驱动器故障维修。不过对很多公司，尤其是对从事服务行业的公司来说，生产率很难定义，有时甚至是不可能定义的。在当今的组织中，主管一定要能确定生产率的构成。

什么是生产率

简单地说，生产率可以用以下公式表示：

$$生产率=\frac{产出}{劳动力+资本+原材料}$$

每个劳动力每小时的产出大概是测量生产率的最常用方法。在工厂里从事时间与动作研究的工业工程师们主要关注的就是劳动生产率的提高。美国海军“白羊座”（ARIES）生物柴油厂就是一个很好的例子。这是一个自动化实时远程监控的一体化能源工厂，位于文图拉县的海军基地，他们用劳动力代替资本（如机械和设备）来提高生产率。要提高原材料生产率，就要提高原材料的投入、供给和利用率。肉类加工厂找到下脚料的其他用途，而不是当作垃圾丢掉，也提高了原材料生产率。

生产率还可以在三个不同层次上加以应用——个人、团队和组织。行政助理可以使用文字处理软件、传真机和电子邮件提高工作效率，增加工作产出。有些公司还通过组建工作团队提高生产率，如美国康胜啤酒酿造公司（Coors Brewing）和安泰保险金融集团（Aetna Life）。美国西南航空公司（Southwest Airlines）比其竞争对手美国航空公司和全美航空公司（U.S. Airways）的效益更好，因为它每客运英里的成本比对手低了 30%～60%。

生产率已经成了每个组织的主要目标。我们所说的生产率是指商品或服务的总产出除以所需的投入。从国家层面来说，提高生产率会促进经济增长与发展，人民工资上涨，公司利润增加，而且不会引起通货膨胀。从组织层面来说，提高生产率可以降低成本，使自己的产品价格在市场上更有竞争力。

提高生产率对增强国际竞争力十分重要。凡是希望取得全球性成功的企业都在寻求提高生产率的方法。由于生产率受人的因素和运营中各变量的共同影响，管理者要同时关注这两个方面。管理顾问和质量专家爱德华·戴明认为，主管，而非工人，是提升生产率的主要动力。他所提出的提高组织生产率的 14 点建议中蕴含了对人与运营相互作用的理解：高生产率不只是“人的管理”的结果，而是把人与整个运营系统融为一体，从而实现生产率的最大化。

为什么生产率对美国很重要

近年来，美国联邦政府公布的生产率数据几乎停滞不前，有时甚至在下降。而就在 25 年前，美国的生产率还曾在工业化国家中排名第八或第九位。如今的美国也是这样吗？世界大型企业联合会（Conference Board，曾是美国劳工统计局的一个部门）2012 年的国际劳工比较计划（International Labor Comparisons，ILC）的数据显示，2009 年美国制造业劳动生产率在 19 个国家中仅排第 12 位。2012 年，西班牙、丹麦和美国的制造业生产率增幅在 7 个国家中排名前三。除了 2008—2009 年全球性金融与经济危机，7 个国家中有近一半的制造业生产率是 20 世纪 80 年代以来的历史最低点。[1]如今大家都说美国的生产率增长稳定，在工业化国家中遥遥领先，这一成

1 The Conference Board, “Manufacturing Productivity Weakens across Many Advanced Economies,” Press Release, 17 December, 2013, http://www.conference-board.org/press/pressdetail.cfm?pressid=5033 (accessed 3/2/2014).

就在很大程度上要归功于20世纪90年代推行的缩编裁员和业务流程再造。公司以更少的人力成本，通过减少低效活动、极力关注质量、推行技术革新等手段保持或增加了产量。如今，许多美国公司还在向以质量或顾客为导向转变，以提高生产率。与其他工业化国家相比，美国较具优势的工业领域如图3-1所示。

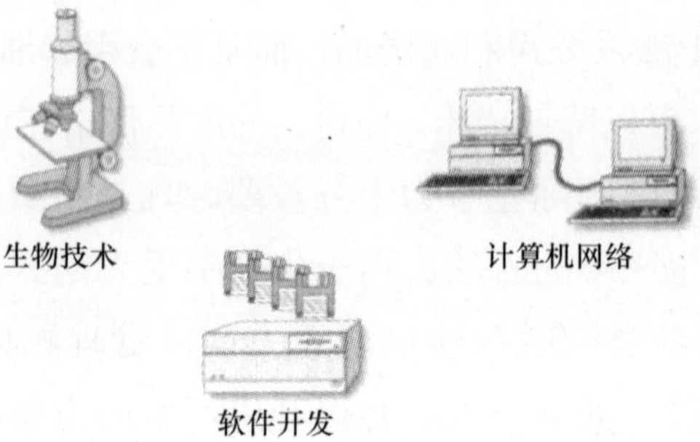

图3-1 在世界市场上以美国作为主要制造商的工业领域

我们为什么这么关心生产率？因为正是生产率的提高推动了美国经济的发展。通常全球所有的经济指标都围绕着美国的工业产量和销量。因此，当一个像美国这样的发达国家拥有了坚实的生产力基础后，就可以创造就业，提升在发达国家中的生产优势，为员工提供就业保障，还可以进一步研究和开发提高生产率的方法。

3.2 计划和组织层级

不论主管处于组织的哪个层级，都应该制订计划，但他们的计划类型则往往随所处层级的不同而有所区别。这种差异体现在许多方面。接下来，我们将从计划的宽度与时间期限两个方面来探讨。

什么是计划的宽度

计划主要分两种：战略计划和战术计划。**战略计划**（strategic planning）涵盖了整个组织，包括建立组织的整体目标，并在竞争中给自己的产品或服务定位。例如，沃尔玛的战略计划是在郊区建立大型门店，提供价格低廉、种类繁多的商品，以此吸引周边城镇的消费者。

战术计划（tactical planning）则指实现整体目标所必需的具体计划。例如，阿肯色州费耶特维尔市的沃尔玛经理制定的季度支出预算或员工的工作计划表，就属于战术计划。

大多数情况下，由高层管理者制订战略计划，由主管制订战术计划。这两种计划对组织都很重要，但各有侧重，前者关注大局，后者强调细节。

计划的时间期限分为哪几种

计划的时间期限有三种：短期、中期和长期。**短期计划**（short-term plans）是一年内的计划；**中期计划**（intermediate-term plans）一般是 1～5 年的计划；而**长期计划**（long-term plans）则是 5 年以上的计划。主管往往侧重短期计划，如下个月、下周或明天的计划；中层管理者，如地区销售总监，通常会关注中期计划；高层管理者，如副总裁及以上的管理者，则更关注长期计划。

计划与管理层级有何联系

我们必须记住，有效的计划是融入并贯穿于整个组织的。长期战略计划为其他所有的计划设定方向，只有高层管理者确定了组织的整体战略和目标并制订了相应的计划之后，组织内的其他层级才开始制订计划。

图 3-2 显示了组织内部从高到低各个层级与计划之间的联系。首先，总裁、副总裁和其他高级主管制定组织的整体战略；然后，中上层管理者，如地区销售总监，制订他们的计划；最后，一线主管制订计划。理论上这些计划是互相交叉、互相协调的。例如，亚利桑那州图森市的地区主管会和其他地区主管相互交流，为亚利桑那州的地区经理提供信息和建议，以便经理制订整个地区的计划。如果计划之间连接合理，那么不仅各地区主管的目标可以达成，地区经理的目标也能顺利实现；如果所有地区经理的

目标都能实现，那么大区销售经理的目标也就能完成；同理，其他层级的目标也都能达成。

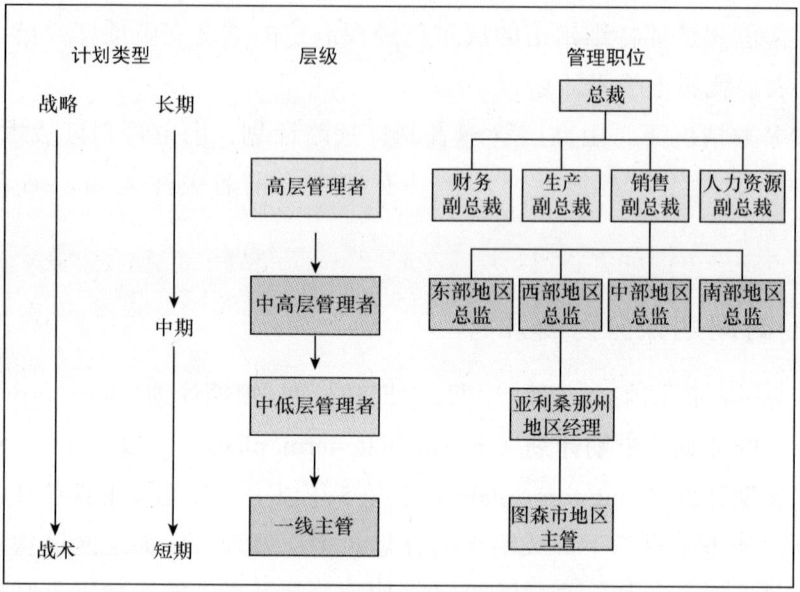

图 3-2　组织内的计划与层级

持续改进计划有助于制订计划吗

越来越多的企业把质量实践作为建立竞争优势的方法。[2] 在上一章我们提过，如果一个组织可以满足消费者对高质量的需求，就能吸引并留住忠实顾客，在市场上脱颖而出。持续改进产品或服务的质量与可靠性可以为组织带来其他对手无法复制的竞争优势。为什么产品创新无法提供持续的竞争优势呢？因为新产品通常很快就会被对手仿制，因而持续改进成为组织运营的一部分，变成相当重要的累积优势。

除了持续改进计划，还有三个常用的质量管理方法：标杆管理、ISO 9000系列标准和六西格玛。下面将对它们进行简要的介绍。

2 F. K. Wang and W. Lee, "Learning Curve Analysis in Total Productive Maintenance," *Omega*, December 2001, 491-499.

什么是标杆管理？

标杆管理（benchmarking）是指从竞争对手和非竞争对手身上学习最佳实践，从而达到卓越绩效的一种做法。[3]标杆管理的基本思路是，主管通过分析并复制各行业领袖的方法来提升自己的生产质量。

什么是 ISO 9000 系列标准？

20 世纪 80 年代，全球化公司日益注重提升产品质量。它们明白，要在全球市场中竞争就要为消费者提供一种保证，证明自己的产品和服务能够满足他们质量方面的期望。此前，消费者对产品质量方面的疑问只能得到公司个别人员的个人保证。1987 年，位于瑞士日内瓦的国际标准化组织（International Organization for Standardization，ISO）[4]发布了 **ISO 9000 系列标准**（ISO 9000 series）。这套 ISO 标准包含一整套过程，“由独立的监审人员审查公司的工厂、实验室或办公室等场所，评估是否都达到了质量管理的要求”[5]。如果公司达到了这些标准，就能向消费者保证：它采取了一系列详细的步骤来测试出售的产品；它可以经常为员工提供培训使他们掌握最新的技术、知识和能力；公司运营情况良好；出现问题时可以及时改正。许多跨国企业都达到了 ISO 9000 标准，如得克萨斯州石化公司（Texas Petrochemical）、英国航空公司（British Airways）、上海福克斯波罗有限公司（Shanghai-Foxboro Company，Ltd.）、Braas 公司、贝茨医药公司（Betz Laboratories）、中国香港地铁公司（Mass Transit Railway）；英国石油化工国际有限公司（BP Chemicals Intenational Ltd.）、米拉克龙电子系统部门

3 E. Jossi, “Take a Peek Inside,” *HR Magazine*, June 2002, 46-52; and R. A. Martins, “Continuous Improvement Strategies and Production Competitive Criteria: Some Findings in Brazilian Industries,” *Total Quality Management* 12, no.3 (May 2001), 281-291.

4 参见 J. P. Wilson, M. A. T. WALSH, and K. L. Needy, “An Examination of the Economic Benefits of ISO 9000 and the Baldrige Award to Manufacturing Firms,” *Engineering Management Journal* (December 2003), 3-5; and International Organization for Standardization, “ISO 9000 Essentials,” 2011, www.iso.org/iso/iso_catalogue/management_and_leadership_standards/quality_management/iso_9000_essentials.htm (accessed October 14, 2011).

5 T. B. Schoenrock, “ISO 9000: 2000 Gives Competitive Edge,” *Quality Progress,* May 2002, 107.

（Cincinnati Milacron Electronic Systems Division）、博格-华纳汽车（Borg-Warner Automotive）及中国台湾台橡股份有限公司（Taiwan Synthetic Rubber Corporation）等。

获得了 ISO 认证的公司可以宣称达到了严格的国际化质量标准，是国际上少数达到这一标准的公司之一。ISO 认证不仅为企业提供竞争优势，还可以为企业提供某些市场的准入机会。比如，有 163 个国家承认 ISO 标准，在这些国家，未经认证的公司与经过认证的公司竞争很难取得成功。全球消费者都希望在自己购买的产品上看到认证，这也成了客户的首要需求。1997 年，ISO 14000 系列标准生效。获得这一标准认证意味着公司愿意在环境保护方面承担责任。

为什么达到六西格玛就代表高质量？

如果你走在通用电气、中河飞机系统公司（Middle River Aircraft）或伊士曼柯达公司（Eastman Kodak）的工厂里，你可能会发现系着绿色或黑色腰带的人。这代表空手道级别吗？当然不是，这些绿色和黑色的腰带代表经过六西格玛培训的员工。[6]

六西格玛（Six Sigma）是 20 世纪 80 年代由摩托罗拉公司（Motorola）开发的一种管理哲学和测量流程。它的前提是“设计、测量、分析和控制生产流程的投入方面”。[7] 也就是说，六西格玛试图将质量“设计”到产品生产的过程中，而不是在产品制造出来后再管理质量（见图 3-3）。在改进流程的过程中，会运用许多统计模型、特定的质量工具、严格的标准以及专门技术。

6 “Green Belt Training Starts February 4: Other Courses On-Line,” *Quality Progress*, February 2002, 13; J. M. Lucas, “The Essential Six Sigma,” *Quality Progress*, January 2002, 27-31; and D. Treichler, R. Carmichael, A. Kusmanoff, J. Lewis, and G. Berthiez, “Design for Six Sigma: 15 Lessons Learned,” *Quality Progress*, January 2002, 33.

7 T. Aeppel, “Career Journal: Nicknamed ‘Nag,’ She’s Just Doing Her Job,” *Wall Street Journal*, May 14, 2002, B-1.

1. 选择关键质量特性。
2. 明确必需的绩效标准。
3. 确认测量体系、方法和程序。
4. 建立当前流程能力。
5. 界定绩效的上限和下限。
6. 找到偏差的来源。
7. 筛选引起偏差的潜在原因，以找到需要控制的几个关键变量
8. 找到关键变量之间的偏差关系。
9. 确定每个关键变量的作业范围。
10. 确认测量系统是否可以生成可重复数据。
11. 确定流程控制关键变量的能力。
12. 对关键变量实施统计流程控制。

图 3-3　六西格玛——12 个流程步骤

资料来源：转引自 D. Harrold and F. J. Bartos，“*Optimize Existing Processes to Achieve Six Sigma Capability*，” reprinted with permission from Control Engineering，March 1998，87，©*Reed Business Information*. www.controleng.com.http://m.controleng.com/index.php?id=2819&tx_ttnews[tt_news]=18806&cHash=6296d5b090（accessed date October 14，2011）

用六西格玛保证质量是否行之有效？我们用另一个问题来回答：你认为 99.9%的有效性足够吗？这可能要看情况。但如果换个方式想：在有效性是 99.9%的情况下，全美国每天会有 12 个婴儿被医生送错了父母；每小时会有 22 000 张支票从错误的账户中扣除；每天有 2 架飞机没能在芝加哥的奥黑尔国际机场（O'Hare International Airport）安全着陆……[8] 这显然不是人们想要的结果。因此，六西格玛的目标就是要做到在 100 万个机会里，只有 4 个以下的瑕疵。这与 10 年前相比是一个巨大的进步。那时，大多数公司仅要求三西格玛，这意味着在 100 万个机会里有 66 000 多个瑕疵，但对大多数组织来说，已经是相当高的目标了。

3.3　关键计划指南

一旦组织确定了战略计划和整体目标，主管就需要为决策者制订另外

8 这个问题的另一种观点，请参考“Why You Can Safely Ignore Six Sigma”, *Fortune*, January 22, 2001, 140.

的计划。其中，有些是常规计划，在经常性的活动中可以反复使用；另一些则是单一用途计划，只在处理特定或偶然事件时使用。在这一部分，我们将介绍这两种常用计划。

什么是常规计划

常规计划（standing plans）用一种预定的、一贯的方式处理相似的情况，可以帮助主管节省时间。比如，当某个员工的缺勤次数越来越多时，如果事先制定好相关的处罚程序，主管就可以更有效率地处理这个问题。我们来看一下常规计划的三种主要类型：政策、程序和规则。

政策　“我们会尽可能地内部提拔。”“要尽一切努力去满足消费者。”“我们应该给员工支付有竞争力的工资。”这三句话都是**政策**（policies），即管理活动的指导方针，一般由高层管理者制定。主管在政策的范围内制定决策。

主管通常不制定政策，而是解释并执行政策。主管必须在政策范围内运用自己的判断力。例如，公司的政策规定“应该给员工支付有竞争力的工资”，但并没有告诉主管应该给一个新员工支付多少。然而，如果社会上这种工作的时薪为 16.20～19.50 美元，那么根据公司的政策，新员工的开始时薪不管是 14.75 美元或是 26.00 美元都不合理。

程序　假设工程部门请求采购主管采购 5 个计算机辅助设计工作站，采购主管会检查申请单是否填写正确并已获得批准，否则她会退还申请并附上便签写清缺漏。完成申请后，她要估计大约的花费是多少。如果总额超过 15 000 美元，这种情况下她会找三家企业来竞标；如果没有超过，则只需确定一家供应商然后下订单。

以上一系列步骤是用来解决重复性问题的，这就是**程序**（procedure）。有了特定的程序，主管只需要确定存在什么样的问题，一旦问题清楚了，就可以按程序解决问题。程序与政策都具有一贯性，不同之处在于它比政策更加具体。程序通过明确应采取的步骤及顺序，给出了解决重复性问题的标准化方式。

主管不仅需要遵守由高层管理者制定的程序，也需要制定让下属遵守的程序。当环境发生变化，出现一些会重复发生的新问题时，主管应有针对性地建立一种标准化程序。例如，如果一家雪佛兰汽车（Chevrolet）的地区代理商的服务部门开始接受信用卡付款，主管就必须为此类交易制定程序，并且要认真培训所有的服务代理人和收银员，让他们明白如何处理这类交易。

规则　规则（rule）是一种非常清晰的陈述，告诉员工应该做什么与不应该做什么。主管经常用规则来处理重复性问题，因为它操作简单且具有一致性。在前面的例子中，以 15 000 美元为界的规则简化了采购主管是否需要选择供应商的决策过程。同样，关于迟到和缺勤的规则也使主管能迅速、公平地做出处罚决定。

什么是单一用途计划

与前面所讨论的常规计划相反，**单一用途计划**（single-use plans）是专为一个特定活动或某个特定时期设计的。它的主要类型有：规划、预算和排程。

规划　周一早上，迈克·阿诺德（Mike Arnold）在会议上得知了一个新闻：他所在的美国航空公司将要裁员 1 000 人。于是，美国达拉斯中心行李管理部的主管迈克要制订一个重组计划，从保证他的部门在裁员 20%的情况下仍能高效工作。迈克所制定的就是**规划**（program）——服务于组织的整体目标，专为某个特定的重要事项服务的一组单一用途计划。内容具体包括列出被裁员的员工名单，制订新设备的采购计划，重新设计行李处理区，以及提出可能合并的工作建议等。

所有的主管都要制定规划。重要的规划——如新建一个制造厂，或合并两家公司及其总部员工——会由高层管理者制定和监督，这类规划可能会持续数年，甚至需要制定与其配套的政策和程序。主管也经常需要为其部门制定规划。例如，前文提到的美国航空公司的部门重组；广告部门的主管为新客户设计一套详尽的系列广告；豪马贺卡公司（Hallmark）的地区销售主管开启一个培训计划，教员工使用一种由电话和计算机控制的新型库存系统。这些例子的共同点在于，它们都是非重复性事件，不需要一系列完整计划才能完成目标。

预算　预算（budget）是关于数字的计划，以货币形式表示特定时间内的预期结果。例如，一个部门本年度用于员工计算机培训的预算是 30 000 美元。预算也可以用非货币形式表示，如员工工时数、产能利用率或产量等。预算的时间范围可能是天、周、月、季度、半年或者年。

这里所讨论的预算是计划过程的一部分，但它也是一种控制手段。预算也需要计划，因为它决定方向。从预算中我们能看出活动的重要性以及资源的配置方式。如果需要测量和比较资源的消耗，预算可以为这些活动提供参照标准，这时它是一种控制机制。

预算会涉及任一层级的几乎每个管理者。主管通常会把本部门的支出预算交给上级主管审阅并申请批准（见表 3-1）。主管也会根据各自需要，做出员工工时、预期收入或资本支出（如机器和设备）等方面的预算。预算由高层管理者批准之后，就成为主管及其下属必须恪守的标准。

表 3-1　部门开支预算

2016年部门开支预算表
（单位：美元）

项目	季度			
	一	二	三	四
固定工资	33 600	33 600	33 600	33 600
可变工资	3 000	5 000	3 000	10 000
绩效奖金				12 000
办公用品	800	800	800	800
影印费	1 000	1 000	1 000	1 000
电话费	2 500	2 500	2 500	2 500
邮递费	800	800	800	800
差旅费	2 500	1 000	1 000	1 000
员工发展	600	600	600	600
季度总支出	44 800	45 300	43 300	62 300

排程　如果你观察一些主管或部门经理一段时间后，你会发现他们会定期且详细地关注需要完成的工作、完成的顺序、谁做哪件事情以及什么

时候能完成工作等。主管的这些工作就是**排程**（scheduling）。

排程可以帮你优化活动、及时完成工作，其中两种常用的排程技术是甘特图和计划评审技术图。**甘特图**（Gantt chart）是在 20 世纪初由一位名叫亨利·甘特（Henry Gantt）的工业工程师发明的，虽然它的原理很简单，但在安排工作时间表时非常有用。甘特图基本上是一个条形图，横坐标表示时间，纵坐标表示需要排序的活动，柱条则表示了一段时间内计划和实际的产出。甘特图直观地显示了任务应该完成的时间以及计划进度和实际进度的比较。正如我们所说，甘特图是一个简单但重要的工具，它使主管能够轻松地细化一项工作或一个项目中将要完成的工作，并能评估实际进度是超前于计划、落后于计划，还是正按着计划进行。

图 3-4 展示了一个简化的甘特图，是由一位出版公司产品部的主管为图书出版而设计的。以月为单位的时间标在图的顶部，主要的活动列在左侧。计划开始时，要确定出版一本书需要做哪些工作、它们的顺序以及每项任务应该分配的时间。空白条表示任务的计划进度，阴影条表示实际进度。如果主管要从中寻找两种进度的偏差时，甘特图就成了一种控制工具。

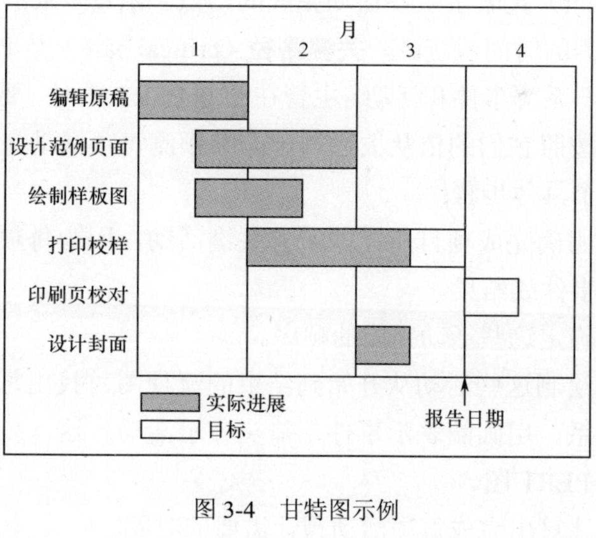

图 3-4　甘特图示例

甘特图适用于需排程的任务较少且任务之间相互独立的情况。但如果主管要做一个大项目的计划呢？例如，部门重组、启动降低成本的“战役”或安装一个重要的新设备等。这些项目通常需要协调上百个任务，而且有些必须同时进行，有些必须在其他工作完成后才能进行。假如你在建造一栋大楼，显然不能在地基打好之前就砌墙。那么，应该如何安排复杂的项目呢？你可以利用计划评审技术图（program evaluation and review technique chart）。

计划评审技术图（PERT chart）是一种流程图，它描述了一个项目中各项任务的顺序及其时间和成本。该图于 20 世纪 50 年代末开发，当时是用于美国北极星工业有限公司（Polaris）潜艇武器系统项目中来协调 3 000 多个承包商和机构的工作。这个项目复杂得令人难以置信，有数十万个任务需要协调，但最后成功完成，且据说正是由于使用了该图，项目工期缩短了两年。

对主管来说，PERT 图是一个很有价值的工具。要想使用该图，主管必须明确需要完成的工作，判断事件之间的依从关系，并考虑可能出问题的地方。主管可以利用 PERT 图轻松地比较每个任务的计划和成本，监督项目进度，找出潜在障碍，并在必要时转移资源以确保项目按计划进行。

要想制作 PERT 图，我们需要明白三个概念：事件、活动和关键路径。下面我们将给出它们的定义，列出制作该图的步骤，最后展示一个例子。

事件（event）代表了主要活动完成的结点。**活动**（activity）代表了事件在进展中所需的时间或资源。**关键路径**（critical path）是 PERT 图中最长也是最耗时的一系列事件和活动。主管在绘制 PERT 图时，要明确项目的所有关键活动，按照它们的依从关系排序，并预测每项活动完成的时间。这可以细化成五个具体步骤：

第一步，明确完成项目所需的所有关键活动，因为每项活动的完成都会带来一系列事件或结果。

第二步，确定这些活动完成的顺序。

第三步，绘制这些活动从开始到结束的流程图，找出每个活动及其与其他活动的关系。用圆圈表示事件，箭头表示活动。这一步形成的结果就是我们所说的 PERT 图。

第四步，计算出完成每项活动预计需要的时间。

第五步，现在 PERT 图中已经包含了对各个活动的时间估计，最后利用这个流程图确定每项活动和整个项目的起止时间。要特别注意关键路径上的延期，因为这会拖延整个项目的进度。也就是说，要格外重视关键路径，它的任何延迟都会立即导致整个项目的延迟。

现在我们来看一个简化的例子。假设你是芝加哥东部班森金属装配工厂（Benson Metal Fabricators）浇铸部门的生产主管，你申请将原有的三个大熔炉中的一个替换为最新型的电控熔炉，且得到了公司管理层的批准。不过这个项目会严重影响部门的运行，因此，你希望它能尽快、顺利地完成。你把整个项目分解成数个活动和事件，表 3-2 展示了熔炉更新项目中的主要事件以及你对完成每项活动的时间预测。基于此图中的数据，你绘制出了 PERT 图（见图 3-5）。PERT 图显示，如果一切按计划进行，完成整个更新项目将需要 21 周。这是通过跟踪图中的关键路径得出的：起点—A—C—D—G—H—J—K—完成。完成这条路径上的工作中如果有任何延迟，都会推迟整个项目完成的时间。举例来说，如果拿到施工许可证的时间是 6 周而不是 4 周（活动 B），那么这不会影响最后完工的时间。为什么？因为路径（开始—B）+（B—E）+（E—F）+（F—G）要用时 11 周，而路径（开始—A）+（A—C）+（C—D）+（D—G）要用时 17 周。如果你想要缩短用时 21 周的完成时间，就要关注关键路径上的活动，看它们是否可以完成得更快一些。

表 3-2　熔炉更新项目的数据

事件	描述	预计时间/周	前导事件
A	批准设计	8	无
B	取得建设许可	4	无
C	对新熔炉及其安装进行招标	6	A
D	订购新熔炉和其他设备	1	C
E	拆除旧熔炉	2	B
F	准备安装地点	3	E
G	安装新熔炉	2	D, F
H	测试新熔炉	1	G
I	培训工人操作新熔炉	2	G
J	公司和政府官员最终验收	2	H
K	新熔炉投入生产流程	1	I, J

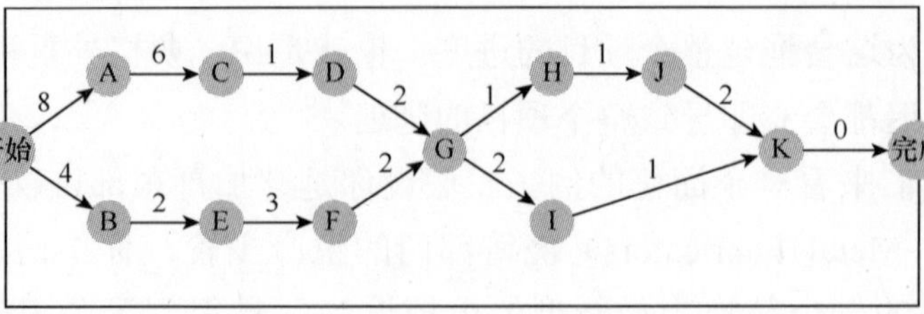

图 3-5　熔炉更新项目的 PERT 图

3.4 目标设置

为了达到部门和组织目标，许多主管都会给员工设立绩效目标，其中一个方法叫作**目标设置**（goal setting），它是目标管理法（management by object，MBO）的继续发展。在这个体系中，员工与主管共同决定具体的绩效目标。他们会一起向目标推进并定期评估，依据进展给予员工奖励。目标设定把目标用作激励员工的手段，而非控制手段。

目标设置通过设计一个流程，将组织从上到下联系起来，使目标具有可操作性。组织的总体目标被分解成不同层级（如区域、部门和个人）的具体目标。因为一线主管也共同参与设定他们自己的目标，所以目标设置工作不仅是自上而下的，也是自下而上的。这样的结果是形成了各层级目标之间相互联系的体系，而过去并非如此。

过去人们是怎样设置目标的

在过去，目标是高层管理者施加控制的工具。例如，一家制造业企业的总裁会告诉负责生产的副总裁他希望来年的制造成本是多少，告诉负责销售的副总裁他希望来年的销量有多少。工厂经理会告诉设备维护主管他的部门预算。一段时间之后，主管们会评估业绩，看是否达到了预期的目标。

传统目标设置方法的核心主题是，目标由高层确定，然后在组织中的每一层级逐层分解成子目标。这是一个单向的过程：高层将他们的标准自上而下强加给每一个人。这种传统观念认为，高层管理者能看到“全局”，他们知道什么样的目标是最好的。

除了由高层强加以外，传统的目标设置在很大程度上还缺乏操作性。如果高层制定组织的目标时使用了一些宽泛的概念，如“获得足够的利润”或“成为市场领导者”之类，这些模糊的概念在向下传达时不得不变成具体的内容，而且每一层级的管理者都会在目标中增加自己的理解。这样，每位主管向目标中添加了他们自己的理解和偏见，形成了各自明确的目标。如图 3-6 所示，这样做的结果是目标在向下传达的过程中失去了准确性和统一性。

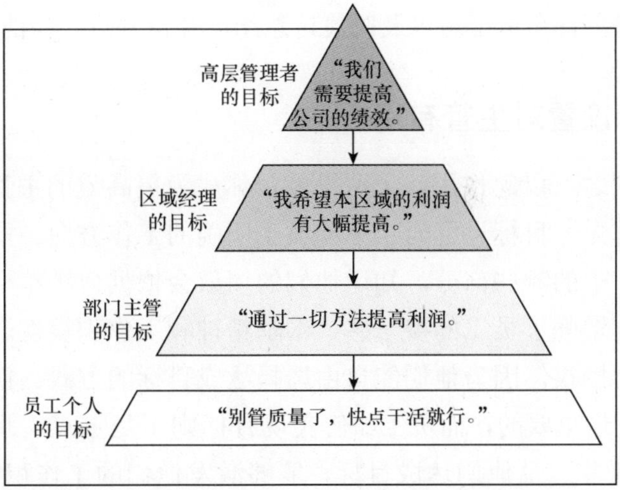

图 3-6　传统的目标设置中可能发生的情况

有效的目标设置的关键是什么

目标设置通常包含四个要素：具体性、参与性、时间期限和绩效反馈。下面我们将一一讨论。

具体性　目标应该是所希望达成结果的具体表述。比如说要降低成本、改进服务或提高质量等，这样的目标是不充分的。这些愿望需要转换成可测量、可评估的切实的目标。例如，将部门成本降低 7%，改进服务以保证每个电话订单都在 24 小时之内处理完毕，提高质量把退货率控制在销量的 1%以下，这些都是具体的目标。

参与性　设置目标时，不应像过去那样由老板单方面设置然后分配给员工，而应该双方共同协商。主管和员工应共同选择目标，并在目标的实现方式和评估方式等问题上达成一致。

时间期限　每个目标都要有明确的完成时限，通常是 3 个月、6 个月或一年。这样，每个人不但有了具体的目标，还明确了实现目标的具体期限。

绩效反馈　目标设置的最后一个要素是绩效反馈。目标设置试图在目标实现的过程中给出持续的反馈。理想情况下，每个员工都应该得到不断的反馈，以便他们及时发现和改正自己的行为。另外，还应定期召开正式评估会议，使主管和员工可以及时检讨总结，并得到进一步的反馈。

为什么目标设置对主管有用

目标设置之所以起作用，之所以能帮你成为更高效的主管，是有多方面原因的。首先，目标设置给予你和员工明确的工作方向。员工会知道你在意他们工作中的哪些部分，知道他们的绩效会依据何种结果来评估。其次，目标设置增强了员工的参与感、奉献精神和工作积极性。他们会感觉得到了更多的授权，因为他们能自由选择达成目标的方式。换句话说，对你来说目标是最重要的，而员工如何实现目标则不是重点。此外，定期给员工绩效反馈并奖励他们达成目标，能够激发他们的工作积极性。最后，目标设置可以减少绩效评估和奖酬分配中的政治因素影响。客观的绩效评估和奖励方法取代了主观的评估，如员工的努力程度、工作态度或你的偏见。

为你的员工创造自我实现的预言

主管在和员工一起设置目标时，应该表现出积极的态度。研究发现，有效的管理行为能够带来卓越的员工绩效。然而，主管们通常并不擅长传达对员工的高期望。

每一位主管都对员工有一定的期望，并且总会有意无意地传达积极或消极的期望。员工能够感知主管的期望，他们的表现通常也和主管的期望一致。所以，主管应该表现出对员工工作表现和工作能力的信心，鼓励他们达到自己的期望。[9]

平衡计分卡：目标设置的自然发展？

平衡计分卡（balanced scorecard）是一种超越传统以财务量度为主的评估组织绩效的方法。[10] 平衡计分卡通常考察组成企业绩效的四个方面：财务（financial）、客户（customer）、内部运营（internal processes）、人力 / 创新 / 成长资产（people/innovation/growth assets）。这一方法要求主管从四个方面分别设定目标，然后评估目标的实现情况。

尽管平衡计分卡非常有用，但是主管往往更加关注那些能够为组织带来成功的方面，使用那些能够反映战略的计分卡。[11] 例如，如果组织战略是以顾客为中心，那么在平衡计分卡中，顾客这一方面就会比其他三个方面受到更多的重视。但是，你不能只重视一个方面的绩效，因为其他方面也会受到影响。例如，在休斯敦的 IBM 全球服务中心，主管们发明了一种以客户满意为核心战略的计分卡。然而，除了客户外，其他方面（财务、内部运营、人力/创新/成长资产）都为这个核心战略提供支持。部门经理做出了如下描述："内部运营环节直接影响我们能否及时地服务顾客，学习与创

9 J. S. Livingston, "Pygmalion in Management," *Harvard Business Review* 66, no. 5 (September-October 1988), 121-130; and "TAU Researchers Examine 'Great Expectations' in the Workplace," American Friends of Tel Aviv University, April 29, 2008, www.aftau,org/site/News2?page=NewsArticle&id=6927 (accessed May 14, 2008).

10 R. S. Kaplan and D. P. Norton, "How to Implement a New Strategy Without Disrupting Your Organization ," *Harvard Business Review* (March 2006), 100-109; L. Bassi and D. McMurrer, "Developing Measurement Systems for Managers in the Knowledge Era," *Organizational Dynamics* (May 2005), 185-196; G. M. J. DeKoning, "Making the Balanced Scorecard Work (Part 2)," *Gallup Brain*, August 12, 2004, http://gmj.gallup.com/content/12571/making-balanced-scorecard-work-part.aspx (accessed October 14,2011); G. J. J. Dekoning, "Making the Balanced Scorecard Work (Part 1)," *Gallup Brain*, July 8, 2004, http"//gmj.gallup.com/content/12208/making-balanced-scorecard-work-part.aspx (accessed October 14, 2011); K. Graham, "Balanced Scorecard," *New Zealand Management* (March 2003), 32-34; K. Ellis, "A Ticket to Ride: Balanced Scorecard," *Training* (April 2001),50; and T. Leahy, "Tailoring the Balanced Scorecard," *Business Finance* (August 2000), 53-56.

11 Leahy, "Tailoring the Balanced Scorecard."

新方面也非常重要，因为我们出售给顾客的商品归根到底是我们的专业技术。当然，我们在这些方面成功与否也会直接影响公司的财务状况。”[12]

3.5 一个特别的计划案例：创业型主管

这样的故事你可能已经听过无数遍了：某个人凭着一个创意和几百美元，从家里的车库起步，最终建成了价值数万亿美元的全球企业。通常人们以为只有“大企业”才需要正式计划，这种“正式”只与规模较大、成立已久且资源丰富的组织相匹配。但许多人的首要兴趣并不在于管理一家大型的、有历史的公司。随着经济的发展、科技的进步以及社会条件的转变（如双职工家庭的普及），**创业型**（entrepreneurial）公司越来越多。例如，谷歌公司的拉里·佩奇（Larry Page）和谢尔盖·布林（Sergey Brin），Hotmail 创始人杰克·史密斯（Jack Smith）和沙比尔·巴蒂亚（Sabeer Bhatia），Groupon 的创始人安德鲁·玛索（Andrew Maso），美国内衣品牌公司 Spanx 的创始人萨拉·布雷克里（Sara Blakely），图片分享社交应用 Pinterest 的开发者本·希伯尔曼（Ben Silbermann）、保罗·斯艾拉（Paul Sciarra）和埃文·夏普（Evan Sharp），以及推特的创始人杰克·多西（Jack Dorsey）……他们都热爱这种从零开始创业的想法——我们称之为创业精神。

什么是创业精神

创业精神（entrepreneurship）是指抓住机遇开办新公司的过程。许多人认为创业型企业与小型企业是一回事，但事实上二者是有区别的。创业型企业是指那些追求新机会、致力于创新型实践、以成长和盈利为主要目标的组织。尽管创业型企业可能最初规模并不大，但是它们能够持续成长，其创业精神本身也在不断增强。“考夫曼创业活动指数（Kauffman Index）显示，2013 年每个月都有 47 600 家新公司问世。”[13]

12 同前。

13 R. W. Fairlie, “2013 Kauffman Index of Entrepreneurial Activity,” Ewing Marion Kauffman Foundation, April, 2014, 7.

然而，许多企业家（包括成功的和不太成功的）的经历证明，创业并不容易。美国小型企业管理局（Small Business Administration）的研究表明："所有新创公司中，大约有一半运营了 5 年及以上，只有约 1/3 运营了 10 年及以上。"[14] 不同行业在这项数据上结果相似，有趣的是不论经济处于繁荣时期还是衰退时期，创业型企业的存活率都大致相同。

小型企业则是指员工少于 500 人的独立企业，它们并不是必须进行创新实践，对行业的影响力也有限。小型企业并非一定是创业企业，因为其规模较小。尽管有些新成立的小型企业会不断壮大，但不论自愿与否，更多的则保持较小的规模。创业型小企业应注意不要把管理和创业精神混淆。因为并不是所有小企业的主管都是创业者，许多人并不善于创新。很多小企业的主管不过是大公司和公共机构里保守的官僚主义者的缩小版。大型组织里那些行事作风像创业者的人通常会制造紧张感，推崇创业精神，他们有时被称作**内部创业家**（intrapreneurs）。[15] 但是，在这样的组织里，内部创业家们并没有自主权做他们想做的事情，也不需处理创业者所要面对的大量风险。不过，虽然内部创业家们未必总是实现了财务独立，但他们行事大胆、具有有创造力，这对他们的职业发展有很大帮助。

创业者们具有相似的特征吗

在关于创业精神的研究中有一个最常讨论的话题，即如果存在的话，创业者们是否具有某些共同的心理特征？人们已经发现了很多共同特征，性格特征方面，比如都具有较高的积极性、充分的自信、长时间全身心投入的能力、充沛的精力、不断解决问题的能力、强烈的进取心、设置目标

14 "Frequently Asked Questions about Small Business," U.S. Small Business Administration Office of Advocacy, September 2012, http://www.sba.gov/sites/default/files/FAQ_Sept_2012.pdf (accessed March 23, 2014).

15 J. S. Hornsby, D. E. Kuratko, and S. A. Zahara, "Middle Managers' Perception of the Internal Environment for Corporate Entrepreneurship: Assessing a Measurement Scale," *Journal of Business Venturing* 17, no. 2 (May 2002), 253-273; and E. Batten, "Out of the Blue and into the Black," *Harvard Business Review* (April 2002), 112-119.

的能力和适度的冒险精神等；另一些属于成功的企业家的特质则包括充沛的精力、坚持不懈、足智多谋、自我引导的愿望和能力以及对自主权相对较高的需求。人们在对创业者的性格特征进行定义时形成了一套主动性人格量表，用来预测一个人创建创业型企业的可能性。主动性人格是一种人格特质，那些倾向于采取行动来影响环境的人通常具备这种特质，也就是说他们更积极主动。[16]

通过研究，我们可以对创业者有一个大致的描述：他们通常具有很强的独立性，更喜欢自己解决问题、设置目标，并通过自己的努力实现这些目标；他们计划得很周全，其中最重要的一项是制订**商业计划**（business plan）。商业计划是一种书面文件，总结了一项商业机会且详细阐述了把握机会的方式。商业计划种类多样，从基本计划到详尽计划各种类型都有。最基本的商业计划仅包括执行摘要（executive summary），不超过两页，比较“迷你”。概要型商业计划（synopsis-type plan）比“迷你”型稍复杂一些，常被称作“打了类固醇的执行摘要”。除了执行摘要的内容，它还包括一份投资建议书（business proposal），向潜在投资者解释为什么这项策划与他们相关。简略商业计划（summary business plan）包括一份执行摘要和一份一页左右的说明，解释商业计划中各主要组成部分。详尽商业计划（full business plan）即传统型商业计划。最后，企业运营计划（operational business plan）是最详尽的一种商业计划，长度在 50 页以上，常常用于已经在既定战略下运营的企业中。[17]

创业者还重视独立，尤其不喜欢被他人控制。他们从不怕冒险一试，但他们也不是疯狂的冒险家。只有当他们精心考虑过，认为自己能够控制结果时，才会承担适当的风险。

这些创业型人格的表现使我们得出了几个结论：第一，具有这些性格的人不会满足于在大公司或政府部门里做一个有效率的员工。官僚机构强加给员工的那些规则、条例和控制会挫伤创业精神。第二，着手建立公司时面对

16 S. Robbins, D. Decenzo, and M. Coulter, *Fundamentals of Management* (Upper Saddle River, NJ: Prentice Hall, 2014).

17 同前。

的挑战及其他情况能与创业型人格极好地吻合。开始一段新的冒险，凡事由自己做主，满足了他们敢于冒险、掌握命运的愿望。不过，由于创业家认为自己的未来完全掌握在自己手中，通常他们眼中的适度的风险在非创业者看来是非常冒险的。最后，创业者成长的文化背景也会有一定的影响。例如，在以前的民主德国地区，其文化表现出高权力距离和高不确定性规避的特征（见第 2 章中霍夫斯泰德的讨论），因此人们非常缺乏首创精神和冒险精神等与创业型人格相关的特征。

3.6　创业者如何招聘和留住员工

招募新员工是创业者面临的最大挑战之一。小型公司能否成功招募到员工被视为是影响组织成功与否的最重要因素之一。在公司成长的过程中，创业者会寻找具有较大潜力、可以同时胜任数个职位的员工，还有那些愿意融入创业公司文化且对商业有热情的员工。创业者必须选用那些具备重要技能的人来填补职位空缺，他们时刻留心着那些特别有才干、上进心强、头脑灵活、多才多艺而且可以帮助创业公司成长的人才。他们还很关注员工的性格是否与组织的价值观和文化相匹配。一旦他们招募到员工，当然希望留住这些千挑百选后经过培训的人才，所以必须解决的一个问题就是薪酬问题。小型创业公司往往从总体报酬的角度看待这个问题，他们给员工的回报除了金钱报酬之外，通常还包括心理报酬、学习机会和认可赏识。[18]

3.7　创业者会面对哪些管理问题

拥有积极进取的员工是每位主管的重要目标。给员工授权是创业者可以使用的一种重要的激励工具。员工授权（employee empowerment）——通过给予员工决策和行动权来激励他们——对创业者来说并不容易。因为成功的创业公司一定要随时把握机遇、调整方向，员工需要被赋予权力的感

18 同前。

觉，这很重要。被授权的员工通常在工作中积极性更高，工作质量更好，工作更令人满意，失误也会更少。然而，员工授权是一个管理学概念，创业者通常对此很抵触，因为公司是他们的性命。但公司要想不断成长，势必要把更多的责任交给员工。

创业者通常最初会采用参与性的决策方式，鼓励员工一起做出决策。尽管参与决策并不算是充分的员工授权，但至少已经开始利用员工的才干、技能、知识和能力。创业者也可能雇用专业的主管来给员工分配工作职责。创业者把决策和职责授权给员工，可以方便他们执行工作。

创业者一旦适应了员工授权，就可以重新设计员工的工作，使他们在工作中有一定自主权。创业者还应充分调动员工的创造力、想象力、知识和技能，使他们更高效地工作，也使自己可以把精力集中在其他重要方面。员工授权如果恰当地执行，会对公司和员工都产生惊人的效果：不仅公司的生产率会大幅提高，产品或服务质量提升，顾客更加满意，而且员工对工作也会更加积极，士气大增，还将有机会接触其他更有趣、更具挑战性的工作。[19]

创业者和传统主管有哪些不同之处？

表 3-3 总结了创业者和传统主管之间的几个主要区别。后者倾向于管理员工，而前者则积极利用机会，寻求改变。在寻求机会的过程中，创业者的个人财务安全往往被置于风险之下；而大型组织的层级结构则能确保传统主管不会面临这些财务赌博，将风险最小化，并避免失败。

表 3-3　创业者和传统主管的对比

	传统主管	创业者/内部创业者
主要动机	升职和其他传统的奖励，如办公室、人事和权力	独立、创造的机会及经济收入
时间导向	实现短期目标	实现企业5~10年的成长
活动方式	授权和监管	直接参与
风险倾向	低风险	中等风险
对待失败和错误的态度	避免	接受

资料来源：改编自 Intrapreneuring by G. Pinchot，1985，New York: Harper & Row.

19 同前。

第4章 组织

应对管理困境

如何把工作组织得既有效率又有效果？雅虎（Yahoo!），这家曾经的网络搜索和导航先驱，如今在与谷歌、Facebook 和推特等对手的竞争中艰难维持自己的地位。它已经错过了两次互联网浪潮——社交网络和移动网络。2012 年 7 月，雅虎公司开始了自己的搜索引擎业务，花重金从谷歌公司聘请了高级管理者玛丽莎·梅耶尔（Marissa Mayer）作为新任 CEO。梅耶尔曾是谷歌公司的几个公众人物之一，负责谷歌最受欢迎的产品的外观和感觉。专家预言，引领雅虎重返昔日辉煌是一个不小的挑战，也只有梅耶尔能担此重任。

梅耶尔上任初期的两项决策是效仿谷歌为每一位员工提供免费食物和智能手机。然而 2013 年 2 月，梅耶尔发起了一项旨在调动员工积极性的计划，引起了不小的争议。根据这项计划，自 2013 年 6 月起远程工作的员工必须重返办公室。负责人事与发展的副总裁（人力资源部负责人）解释说，这一新举措是为了解决员工在家办公所带来的生产效率低下问题。为了使雅虎在激烈的市场竞争中成为行业佼佼者，新老板希望员工们回到办公室上班，以这样的方式建立牢固的纽带关系以提高生产效率。这一公告不仅影响全职在家办公的员工——主要是客户服务代表——还影响那些每周安排在家工作一两天的员工。然而，雅虎并非唯一一家要求员工重返办公室的公司。就在雅虎公司宣布新举措一周后，百思买公司（Best Buy）的“以成果为导向的工作环境”（Results Only Work Environment，ROWE）弹性工作计划也宣告终结。美洲银行（Bank of America）于2012年年底也要求部分岗位的员工回公司上班。计算机与技术服务巨头惠普公司也于2013年颁布了一项政策，要求员工回公司办公。惠普的领导层认为，员工应该尽可能地在办公室工作。

在梅耶尔出任雅虎公司的CEO之前，在公司工作的员工非常少。上任之后，梅耶尔发现雅虎员工的工作方式与谷歌员工相差甚远。那时整个雅虎大楼几乎没什么人在办公室办公，公司的停车场很难看到停放的汽车、自行车或其他交通工具。更让人不安的是，那些在办公室的员工对工作也不积极，还会提前下班。而那些在家办公的员工工作量少，可以说是白拿工资，有些还可能忙于自己的副业。一位前任经理说，即使在办公室，员工们的士气也并不高，他们可能以为公司要倒闭了。正是出于这些原因，梅耶尔取消了在家办公的政策。雅虎公司如果想要重现昔日辉煌，就需要一种创新、沟通和协作的公司文化。这意味着员工们要在一起工作，否则雅虎的回归之路——无论是产品、士气还是企业文化——将十分艰难。这就是为什么梅耶尔的决策引发了不小的争议。对于此项新政策，雅虎唯一的官方声明表示，“这并非从行业视角看待‘在家办公’的工作方式，而是一个当下对雅虎有利的决策。”

究竟在哪里办公才最有效率且有效果？在办公室？在家？还是二者结合？这是一个重要的工作环境问题。管理方面有三个主要的问题：生产效率、创新能力和协同合作。弹性安排会提高生产效率，还是会抑制创新和协作？另一个问题是，员工们——尤其是年轻的员工——期待可以远程办公。是的，工作环境更灵活是大势所趋，但远程办公这种灵活的工作方式是否会导致员工更加懒散和低效呢？这些都是工作结构设计中面临的挑战。主管和组织如何提高那些在家办公的员工的工作效率呢？还是要考虑三个方面——生产效率、创新能力和协同合作。从管理的角度来看，各种灵活的工作方式并行是否可行？从员工的角度来看，“露脸”（即工作时间出现在老板和其他同事的面前）与否对他们的职业生涯是否极为重要？

资料来源： C. C. Miller and N. Perlroth，“Yahoo Says New Policy Is Meant to Raise Morale，” *New York Times Online*，March 5，2013; C. Suddath，“Work-From-Home Truths，Half-Truths，and Myths，” *Bloomberg Business Week*，

March 4-March 10，2013，p. 75; Q. Fottrell，“The Home Office in the Spotlight，” *Wall Street Journal*，February 27，2013，p. B6; E. Weise，“Telecommuters to Yahoo: Boo.” *USA Today*，February 26，2013，p. 1A; R. E. Silverman and R. Bell，“Examining Marissa Mayer's Out-of-Office Message to Yahoo Employees，” www.workforce.com，February 26，2013; C. C. Miller and C. Rampell，“Yahoo Orders Home Workers Back to the Office，” *New York Times Online*，February 25， 2013; K. Swisher，“'Physically Together': Here's the Internal Yahoo No-Work-From-Home Memo for Remote Workers and Maybe More，”*AllThingsD.com*，February 22，2013; A. Hesseldahl，“Yahoo Redux: HP Says“All Hands on Deck”Needed，Requiring Most Employees to Work at the Office (Memo)”*AllThingsD.com*，October 8，2013，http://allthingsd.com/20131008/yahoo-redux-hp-says-all-hands-on-deck-needed-requiring-most-employees-to-work-at-the-office-memo，（accessed January 22， 2014）; J. Pepitone，“Best Buy ends work-from-home program，”*CNNMoney*，March 5，2013，http://money.cnn.com/2013/03/05/technology/best-buy-work-from-home，（accessed January 22， 2014）.

20世纪二三十年代，组织的规模更大也更加正规，主管们觉得有必要在运营中加强协作和控制。早期的商业研究者认为，对公司来说，正规的官僚机构最能满足其要求。这种观点被奉行了70余年，因此官僚结构盛行一时。然而，到了20世纪80年代，世界发生巨变。国际化的市场、日新月异的科技、多元的员工队伍以及复杂的社会经济状况使这些官僚机构效率低下，变得不合时宜。因此，从20世纪80年代末起，许多组织都在向以客户和市场为导向调整，希望以此提高生产效率。

如今，合适的组织结构十分重要。虽然组织结构一般是由高层管理者（或者小型/创业型公司的所有者/创业人）决定的，但是组织成员也应该理解组织结构的运作方式。为什么？因为如果你知道为什么被安排从事目前的工作，就能更好地理解你的工作。比如，你能有效地管理多少人？什么时候有权做决策，什么时候只能提供建议？你可以把什么任务委派给别人？你是否监督生产某种产品的员工？你的部门只服务于一种顾客、一个地区，还是兼而有之？本章将会为你解答这些问题。我们将讨论组织结构的传统组成部分，员工的不同工作方式，以及组织结构是如何随着时间推移而演变的。

4.1 什么是组织工作

组织工作是指通过安排和部署工作，分配资源以及部门内分派任务使活动能按计划完成。正如前面提到的，通常组织的整体结构是由高层管理团队制定的。

比如，他们决定组织自上而下有多少层级，层级较低的管理者在工作中应在何种程度上遵守规则与程序等。美国的大型企业通常有5～8个层级、数百个部门以及几十本工作手册（如采购、人力资源、会计、工程、维护和销售等方面的手册）来规定各自部门的程序、规则和政策。一旦整体结构确定了，主管需要分别组织各自的部门。本章也会讨论这些方面。

要时刻牢记，我们讨论的是工作与部署的正规安排，这都是由管理层决定的。此外，个人和团队之间也会形成非正式的联盟关系，这既不是组织结构的一部分，也不是由组织决定的。几乎所有组织的员工都会形成这种非正式的关系以满足他们的社交需要。

4.2　组织的基本概念

不管规模大小，是否营利，每个组织都有一定的结构。有些公司，如丰田和IBM，有着较为正式的组织结构；而另外一些，如许多创业型企业，组织结构就较为简单，不那么正规。那么我们的工作是由什么构成的呢？我们来看一下所谓的组织结构是什么。

早期的管理学家们提出了许多组织工作的基本原则，这些原则直到今天仍然对主管有指导意义，如工作专门化、管理跨度、指挥链、职权和职责、集权和分权以及部门化等。

什么是工作专门化

工作专门化（work specialization）是指不把全部工作交由某个人承担，而是将之细分为若干步骤，每一步骤都由单独的人来完成。从本质上说，就是个人专门负责一个活动的某个部分。流水线生产，即工人们在装配线上重复完成标准化的任务，就是工作专门化的一个例子。

直到现在，组织结构的设计者们仍将“提高工作专门化就能提高经济效益”当作金科玉律。在大多数组织里，有些任务需要较高的技能，而有些任务则可以由生手完成。以一家公司的生产过程为例，如果所有员工都参与到任务中的每一步，那就意味着所有员工都必须具备最高要求和最低要求的技能，其结果可能是除了从事最高要求或特别复杂的任务以外，员工平时工作所需的技能都在其技能水平之下。员工的工资往往反映了他的技能水平，由于技能较高的员工要比技能较低的员工工资高，所以让技能较高的员工来做简单的工作其实是在浪费资源。

如今，主管们明白尽管工作专门化能带来经济效益，但它不是提高生产率的不竭源泉。工作专门化所带来的问题终有一天会凸显——乏味、劳累、压力、低效率、低质量、高缺勤率和高人事变更率等。当代主管在设计工作时仍然在使用工作专门化的概念，但与此同时他们也意识到，通过让员工从事各种各样的工作、参与完整的项目或分团队工作，也可以提高生产效率、产品质量和他们的积极性。

什么是管理跨度

如果一个主管只管理一两个员工，这可以说在浪费资源；相反，如果让他领导几百个人，即使是最优秀的主管也会难以承受。这就引出了**管理跨度**（span of control）的问题：一个主管能有效地管理多少个员工？

然而，这个问题并没有放之四海而皆准的答案。对多数主管来说，最佳的数量是 5～30 人。在这个大范围内，具体的数量则取决于许多因素。比如，主管经验是否丰富？能力如何？主管的能力越强，能够管理的员工就越多。员工的培训情况如何？是否经验丰富？员工的能力越强，从主管那里需要获得的帮助就越少，进而主管就能直接管理更多的员工。员工的工作有多复杂？员工的工作越复杂，主管的管理跨度就越小。主管领导多少种工作？工作种类越多，主管的管理跨度就越小。部门规章制度的覆盖范围有多广？如果员工能在组织的手册中找到解决问题的方法，就不必询问直接上司，那么主管就能管理更多的员工。

目前组织中出现了一个重要的趋势，即管理跨度普遍扩大了（见图 4-1）。这是组织缩减成本的方法之一。如果管理跨度扩大一倍，那么所需的主管数量就是原来的一半。这是缩编裁员的基本前提。当然，要先改进工作设计，提升工作技能，才能有效扩大管理跨度。要扩大管理跨度，组织可能需要在管理工作和员工培训上加大投入，也可能要围绕团队重新设计工作，这样员工之间就可以通过互相帮助解决问题，而无须向管理者寻求帮助。

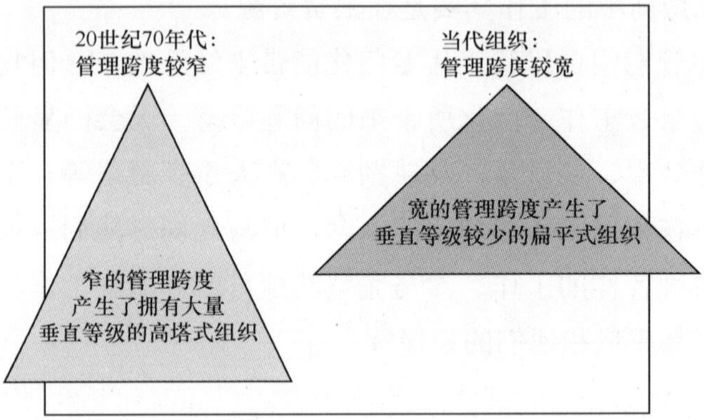

图 4-1　管理跨度的变化

如今远程办公使用得越来越多，远程办公等使得员工可以在家（或在任何可以连接互联网的地点）工作，这也在影响管理跨度。

目前，美国有数百万名员工远程办公，有的为雇主工作，有的则自己创业。

世界薪酬协会（WorldatWork，一个全球性的人力资源组织）自 2003 年起开始研究远程办公现象。2011 年，该组织首次发现远程办公的人数下降了。由该组织资助的迪灵格调查集团（Dieringer Research Group）的随机拨号电话调查显示，2010 年在家办公或每月至少有一整天远程办公的总人数，由 2008 年的 3 370 万人降至 2 620 万人，这个人数占美国劳工标准局（Bureau of Labor Standards）公布的美国 1.39 亿名成年劳动力的近 20%。乍一看，人们很容易以为远程办公人数的增速是在 2010 年放缓的。然而，人数的减少可能是诸多因素综合作用的结果，比如失业率较高、缺乏职业保障或不了解远程办公等。[1]

远程办公的一个很大的优势是给予了员工更大的灵活性。对于员工来说，远程办公使让他们免受交通和固定工作时间的限制，可以承担更多的家庭责任；对于主管来说，远程办公意味着他们要管理不常见到的员工。他们通常拥有相当大的管理跨度，因为参与远程办公的人员通常都是具备专门技术的专业人士和文书类员工，如计算机编程员、营销专家、金融分析师和行政支持人员，而且这些人对主管的需求最少。此外，由于主管和员工的计算机是联网的，他们之间的沟通效果并不逊色，甚至比与办公室员工的沟通更为有效。

什么是指挥链

许多年以来，指挥链的概念都是组织设计的基石。虽然今天它的重要性已远不如从前，但是如果主管想设计出最好的组织结构，就有必要了解它的意义。

指挥链（chain of command）是从组织高层延伸到基层的一条连续的职权线，它明确了谁向谁汇报工作，并帮助员工回答“遇到问题时应向谁请示”“我究竟对谁负责”之类的问题。这些问题使早期的管理学家得出一个结论：一个员工应该并且只能对一个主管直接负责。

一个员工如果对两个或更多上级汇报工作，可能要应对很多互相冲突的要求和优先次序问题。[2]因此，早期的理论家认为，每个员工应该只向一位主管汇报工作，这就是**统一指挥**（unity of command）的概念。在个别情形下，如果不得不违背统一指挥原则，早期的管理人员总是会指出工作应分解成哪些具体活动，以及哪位主管对哪个活动负责。

---

1 WorldatWork, “Telework 2011: A WorldatWork Special Report,” June 2011, 数据来自 The Dieringer Research Group Inc., http://www.worldatwork.org/waw/admLink?id=53034 (accessed January 20，2014).

2 R. Preston, “Inside Out,” *Management Today*, September 2001, 37; and R. D. Clarke, “Over Their Heads,” *Black Enterprise*, December 2000, 79.

当组织结构相对简单时，统一指挥原则是合理的。在某些情况下，它仍然是一个不错的建议，组织应该遵守这一原则。随着科技的发展，从前只有高层管理者才能获取的某些信息，今天整个组织都能及时获取。通过计算机，员工能够即时与组织里的任何人沟通，而无须通过正式的沟通渠道——指挥链。因此，如果严格遵守指挥链，就会造成一定程度的组织僵化，影响组织绩效。

什么是职权

职权（authority）是指管理职位所固有的，用以发布命令并希望命令得到执行的权力。每个管理职位都拥有特定的权力，任职者所处的地位等级或头衔赋予他们这样的权力。因此，职权与主管在组织中的职位有关，而与其个人特质无关。人们服从有职权的人并非因为喜欢或尊敬他们，而是因为他们职位所固有的权力。

职权关系有三种不同的类型：直线职权、参谋职权和职能职权（见图4-2）。最容易理解的是**直线职权**（line authority），是指主管指挥下属工作的权力，可以无须咨询他人做出某些决策。

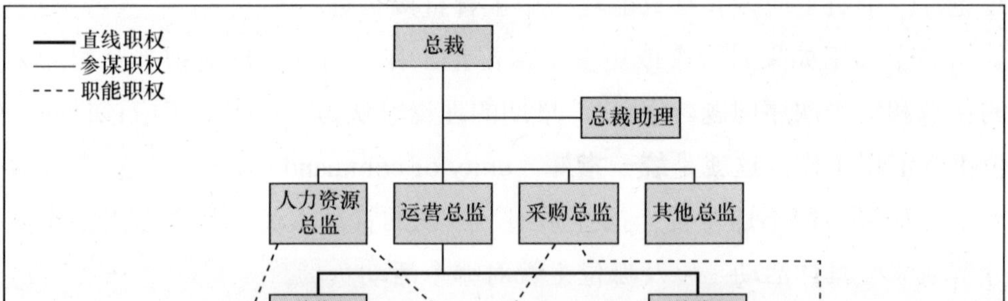

图4-2　直线职权、参谋职权和职能职权的关系

参谋职权（staff authority）为直线职权提出建议、提供咨询，为直线职权服务，但通常职权有限。例如，某大学科学院的院长助理就拥有参谋职权。她的角色是院长职能的延伸，可以提供建议和意见，但是其他人不必一定遵守。然而，她也可能被授予职权，代表院长。在这种情况下，她可以在其上级的直线职权下发出指令。比如，她可能会发布一份备忘录，并署名“琼·威尔逊（Joan Wilson）代达尔顿（R. L. Dalton）”。这种情况下，威尔逊只是达尔顿职能的延伸，达尔顿通过助手的参谋职权代表自己完成更多的工作。

第三种职权是**职能职权**（functional authority），是指在某人的直接责任范围之外所赋予他的权利。例如，一家制造厂的主管通常会发现，他的直接上司拥有对他的直线职权，而公司总部的某个人对他的某些活动和决策则有职能职权。在位于印度钦奈的艾利逊变速箱公司（Allison Transmission, Inc.,）工厂里，采购部门的主管不仅要对工厂经理负责，同时也对位于印第安纳波利斯的总部采购部总监负责。

也许你会问，为什么组织会设置拥有职能职权的职位？毕竟员工要对两个上级汇报工作，这破坏了统一指挥的原则。其实，这样做可以使技能专业化，加强协作，从而提高效率。职能职权最大的问题在于其交叉重叠的关系，通常的解决办法是明确地告知承担工作的个人，哪些工作是由他的直接上司管理，哪些工作是由拥有职能职权的其他人管理。回到上面采购的例子上，印第安纳波利斯的总监在制定全公司的采购政策上拥有职能职权，他决定了采购的形式和步骤；而采购部门主管工作的其他方面则受工厂经理的职权管理。

职权和职责有何不同？ 主管的工作不仅有职权，还有**职责**（responsibility）。主管有责任完成部门目标，将成本控制在预算范围内，遵守组织的政策并且激励他们的员工。没有职责的职权可能会被滥用。例如，如果主管不履行激励员工的职责，他可能会向员工提出过分的要求，员工可能会在工作中受伤。相反，缺少职权的职责则会带来沮丧和无力感。如果你对所在地区的销售业绩有职责，你也应该有雇用、奖励、惩罚和解雇销售人员等职权。

为什么职权和职责必须对等？从上述分析我们可以看出职权和职责对等的重要性。高层管理者设计了组织单位，如部门、地区和区域等，然后为每个组织单位分派主管，明确具体的目标和职责，同时还要给这些主管足够的职权，使他们可以履行自己的职责。主管承担的目标越宏大，其需要的职权也就越大。

哪一组织层级制定决策

关于组织职能有一个不能回避的问题，那就是“组织决策是由哪一层级做出的”。**集权**（centralization）反映了决策权能在多大程度上分配给组织内较低的层级。但是，集权和分权并不是二选一的问题，而是程度问题。换句话说，我们认为并没有完全集权或完全分权的组织。即使有，如果组织的所有决策都由少数几个人决定（集权），或者所有的决策权都自上而下分散到有权处理问题的层级（**分权**，decentralization），那么几乎没有哪个组织能够有效地运营。那么我们就来看一下，早期的管理学家是怎样看待集权以及集权在今天的状况的。

早期的管理学家认为，组织是否采取集权取决于具体情况。[3]组织的目标是以最理想、最有效的方式利用员工。传统组织是金字塔结构，权力与权威都集中在组织的顶层。在这种结构的指导下，过去，集中决策是最显著的特征。但是，现代组织的情况越来越复杂，需要根据环境的变化做出动态调整。于是很多人认为，应该由直接面对问题的人来做决策，不管他处在组织的哪个层级。事实上，近30年来，组织一直在向分权的趋势发展。

尤其在今天，主管和员工正积极地参与到决策过程中去。由于许多组织都在通过削减成本、精简机构的方式来更好地回应消费者的需求，于是他们将决策权一直下放到了组织的最底层。这样一来，那些最熟悉也最接近问题的人就能迅速对情况做出估计并提供解决方案。然而，这并非适合每一个组织，所以主管必须决定每个部门、每个工作单元的权力下放程度。如果

3 H. Fayol, *General and Industrial Management*, C. Storrs, trans. (London: Pitman Publishing, 1949), 19-42.

主管向员工授权，允许他们对影响工作的事情做出决策并改变他们的工作方式，这就是权力下放。要注意的是，这并不意味着主管失去了决策权。

部门化的五个方式是什么

早期的管理学家认为，组织的活动应该专门化并以部门的形式进行。工作专门化带来了某些工作中的专业人士，他们需要协作，即应把这些专业人士安排在一个部门，由一位经理来管理。这些部门是建立在工作职能的基础上的，如它们所提供的产品或服务类型、目标客户、覆盖的地理区域和投入产出转化过程的差异等。早期的管理学家并没有鼓励使用哪一种单一的**部门化**（departmentalization）方法。组织究竟应该使用哪一种或哪几种方法，要看什么样的形式能更好地帮助组织及其部门实现目标。

组织活动是怎样划分的？一种最常用的方式是按照职能划分，即**职能部门化**（functional departmentalization）。主管可能会发现他的工厂被分成了好几个工作单位，如工程、会计、信息系统、人力资源和采购（见图 4-3）。职能部门化几乎适用于所有类型的组织，只是部门职能会有所不同，反映了组织不同的目标和活动。例如，医院的部门可能包括研究、病人护理、会计等。专业室内足球服务机构则可能设置球员人事、门票销售、旅行和食宿安排等部门。

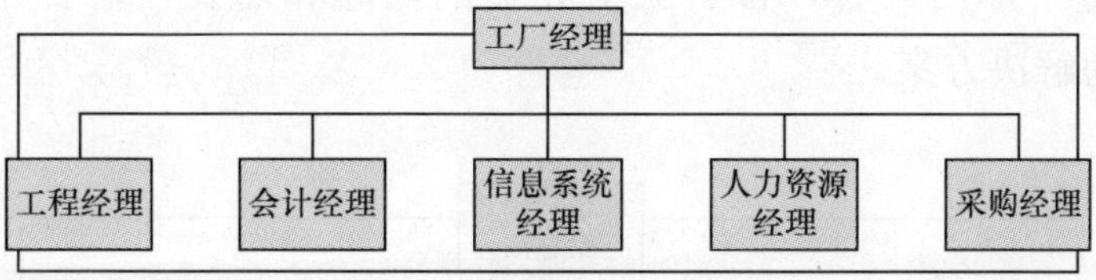

图 4-3　职能部门化

图 4-4 显示了加拿大庞巴迪公司（Bombardier Ltd.）所使用的**产品部门化**（product departmentalization）方式。公司每一个主要的产品领域都由一位专家作为高级经理管理，所有与自己生产线相关的事务都由这些高级经理负责。另一个运用了产品部门化的公司是 L.A.Gear。该公司的组织结构

是基于不同的产品线区分的，包括女鞋、男鞋、服装和配饰。如果组织的活动是服务类而非产品类（前面两个例子都是与产品相关的），那么每一种服务都要独立分成一个部门。例如，一家会计师事务所应该设置税务、管理咨询和审计等部门。在这种情况下，每个部门都在产品或服务主管的领导下提供一类服务。

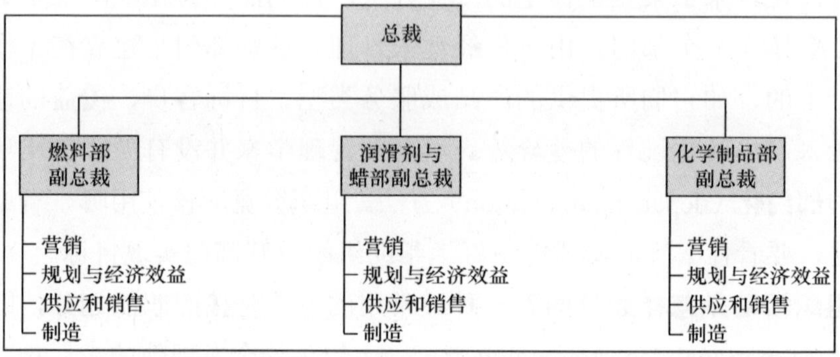

图 4-4　产品部门化

组织所服务的不同客户类型也可以作为划分员工的依据。例如，一家办公用品公司设置五个部门，分别服务政府、军方、企业、小企业和非营利组织（见图 4-5）。一家大型律师事务所可以根据不同的客户群将员工分成不同的部门。**顾客部门化**（customer departmentalization）的潜在假设是，每个部门的客户都有某类相似的问题和需要，需要相应的专家提供最好的解决方案。

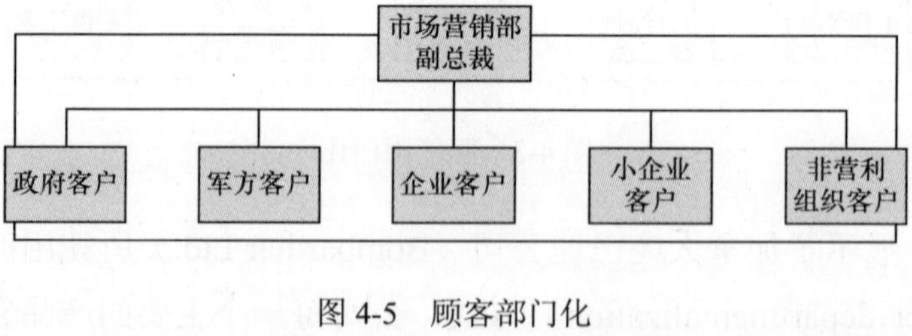

图 4-5　顾客部门化

部门化的另一种方式是根据地理位置或地域来划分——**地区部门化**（geographic departmentalization）。销售部门可能被分为西部、南部、中西部、东部等地区（见图 4-6）。一个大的学区内可能有六所高中，分别为该学区内的各个地区提供教育。如果组织的客户分散在一个很大的地理区域内，那么这种部门化形式会非常有用。例如，可口可乐的组织结构反映了其运营的两大业务区域——北美业务和国际业务（包括东亚、南亚和环太平洋地区，北亚、欧亚大陆和中东地区，以及非洲、欧盟和拉丁美洲地区）。

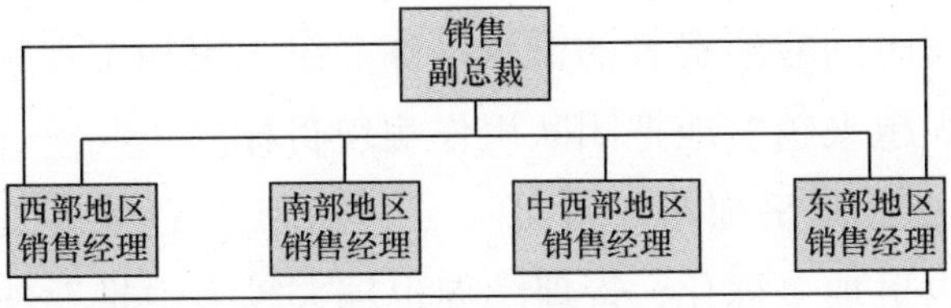

图 4-6 地区部门化

最后一种部门化方式是**程序部门化**（process departmentalization），即按照工作或客户流程来组织工作。图 4-7 展示了一个程序部门化的例子，即机动车辆管理部的各个部门。如果你曾到州机动车管理办公室申领驾驶执照，就会接触好几个部门。在有些州，申请人要经过三个步骤，每个步骤分别由一个部门处理：①受理申请，由机动车辆部处理；②业务处理，由牌照部处理；③收费，由财务部处理。

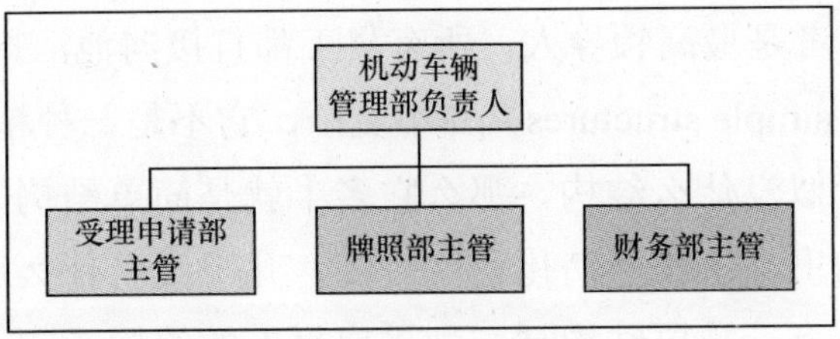

图 4-7 程序部门化

4.3 从部门化到组织结构

如今，多数大型组织仍在使用早期管理学家所提出的多个甚至全部的部门化方式。以美国百得公司（Black & Decker）为例，这家公司按照职能来划分部门，其制造部门按照业务员流程划分，销售部门按照地理区域划分，而销售区域又是按照顾客群来划分的。但是，近年来有一个不得不提的趋势，那就是不同部门的员工跨越了传统部门界限，组成了跨部门的团队，使僵硬的部门化组织结构得到了补充。

今天，激烈的竞争环境使管理层关注的焦点又集中到顾客身上。为了更好地掌握并及时回应消费者的需求，许多组织更加重视顾客部门化。我们也发现，组织越来越多地把团队用作实现目标的工具——《财富》杂志排名前 500 的企业几乎都在使用团队。[4] 由于工作越来越复杂，完成工作所需要的技能也更加多样化，管理学界也越来越多地推荐使用团队和特别工作组。

那么，东芝（Toshiba）、丽诗加邦（Liz Claibome）、好时食品（Hershey Foods）和加拿大永明人寿保险（Sun Life Assurance Company）等公司使用什么类型的组织设计呢？下面我们来介绍一下当代常见的组织设计类型。

4.4 简单结构

多数组织起初都是创业型企业，使用简单的组织结构。在这种组织设计中，组织所有者是最高领导人，所有员工都直接向他汇报工作。

简单结构（simple structures）并不复杂，它不是一种精心构思的结构。如果一个组织看似没什么结构，那么它多半就是简单结构了。换句话说，在这种组织结构里，工作专门化程度较低，几乎没有什么运营规则，职权集中在所有者身上。简单结构是一种“扁平”的结构，它通常只有两三层纵向层级，决策权集中在个别被授权的员工手上。

简单结构在小公司中应用最为广泛。小公司的主管通常也是其所有者。

4 E. Kelly, “Keys to Effective Virtual Global Teams,” *Academy of Management Executive* 15, no. 2 (May 2001), 132-133; and D. Ancona, H. Bresman, and K. Kaeufer, “The Comparative Advantage of X-Team,” *Sloan Management Review* 43, no. 3 (Spring 2002), 33-39.

简单结构的优势是显而易见的：它高效、灵活、维护成本低，同时责任明确。它最主要的缺点是仅在小型组织中比较有效。由于缺少政策和规则来指导运营，随着组织发展壮大，简单结构越来越不适合组织，决策权的高度集中也导致高层管理者的信息负担过重。如果主管仍试图一个人决定所有的事情，就会导致决策速度变慢，甚至停滞不前。如果组织结构不能适应其规模，那公司很可能会失去发展动力，最终导致失败。简单结构的另一个劣势在于它具备一定风险：一切都依赖于一个人。如果经理，即其所有者有任何意外，那么组织就失去了信息和决策中心。

许多组织并没有一直使用简单结构，这可能是组织自己的选择，也可能是由结构权变因素决定的。例如，当制造或销售业绩大幅增长时，公司一般会达到一个临界点，这时就需要增加员工人数。随着员工人数的增长，简单结构中那些非正式的工作规则会让位于更正式的规则。渐渐地，组织开始执行规章制度，细分不同部门，增设管理层级以协调不同部门员工的工作。至此，官僚体制就形成了。从职能部门化和产品部门化中发展出两种最普遍的官僚结构，分别是职能型结构和事业部型结构。

职能型结构

前面我们介绍了职能部门化，**职能型结构**（functional structure）就是将职能导向扩大为整个组织的主导结构。如图 4-3 所示，公司将从事类似工作的员工组织起来。职能型结构的优势在于工作专门化，将专业人才组织到一起就会带来规模经济，减少了人员和设备的重复。员工有机会与“有共同语言”的同事一起工作，他们会感到更舒适、更满意。不过，职能型结构最明显的劣势在于，组织在努力实现职能目标时，常常会忽视整体的最大利益。没有一种职能可以完全为最终结果负责，所以单个职能部门的成员会变得孤立起来，几乎不了解其他职能部门同事的工作。

事业部型结构

事业部型结构（divisional structure）是一种由独立的单位或部门组成的

组织结构。好时食品公司和百事集团（PepsiCo）是应用这种结构的最好例子。各个独立的事业部建立在产品部门化基础上（见图 4-4），拥有自主权，每个事业部的经理对本部门的业绩负责，而且他们拥有全部的战略和运营决策职权。大多数的事业部型结构中，总部为事业部提供财务、法律等支持。当然，公司总部也作为外部管理者，协调、控制各事业部的活动。因此，事业部是在一定条件下独立运作的。

事业部型结构的主要优点在于它关注结果。事业部经理对某一个产品或服务承担完全的责任。这种结构也让总部的员工不必关注每天的运营细节，可以把更多的精力放在长期和战略性的计划上。事业部结构的主要劣势在于它带来工作和资源的重复。比如，每个事业部可能都有一个市场调查部门。而如果没有这些独立的事业部，公司的市场研究可以集中完成，所耗费的成本也会比各事业部所需要的少得多。因此，这种结构不仅会导致职能的重复，还会增加公司的成本，降低效率。

矩阵型结构

职能型结构的优势在于专门化；事业部型结构更关注结果，却会导致活动和资源重复。那么，有没有一种组织结构能将职能部门化的优势和产品部门化的优势结合起来呢？答案是肯定的，这种结构称作**矩阵型结构**（matrix structure）。[5]

图 4-8 描绘了一家航空公司的矩阵型结构。图的顶部是一行我们所熟悉的组织职能：工程、会计、人力资源和制造等，纵向列出了这家航空公司目前正在开展的各个项目。每个项目都有一位主管，他们从公司的各个职能部门抽调员工来完成自己的项目。传统的横向职能部门加上这种纵向的维度，实际上就是将职能部门化和产品部门化的各种要素结合在一起了。因此，这种结构称作矩阵型结构。

5 参见 J. Wolf and W. G. Egelhoff, “A Reexamination and Extension of International Strategy-Structure Theory,” *IEEE Transaction on Engineering Management* 43, no. 1 (May 2001), 144-156.

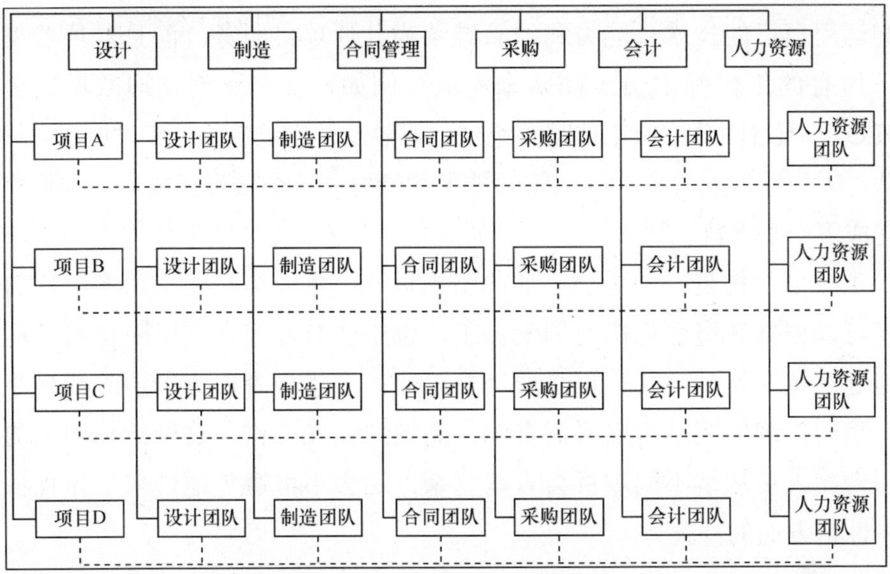

图 4-8　某家航空公司的矩阵型结构

矩阵型结构的独特之处在于，员工至少有两个上司：他们所属职能部门的主管和他们所参与的产品或项目的主管。项目主管对属于其项目团队的职能人员拥有职权，但职权是由两个主管共同行使的。一般来说，项目主管的职权多围绕与项目目标相关的成员，但像晋升、工资建议和年度评估之类的决策仍由职能主管负责。项目主管和职能主管必须保持定期沟通，协调好他们对共同员工的要求，以便更有效地开展工作。

矩阵型结构的最大优点在于它便于协调一系列复杂而又相互依存的项目，同时通过将职能专家组织在一起工作，保证了组织的经济效益。这种结构的最大缺点在于，它会带来混乱，可能会催生权力斗争。如果放弃了统一指挥的原则，很多工作会变得非常不明确。员工可能会感到困惑：应该向谁汇报工作？于是，这种困惑和不明确就埋下了权力斗争的种子。

项目型结构

很多组织都在使用**项目型结构**（Project Structure），而非矩阵型结构。在项目型结构中，员工的工作围绕项目不断展开。项目型结构有别于矩阵型结构的一点是，员工在完成项目工作后不必回到某个正规的部门。相反，他们运用自己的技术、能力和经验继续为其他项目服务。而且，项目型结构下所有的工作都由员工团队来完成。例如，在美国的艾迪欧设计公司（IDEO），项目团队按照工作需要组建、解散及再次组建。员工“加入”项目团队，因为他们能带来项目所需的技术和能力。一个项目完成后，他们将继续完成下一个项目。[6]

项目型结构是一种更加灵活的组织设计，可以为组织提供多种优势：不仅可以根据环境变化快速调配员工，也不会有部门化或组织层级等问题来拖延决策或行动。主管也是协调员、顾问和指导者，可以消除或最小化组织障碍，确保团队获取所需资源，高效地完成工作。这种结构的劣势在于，调配人员从事不同项目会有些复杂，还会不可避免地带来工作任务和个人性格方面的冲突。

团队型结构

在**团队型结构**（team-based structure）中，整个组织是由执行各项任务的工作小组或团队组成的。[7]显然，在这种工作安排中没有固定的指挥链，员工拥有决策权。那么，团队型结构对组织有何优势？

以华盛顿特区的国家合作银行（National Cooperative Bank）为例。[8]银行管理人员发现，办理贷款业务的部门使用职能型结构，其决策过程十分缓慢，处理一笔贷款经常需要 20 周的时间，限制了对客户的服务。为了改善这种情况，他们对银行进行结构重组，根据不同行业的规章，分成代表各个行业的团队，如医疗健康、商品经销等。这极大地节省了银行办理贷款手续的时间，提高了顾客满意度，同时也增强了员工之间的合作。另外，苏格兰法夫郡的

6 P. Kaihla, “Best-Kept Secrets of the World’s Best Companies,” *Business 2.0*, April 2006, p. 83; C. Taylor, “School of Bright Ideas,” *Time Inside Business*, April 2005, p. A8-A12; and B. Nussbaum, “The Power of Design,” *Business Week* , May 17, 2004, p. 86-94.

7 M. Duffy, “Training for Success in a New Industrial World,” *Industrial and Commercial Training* 26, no. 5 (February 2001), 48-54.

8 R. L. Cross, A. Yan, and M. R. Louis, “Boundary Activities in ‘Boundaryless’ Organizations: A Case Study of a Transformation to a Team-Based Structure,” *Human Relations* 53, no. 6 (June 2000), 841-868.

AMS 横笛厂在电路板生产中也使用了团队型结构，效果显著，“提高了顾客的响应度，提升了质量和效率，并增加了 88%的生产率。”[9]

虽然团队型结构的效果是积极的，但是仅仅将员工安排到团队中是不够的。员工必须接受培训，学习如何团队工作，学习跨职能工作的技巧并且要得到相应的报酬。如果没有一个合适的团队薪酬方案，团队型结构就很难发挥它全部的优势。[10]

无边界组织

无边界组织（boundaryless organization）是一种不受传统组织结构边界或范畴限制的组织设计。前通用电气公司（GE）董事长杰克·韦尔奇（Jack Welch）提出这一术语，因为他想消除公司内横向与纵向的边界，同时打破公司与客户以及供应商之间的外部壁垒。尽管这一消除边界的想法看似古怪，但今天许多非常成功的企业都发现，如果企业可以更加灵活、结构更加简单，那么就能更为高效地运转。对他们而言，死板的、有界的、预先定义的结构并不理想。[11] 那么，什么是所谓的“边界”呢？边界有两种类型：①内部边界——由于劳动分工和部门化而形成的横向边界，以及将员工分

9 D. Drickhamer, “Europe’s Best Plants: Mission Critical,” *Industry Week*, March 2002, 44-46.

10 C. Garvey, “Steer Teams with the Right Pay,” *HR Magazine*, May 2002, 70-78.

11 关于无边界组织的更多信息，参见 M. F. R. Kets de Vries, “Leadership Group Coaching in Action: The Zen of Creating High Performance Teams,” *Academy of Management Executive*, February 2005, p. 61-76; J. Child and R. G. McGrath, “Organizations Unfettered: Organizaitonal Form in an Information-Intensive Economy,” *Academy of Management Journal* (December 2001), p. 1135-1148; M. Hammer and S. Stanton, “How Process Enterprises Really Work,” *Harvard Business Review*, November-December 1999, p. 108-118; T. Zenger and W. Hesterly, “The Disaggregation of Corporations: Selective Intervention, High-Powered Incentives, and Modular Units,” *Organization Science*, vol. 8 (1997), p. 209-222; R. Ashkenas, D. Ulrich, T. Jick, and S. Kerr, *The Boundaryless Organization: Breaking the Chains of Organizational Structure* (San Francisco: Jossey-Bass, 1997); R. M. Hodgetts, “A Conversation with Steve Kerr,” *Organizational Dynamics*, Spring 1996, p. 68-79; and J. Gebhardt, “The Boundaryless Organization,” *Sloan Management Review*, Winter 1996, p. 117-119. 关于无边界组织的另一种观点，参见 B. Victor, “The Dark Side of the New Organizational Forms: An Editorial Essay,” *Organization Science*, November 1994, p. 479-482.

为不同层级的纵向边界；②外部边界——将组织及其客户、供应商以及其他利益相关者分开的边界。为了减少以致消除这些边界，管理者需要运用虚拟或网络结构设计。无边界组织有时也被称为网络组织、学习型组织、无障碍组织、模块或虚拟组织，它打通了组织的所有方面。[12]这种内部无边界的组织将员工组织起来，形成某种核心竞争力，而不是将职能专家安排到各个部门去完成不同的任务。

通常，**虚拟组织**（virtual organization）由一小部分核心全职员工和临时雇用的外来专家组成，这些专家根据需要服务于一些项目。[13]位于美国纳什维尔的艾玛公司（Emma Inc.）是一家电子邮件营销公司。该公司的100名员工有的在家工作，有的在位于奥斯汀、丹佛、纽约和波特兰的办公室工作。[14]他们面临的挑战是创造一种“虚拟”文化。这一结构方法的灵感来自电影产业，其从业者基本都是“自由代理人”。他们根据需要，运用自己在导演、选角、服装、化妆和布景等方面的技能，完成一个又一个的项目。另一种减少或消除组织边界的形式是**网络组织**（network organization），即利用员工组建外部供应商网络，提供他人需要的产品组件或工作流程。[15]

---

12 K. R. T. Larsen and C. R. McInerney, “Preparing to Work in the Virtual Organization,” *Information and Management* 39, no. 6 (May 2002), 445-456; P. R. Sparrow, “New Employee Behaviors, Work Designs and Forms of Work Organization: What Is in Store for the Future of Work?” *Journal of Managerial Psychology* 15, no. 3, March 2000, 202-218; and P. Auditore, “Enabling Knowledge Management in Today’s Knowledge Economy,” *KM World*, January 2002, S8-S9.

13 参见 Y. Shin, “A Person-Environment Fit Model for Virtual Organizations,” *Journal of Management* (December 2004), p. 725-743; D. Lyons, “Smart and Smarter,” *Forbes*, March 18, 2002, p. 40-41; W. F. Cascio, “Managing a Virtual Workplace,” *Academy of Management Executive*, August 2000, p. 81-90; G. G. Dess, A. M. A. Rasheed, K. J. McLaughlin, and R. L. Priem, “The New Corporate Architecture”; H. Chesbrough and D. Teece, “When Is Virtual Virtuous: Organizing for Innovation,” *Harvard Business Review*, January-February 1996, p. 65-73; and W. H. Davidow and M. S. Malone, *The Virtual Corporation* (New York: Harper Collins, 1992).

14 M. V. Rafter, “Cultivating A Virtual Culture,” *Workforce Management Online*, April 5, 2012.

15 R. E. Miles, C. C. Snow, J. A. Matthews, G. Miles, and H. J. Coleman, JR,. “Organizing in the Knowledge Age: Anticipating the Cellular Form,” *Academy of Management Executive*, November 1997, p. 7-24; C. Jones, W. Hesterly, and S. Borgatti, “A General Theory of Network Governance: Exchange Conditions and Social Mechanisms,” *Academy of Management Review*, October 1997, p. 911-945; R. E. Miles and C. C. Snow, “The New Network Firm: A Spherical Structure Built on Human Investment Philosophy,” *Organizational Dynamics*, Spring 1995, p. 5-18; and R. E. Miles and C. C. Snow, “Causes of Failures in Network Organizations,” *California Management Review*, vol. 34, no. 4 (1992), p. 53-72.

这种结构形式通常被制造业企业称为模块组织。组织可以把不擅长的工作外包给最擅长它们的公司，从而把精力集中在自己最擅长的方面。[16]例如，潘世奇货车租赁公司（Penske Truck Leasing）的几十个业务流程，如取得许可、输入司机日志中的数据、报税和会计事务等，就外包给了墨西哥和印度的公司。[17]

无边界组织并不只是更为扁平的组织，它们试图消除横向、纵向以及组织内的障碍。主管们必须破除存在了几十年的传统层级制度。横向组织则需要多学科的工作团队，这些团队要有能做必要决策的职权，并对可度量的结果承担责任。那么，都有哪些因素促成了无边界组织在当今组织中的兴起？我们在第 2 章中提到的许多问题无疑都对此有影响。具体来说，市场和竞争的全球化起了主要作用，组织要回应并适应复杂多变的环境，而无边界组织则能最好地满足这些需求。科技的进步也是一个影响因素，计算机运算能力的增强、“智能”软件和远程通信的发展，都对无边界电子商务组织的出现起着推动作用，它们作为信息网络支持，使虚拟办公成为可能。

学习型组织

学习型组织（learning organization）具备持续适应和改变的能力，因为

16 G. Hoetker, “Do Modular Products Lead to Modular Organizations?” *Strategic Management Journal* (June 2006), p. 501-518; C. H. Fine, “Are you Modular or Integral?” *Strategy Business*, Summer 2005, p. 44-51; D. A. Ketchen, Jr. and G. T. M. Hult, “To Be Modular or Not to Be? Some Answers to the Question,” *Academy of Management Executive*, May 2002, p. 166-167; M. A. Schilling, “The Use of Modular Organizational Forms: An Industry-Level Analysis,” *Academy of Management Journal* (December 2001), p. 1149-1168; D. Lei, M. A. Hitt, and J. D. Goldhar, “Advanced Manufacturing Technology: Organizational Design and Strategic Flexibility,” *Organization Studies*, vol. 17 (1996), p. 501-523; R. Sanchez and J. Mahoney, “Modularity Flexibility and Knowledge Management in Product and Organization Design,” *Strategic Management Journal*, vol. 17 (1996), p. 63-76; and R. Sanchez, “Strategic Flexibility in Product Competition,” *Strategic Management Journal*, vol. 16 (1995), p. 135-159.

17 P. Engardio, “The Future of Outsourcing,” *Business Week*, January 30, 2006, p. 50-58.

所有组织成员都积极参与工作，明确和解决工作中的问题。[18]在学习型组织中，员工可以不断学习和共享新知识，实践知识管理，并且愿意在决策或工作中运用所学的知识。

什么样的组织要素是学习行为发生的必要条件？在整个学习型组织中，成员要能跨越不同职能甚至不同层级共享信息、协调工作，这极为重要。而这需要通过削弱或消除已有的结构边界才能实现。在这种无边界的环境中，员工可以自由地在一起工作，以最佳的方式协作，并能互相学习。因为需要协作，团队也成为学习型组织结构设计的一个重要特征。员工在团队中工作，执行需要完成的各项任务，同时这些团队被授权，可以对工作中的问题做出决策。一旦员工和团队被充分授权，那么几乎就不需要“主管”来发号施令和实施控制了，主管会充当引导者、支持者和倡导者的角色。

4.5 组织你的员工

一旦确定了部门结构，你需要组织员工的具体工作。你应该怎么做？明确需要完成的任务，把它们与工作结合起来，并且说明工作职责，规范工作流程。

如何明确需要完成的任务

首先，你需要列出一张你的部门负责的所有具体工作的清单，这些任务如果都能够有效地完成，就可以成功实现部门目标。[19]图 4-9 是一家大型图书出版公司的产品主管列出的一部分清单。

---

18 关于学习型组织的初步研究，参见 P. M. Senge, *The Fifth Discipline: The Art and Practice* (New York: Doubleday, 1990).

19 关于这一内容的详细解释，参见 D. D. DeCenzo and S. P. Robbins, *Human Resource Management*, 8th ed. (New York: John Wiley & Sons, 2005), Chapter 5.

1. 与组稿编辑参加新书出版的初步策划会议。
2. 与组稿编辑联系。
3. 与作者联系。
4. 与营销人员联系。
5. 与广告团队联系。
6. 与制造方采购员联系。
7. 为每本书制作出版进度表。
8. 设计书的内部版式，制作样张并设计细节。
9. 制作书中图表并修改图片。
10. 设计版面。
11. 设计封面。
12. 组织并领导每本书的每周协调会议。
13. 校对和修改。

图 4-9　某图书制作部门的部分任务清单

一个人是不可能独自完成所有任务的，所以这些任务需要与每个人的工作结合起来。一般来说，工作专门化产生了不同工作岗位。如果任务被细化并分配给个人，那么每个人就会更加精通自己的工作。因此，之前提到的图书产品主管将具体的工作分为文字编辑、审校、图片编辑、产品协调员和设计师等。

除了将相似的任务组合到一起，你还需要平衡分配部门内员工的工作量。如果有些员工的工作格外困难或耗时，那么员工的士气和生产率就会受到影响。你应该考虑到不同工作对体力、脑力和时间的要求，并利用这些信息来平衡部门员工的工作量。

岗位描述的目的是什么

岗位描述（job description）是一种书面声明，描述了承担该工作的人应该做什么、怎样做以及为什么这样做。一般来说，岗位描述会介绍工作职责、工作环境及经营责任。图 4-10 列出了一家出版公司对“产品编辑”岗位的岗位描述。

为什么要为部门的每个岗位写岗位描述呢？有两个原因：第一，岗位描述是一种正式文件，描述了每个员工的工作职责，可以用作一个标准来衡量员工的工作表现。反过来，也可以以它为标准来评估和反馈员工的业绩，调整工资，决定哪些员工需要培训；第二，岗位描述可以帮助员工了解他们的工作职责，明确你对他们的期望。尤其是当你授权给员工来完成某些曾经由主管来完成的工作时，这些信息尤为重要。

岗位名称：产品编辑
所属部门：高校图书编辑制作部
工资级别：免税者
汇报上级：业务团队生产主管
岗位职别：7-12B
岗位概述：

负责图书尺寸、设计、排版、印刷及装订等方面的执行和监督工作；可能需同时负责多本图书；接受一般的行政监督；在执行已分配任务时有自己主动而独立的判断。

工作职责：

1. 明确需要完成的工作，决定优先次序，并制作未来6个月的工作日程。
2. 完成或外包图书手稿的编辑工作。
3. 与指定的设计人员一起调整规格（尺寸、颜色、纸张、封面等）和设计（字体、工艺等），与制造方采购员和排版员协调纸张的准备工作。
4. 向组稿编辑及其他相关人员分发进度报告。
5. 作为作者和其他制作部门之间的联络人。
6. 检查所有工作的完备度和准确度。
7. 负责确保库存数量与策划会议上的决定一致。
8. 执行团队主管分派的其他任务。

图 4-10　某出版公司对“产品编辑”的岗位描述

4.6　通过权力下放向他人授权

当代主管需要学习怎样向他人授权。**授权**（empowerment）的意思是，通过使员工参与制定掌控自己工作的决策，通过增加他们对工作成果的责任感，来提高他们的工作参与度。向员工授权有两种方法，即权力下放或重新设计他们的工作。在这一部分，我们讨论权力下放。我们将在第 8 章介绍怎样通过工作设计向员工授权。

什么是权力下放

毫无疑问，主管要想高效工作，就需要下放权力。许多主管觉得要做到这一点很难。为什么？一般来说，因为他们害怕失去控制力。在这一部分我们想要说明的是，权力下放其实可以提高你的效率，而且如果方法得当，你仍然可以保持控制力。

权力下放（delegation）通常分为四步：①分配工作；②下放职权；③指定责任；④建立问责制度。我们简单看一下每个步骤：

1．分配工作。工作是管理者希望他人完成的任务和活动。在下放权力之前，你必须向员工分配该权力要求的职务。

2．下放职权。下放职权过程的实质是向员工授权，使他为你做事。也就是通过将正式权力移交给员工，使他代表你工作。

3．指定责任。授予员工职权后，你必须给予他一定的责任。也就是说，如果你授予他权力，就必须让他承担相应的责任。你可以问问自己：我是否给予员工充分的职权来获得必要的资料、设备和他人的支持来帮助他们完成工作？

4．建立问责制度。要完成权力下放，必须建立问责制度。换句话说，你要保证员工能恰当地完成他的工作职责并对结果负责。所以，责任意味着员工必须完成所分配的工作，而问责制度则要求他必须以令人满意的方式完成工作。员工有责任完成被分配的任务，同时也有责任做出令人满意的业绩。

权力下放是推卸责任吗

如果你把工作都扔给某个员工，而不说明工作任务、自主决策的范围、业绩要求和任务完成时间等问题，那你就是在推卸责任、自找麻烦。但是，也不要掉进另一种假设的陷阱：为了避免看上去像推卸责任，就尽可能不下放权力。然而，许多新上任的和缺乏经验的主管恰恰如此。由于对员工缺乏信心或者担心自己因为员工的失误而受到批评，他们凡事都亲力亲为。

也许你委派给员工的工作，你自己能完成得更快、更好，失误也更少，但问题是你的时间和精力都是有限的，你不可能自己完成所有的工作。所以，如果你要想有效率地工作，就要学会下放权力。这意味着两点：第一，你要对员工的失误有心理准备并且接受他们的失误，这也是权力下放的一个部分。只要失误造成的成本不是太高，员工可以从中学习到很多宝贵的经验。第二，为确保失误的代价不会超过其学习价值，你需要加以适度控制。如果没有适当的控制，无法得知何时会产生严重的问题，这样的权力下放就是推卸责任。

第5章　控制

应对管理困境

技术的进步方便了企业的管理，但同时也会管理更为复杂。尽管多数情况下管理的目的是提高员工生产率，但它有可能或已经成为触及员工隐私的渠道。各种难题也随之而来：主管有权了解员工的哪些事情？他们可以在工作之中和工作之外在多大程度上控制员工的行为？

请考虑以下情况：

1．科罗拉多州斯普林斯市的市长阅读了市议会议员往来的电子邮件。他这样为自己的行为辩解：他要确保邮件没有违背本州的"公开会议"法，该法要求大部分议会事务要公开进行。

2．美国税务署的内部审计组监控员工登录纳税人账户，查看其计算机上的记录。这种监控可以使管理层检查并了解员工使用计算机的情况。

3．美国运通公司（American Express）拥有精密的电话监控系统。每天主管都能收到详细的报告，不仅可以了解员工接入电话的速度，还可以了解他们打电话的频率和时长。

4．有些企业的主管要求员工在公司内佩戴胸卡，胸卡内含各种数据，给予员工进入公司特定场所的权限。智能胸卡还可以随时传递员工的行踪。

主管对员工的私人生活应该控制到什么程度？主管有权规定员工在空闲时间或在自己家里做什么吗？主管有权阻止员工骑摩托车、高空跳伞、吸烟、喝酒或吃垃圾食品吗？答案或许会让你感到意外。主管干涉员工私人生活的情况已经存在了几十年。例如，在20世纪初，福特公司会派社会工作者到员工家里考察他们在工作时间外的习惯和财务情况，来判断他们是否应得年终奖。还有些公司会要求员工定期去教堂做礼拜。如今，为了控制安全和健康保险成本，许多企业都在干涉员工的私人生活。

尽管控制员工上下班期间的行为看似不公正、不公平，但是我们的法规中并没有条款禁止雇主这样做。而且如果员工对这样的规定有意见，他们可以选择辞职。主管则通常以确保质量、生产率和规范员工行为等借口来为自己辩解。

主管什么时候可以为了了解员工绩效而跨越界限、干涉隐私呢？如果员工提前被告知，主管的监控行为就可以被接受了吗？对工作和非工作行为的监控有何区别？如果员工晚上和周末在家里做与工作相关的事情，主管监控员工的特权仍有效吗？你如何看待这些问题？

作为主管，你做好了计划，明确了自己部门的目标。你的部门正是为了尽最大可能实现组织目标而组建的。你招募了高素质的员工，和所有直接向你汇报工作的员工一起制定具体的工作目标。常规计划、部门预算和重要日程都已经制定好了。你下一步要关心的是，是否所有的计划都正在被完成？只有进行控制，你才能知道！

我们在第1章提过，控制是管理职能之一，可以保证各项任务按计划完成，及时纠正任何偏离工作的行为。本章将介绍高效的主管是如何实施控制的。我们会着重讲解控制的过程，讨论控制的时机，了解主管控制行为的主要方面以及有效控制的特点；我们还会讨论控制会引起哪些潜在的负面影响。

5.1 控制过程

控制过程（control process）包括三个独立而明确的步骤：①衡量实际工作绩效；②比较实际结果与标准；③采取纠正措施（见图5-1）。在我们展开讨论这三个步骤之前，你应该清楚的是，控制过程假定已经存在工作绩效的评估标准。这些标准实际上已经细化为你在做计划时设置的具体目标，所以在开始控制过程之前一定要制订计划。

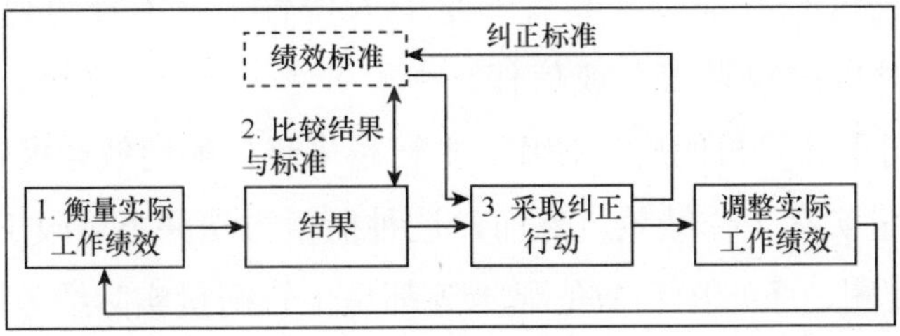

图 5-1　控制过程

目标一经设置，就会成为衡量实际工作绩效的标准，因为它把计划和控制结合起来，为主管提供了一套要达成的目标或标准。如果不设置目标，那么设备使用情况、资源利用情况、产品质量、员工生产率等具体绩效指标等就是标准。这些标准可以应用于个人、团队、部门或者整个组织。常用的绩效标准有生产规模、每工作小时的产量、每单位产品的平均报废量、因工伤损失的工时、缺勤率、投资回报率、每单位销售成本、销售回报百分比和各销售区域销售额等。

如何衡量实际工作绩效

要衡量实际工作绩效，就需要获得相关的信息。因此，控制的第一步就是衡量。让我们来看看如何衡量以及要衡量哪些方面。

衡量方法　主管常用的衡量实际工作绩效的方法有四个：个人观察、统计报告、口头报告和书面报告。

个人观察（personal observation）可以为实际工作绩效提供一手的、丰富的信息，因此，它可能是主管使用最多的评估方法。实际上，它已经有了一个专门的叫法——走动管理（management by walking around，MBWA）。使用这个方法，主管不仅可以观察到主要和次要的工作活动，还能观察到工作之外的一些细节。个人观察可以从口头表达、面部表情和语音语调等方面获得一些采用其他方法可能忽略的信息。然而，主管应该注意到，定量信息是比个人观察更加客观的信息来源。个人观察可能带有知觉偏差，一个主管观察到的现象，另一个主管未必也能观察到。观察工作绩效需要时间，而且这一方法似乎具有一定的入侵性——主管的观察可能会被员工理解为对自己缺乏信心或信任。

随着公司里计算机的广泛使用，主管越来越依赖用**统计报告**（statistical report）来衡量实际工作绩效。然而，这种衡量方法并不局限于计算机输出的报告，曲线图、条形图和数值显示等都是主管衡量实际绩效的工具。

口头报告（oral report），即通过会议、讨论、一对一的谈话等形式获取信息。这种方法的优点包括：传递速度快；即时获得反馈；语言、语调和表达方式等都可以传递一定含义。

最后，实际工作绩效还可以通过**书面报告**（written report）来衡量。这种报告传递的信息比口头报告更全面、简明，也更容易分类和查阅。书面报告经常与统计报告结合使用，或在口头报告之前或之后使用。

衡量对象　在控制过程中，衡量对象也许比衡量方法更重要。错误的衡量标准会导致严重的后果，致使职能失调（这一点我们将在本章稍后讨论），而更重要的是，衡量对象在很大程度上决定了员工的工作重点。

举个例子，假设你是一家大型医院信息系统部门的主管，你希望员工都在早上 8 点上班。每天早上 8 点整，你就四处巡视是否每位员工都在办公室了。你通常会看到放在桌上的钱包和午餐盒、打开的公文包、挂在椅背上的大衣以及其他迹象，这都表明员工们已经到办公室了，不过大部分人还在楼下的餐厅里面喝着咖啡。员工保证 8 点能到办公室，因为你跟他们说过，这是一项重要的控制标准。但是，到办公室并不代表他们开始工作了。

必须清楚的是，有些控制标准适用于大部分管理工作，而有些只适用于特定岗位。比如，所有主管都要指导员工的工作，因此，员工满意度、出勤率等标准是普遍适用的。又如，几乎所有的主管都有他们责任范围内的资金预算，所以，将开支控制在预算之内也是一种相当普遍的控制行为。但是，控制标准也应体现出主管工作的差异性。一家制造厂的生产主管可能会使用日生产率、每小时生产率、每单位产品消耗率或顾客产品退换率等衡量标准；政府机关的部门主管可能会使用每天处理文件页数、每小时处理公务的数量或者处理服务电话所需平均时间等衡量标准；销售主管则经常使用销售区域内的市场占有率、平均销售额或每个销售人员拜访客户数量等作为衡量标准。关键是衡量的对象必须适合你所在部门的目标。

尽管通常工作可以用有形的、可衡量的术语来表示，然而当绩效指标不能用可量化的术语表示时，主管应该寻找并使用一些主观的指标。主观指标具有明显的局限性，但总比没有标准、忽视控制职能要强。如果一项工作很重要，那么“难以衡量”并不是一个合理的借口。在这种情况下，主管应该使用主观业绩衡量标准。然而，任何基于主观标准的分析或决定都缺乏数据的支持。

如何比较结果与标准

通过比较，可以确定实际绩效与标准之间的差异程度。有些差异是普遍存在的，所以制定**可接受的偏差范围**（range of variation）相当重要。

确定可接受范围　超出可接受范围的偏差不可忽视，应引起主管的注意。在比较阶段，你需要留意偏差的程度及方向。下面举一个例子加以说明。

弗兰克·辛格顿（Frank Singleton）是雪佛兰/别克（Chevrolet/Buick）在美国佐治亚州亚特兰大市的销售主管。弗兰克在每个月的第一周都要准备一份报告，介绍上一个月的销售状况，并按照汽车型号进行分类。表 5-1 显示的就是上个月的销售目标与实际销售量的对比。

弗兰克需不需要担心 7 月份的销售业绩呢？如果他只关心雪佛兰的销售量和别克的平均销售额，则不需要担心业绩表现不佳。但是雪佛兰的平均销售额远低于预期，这与业务目标有较大出入。仔细观察表 5-1，价格比较昂贵的 SUV 销售不理想，价格相对较低的轿车和敞篷小货车则比预期卖得要好，而几乎所有的别克车型都卖得不好。

表 5-1　7 月份的销售情况

汽车型号	销售目标/辆	实际销量/辆	高于（低于）/辆
雪佛兰(Chevrolet)			
Spark	2	3	1
Camaro	4	7	3
Corvette	2	1	−1
Cruze	3	2	−1
Sonic	3	2	−1
Impala	3	4	1
Malibu	4	8	4
Volt	5	2	−3
Equinox	2	2	0
Suburban	1	2	1
Tahoe	1	2	1
Traverse	5	2	−3
Colorado	2	1	−1
Express	2	2	0
Silverado	5	6	1
总销量	44	46	2
总销售额	1 273 800.00美元	1 285 475.00美元	
平均销售额	28 950.00美元	27 945.11美元	
别克(Buick)			
Enclave	8	6	−2
Encore	6	5	−1
Lacrosse	5	4	−1
Verano	3	2	−1
Regal	8	6	−2
总销量	44	46	−7
总销售额	937 500.00美元	780 735.00美元	
平均销售额	31 250.00美元	33 945.00美元	

哪一种偏差应该引起弗兰克的注意呢？这要看弗兰克以及他的上司认为哪一项数据更重要了。在采取补救行动之前，他们可以忍受多大的偏差？有些型号的销售偏差很小，毫无疑问是不值得关注的，如有些型号其实际销售量与销售目标只差一辆。雪佛兰的 Traverse 和 Volt，别克的 Enclave、Lucerne、Lacrosse 和 Regal 这些型号的较低销售量可能更值得重视。弗兰克必须对此做出判断。

顺便说一下，对销售额预测过高或过低同样会造成麻烦。比如，雪佛兰的 Camaro 和 Malibu 的销量良好，是说明这些车正越来越受欢迎，还是仅仅是这个月的反常现象？弗兰克推断：销量降低是由于印第安纳波利斯的经济状况不好。经济充满不确定性、天然气价格上涨及缺乏职业保障等因素使顾客更多地倾向购买更经济的车型。别克销量全面下滑反映了全国经济形势的衰退。这个例子说明，不论正偏差还是负偏差，都要求对行动方案做出调整。

一些特殊的衡量工具　只有介绍了用于控制可变因素的基本统计方法，关于控制的探讨才是完整的。在接下来的内容里，我们将介绍一些常用的统计过程控制工具。

因果图　因果图（cause-effect diagram）有时也被称为"鱼骨图"（fishbone diagram），通常用于描述某个问题产生的原因，并将这些原因按照机器、材料、方法、人员、财务或管理等类别进行分类。

如图 5-2 所示，这类图看起来有点像鱼骨，将问题——也就是结果——看作鱼头，从"脊椎"部分伸展出来的"鱼骨"上是可能引起问题的原因，把它们按照发生的可能性列出来。因果图可以指导分析不同行为对某个问题的影响。

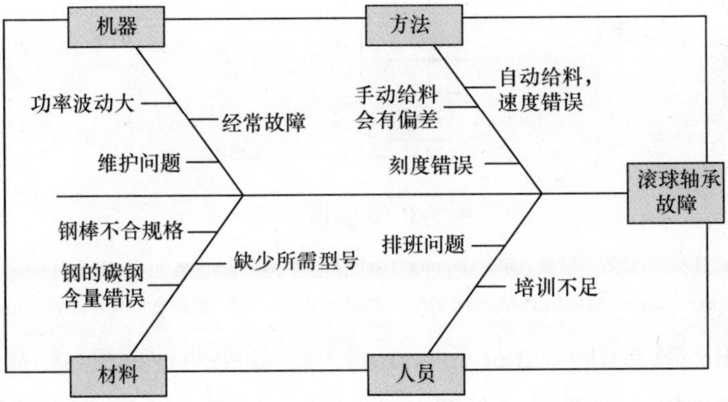

图 5-2　因果图（鱼骨图）示例

流程图　流程图（flowchart）是某一特定过程中各事件顺序的直观展示，可以准确地阐明事件是如何完成的，从而找出不足之处并对流程加以改进。

图 5-3 是一个流程图示例。

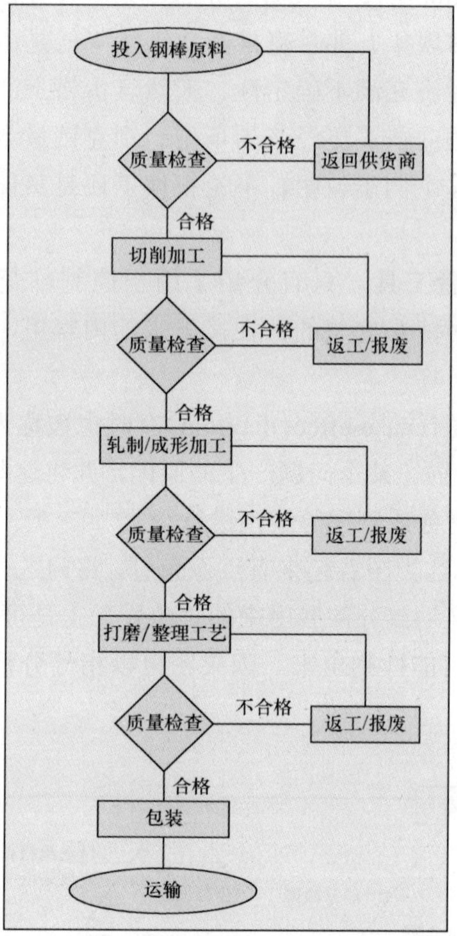

图 5-3　流程图示例

资料来源：经出版商许可转载。来自 Putting Total Quality Management to Work，copyright © 1993 by M. Sashkinand K. J. Kiser，Berrett-Koehler Publishers，Inc.，San Francisco，CA. 保留所有权利，www.bkconnection.com。

散布图　散布图（scatter diagrams）用于说明两种变量，如高度和重量、球的直径与硬度间的关系（见图 5-4）。这类图直观地描述了两个变量的相关性及可能的原因和结果。比如，通过散布图可以发现：随着生产规模扩大，次品率也相应提高。因此，该图可以用于建议降低生产量或者重新评估流程，以提高产品质量。

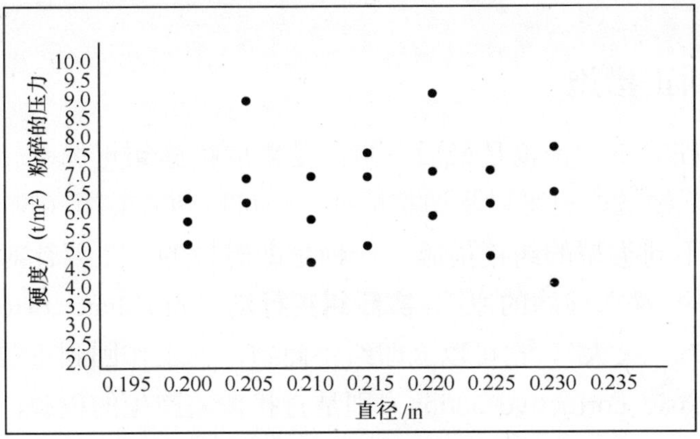

图 5-4　散布图示例

资料来源：经出版商许可转载，来自 Putting Total Quality Management to Work，copyright © 1993 by M. Sashkinand K. J. Kiser，Berrett-Koehler Publishers，Inc.，San Francisco，CA. 保留所有权利. www.bkconnection.com。

控制图　控制图（control charts）是最复杂的统计工具，可以反映系统内的变化。控制图反映的是样品在统计得出的上限、下限间平均分布的情况。例如，季姆京公司（Timkin）是一家滚珠轴承制造商，对其生产的直径 0.215in 滚珠轴承进行抽样，确保测量数据落在标准范围之内。只要过程变量落在可接受的范围内，整个系统就可以说是"在控制中的"（见图 5-5）。若数据落在既定范围外，偏差就不可接受了。随着产品质量的提高，普通原因逐渐消除，误差的上下限范围会逐渐变窄。

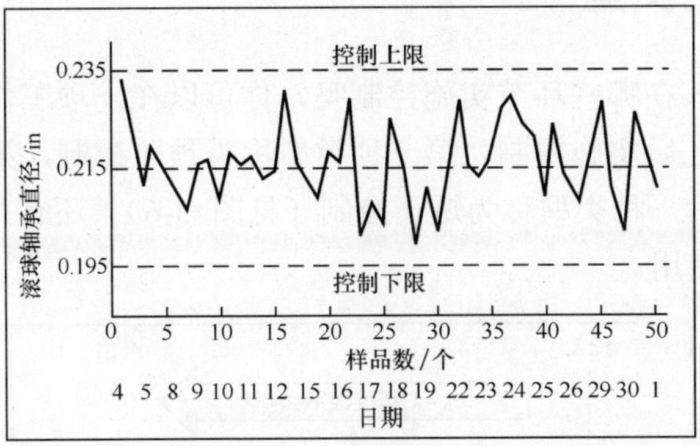

图 5-5　控制图示例

资料来源：经出版商许可转载。来自 Putting Total Quality Management to Work，copyright © 1993 by M. Sashkinand K. J. Kiser，Berrett-Koehler Publishers，Inc.，San Francisco，CA. 保留所有权利. www.bkconnection.com。

何时采取纠正措施

控制过程的第三步也是最后一步，是采取措施纠正偏差。这一步既可以是改进实际绩效，也可以是调整标准，还可以两者并用（见图 5-1）。

有两种不同类型的纠正措施：一种是即时性的，主要针对表征；另一种是根本性的，深入问题的原因。**实际纠正行动**（immediate corrective action）通常被形容为“灭火”。它可以立即纠正问题，使工作回到正常轨道；**彻底纠正行动**（basic corrective action）则是查找偏差产生的根源，以永久性地调整偏差，这要求搞清楚绩效是如何发生偏差的以及为什么会发生偏差。然而遗憾的是，许多主管经常以没有时间为理由不采取彻底纠正行动，而是满足于不断“灭火”。高效的主管知道他们必须花些时间分析偏差，才能永久性地纠正实际绩效和标准之间的重大偏差。

现在回到之前弗兰克的例子。他可能会对雪佛兰的 Camaro 和 Malibu 的正偏差采取彻底纠正行动。如果过去几个月的销量超过预期，他可能会提高这几个车型未来几个月的销售目标，向工厂增加订单；对销量不佳的别克车型则会采取多种措施，如削减订单，开展促销活动以减少库存，重新制订销售提成计划以奖励售出别克汽车的销售人员，或者建议增加经销商的广告预算。

5.2 控制的类型

你知道应该在哪些环节实施控制吗？你可以在一项工作开始之前、进行当中或完成之后实施控制。第一种类型称为预防控制，第二种类型称为即时控制，最后一种类型称为矫正控制（见图 5-6）。还有几种特殊的统计控制方法也常使用。

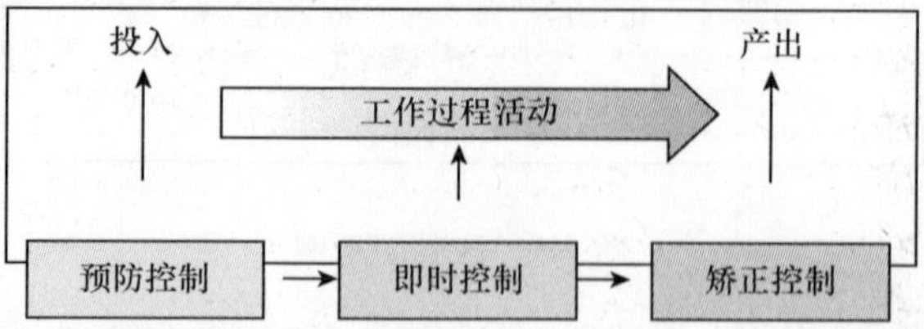

图 5-6　控制的三种类型

什么是预防控制

有句老话说得好：“一分预防胜过十分治疗。”这句话的意思是说要消除背离标准的偏差，最好的办法就是杜绝偏差。大多数主管知道最可取的控制类型就是**预防控制**（preventive control），因为它能预料并防止不利的后果。

有哪些是预防控制的例子？如麦当劳、日本京瓷（Kyocera）和西南航空（Southwest Airlines）等公司每年都在设备的预防性维修上花几百万美元，目的就是避免设备在运行时出现故障。全美大学体育协会（National Collegiate Athletic Association，NCAA）要求所有在他们管辖之下的大学教练在入会时都要参加关于招聘实践和违纪行为的考试，并且只有考试在 80 分以上的成绩才能参与运动员招聘。预防控制的其他例子还有为开展新业务而提前雇用和培训人员，检验原材料，进行消防训练，还有向员工提供可随身携带的“道德规范”卡。

何时采用即时控制

顾名思义，**即时控制**（concurrent control）发生在活动进行之中，你可以在问题变得不可收拾或造成更大损失之前予以纠正。

主管的多数日常活动都与即时控制有关。主管直接观察员工的行为，监控员工的工作并纠正发生的问题，就是在进行即时控制。虽然员工的行为和主管做出的纠正反应之间无疑会有时间上的延迟，但这段延迟是非常短暂的。你还可以在工厂里的机器和计算机上找到其他即时控制的实例。温度计、压力计以及其他类似测量仪器会在生产过程中定期检测，发现问题会自动向操作人员发出信号，也是即时控制的例子。又如，有些计算机程序会对操作者的操作失误做出即时响应，如果操作者输入的指令错误，程序会拒绝接受，有时还会提供正确的指令。

什么是矫正控制

矫正控制（corrective control）是在活动完成之后提供反馈，预防将来再发生同样的偏差。矫正控制的例子有：对成品进行最后检验、年度员工绩效评估、财务审计和季度预算报告等。本章前面提到的弗兰克每月提交销售报告（见表 5-1）就是矫正控制的一个例子。

矫正控制的主要缺点是当你得到信息时通常一切都太迟了，损失已经造成或错误已经发生。例如，由于信息控制不力，你也许 8 月份才知道手下的员工已经使用了 110%的部门年度复印预算，然而此时你已无力回天，但是，矫正控制可以提醒你问题的存在，从而让你查明问题并采取彻底纠正行动。

矫正控制的优点包括：[1]首先，主管可以得到有价值的反馈信息，了解计划是否有效。如果反馈显示标准和实际绩效之间偏差甚微，那么计划就基本实现了。如果偏差很大，主管可以利用这些信息来提出新的计划。其次，反馈可以提高员工积极性，让他们知道自己的表现如何。

5.3 控制的要点

主管控制什么？他们的控制主要集中在以下四个方面：成本、库存、质量和安全。除此以外，主管也要控制员工的绩效（见图 5-7），因为绩效评估是管理员工的关键部分。我们将在本书第 11 章介绍绩效评估。

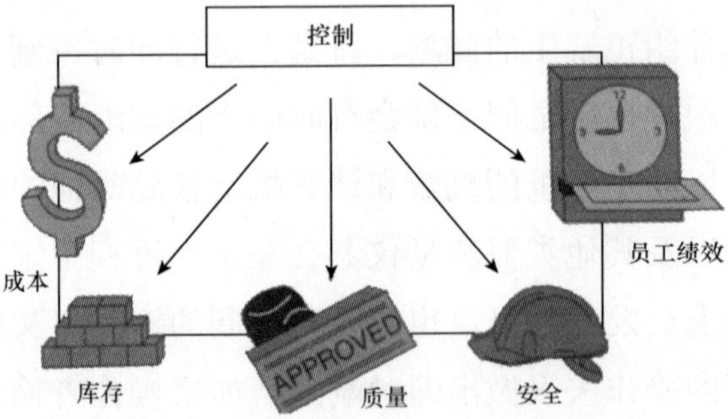

图 5-7　控制的焦点

1 W. H. Newman, Constructive Control: Design and Use of Control Systems (Upper Saddle River, NJ: Prentice Hall, 1975), 33.

你要控制哪些成本

通常主管都要承受控制成本的压力。我们来看一看你可能会碰到的成本类型以及节约成本的主要方法。

主要成本类型　下面列出的是主管会接触和需要监控的成本类型。

1. 直接人工成本。直接用于制造或配送产品或服务的人工支出。例如，工厂里的机器操作工或学校里的教师。

2. 间接人工成本。不直接制造或配送产品或服务的人工支出。例如，成本会计师、人力资源招聘人员和公共关系专家。

3. 原材料成本。直接用于制造产品或服务的材料支出。例如，丰田工厂用的薄钢板，或某餐厅用的汉堡面包。

4. 支持性供应成本。用于必需的，但不是最终产品或服务的材料的支出，例如，丰田工厂使用的洗涤剂的支出，或安泰人寿公司（Aetna Life）用于复印的开支。

5. 公用设施成本。用于电力、煤气、供水和其他类似公用设施的支出。例如，某地区办事处每月的电费支出。

6. 维护成本。维修和维护设备设施所发生的材料与人工支出。例如，美国大陆航空公司（Continental Airlines）修理设备零件或维护喷气发动机的支出。

7. 废料成本。不能再利用的产品、零件或服务所造成的费用。例如，汉堡王卖不出的炸薯条，或惠而浦公司（Whirlpool）工厂的废金属。

通常你对每一项主要成本都应有预算，通过监控每项成本的支出，就可以把成本控制在预算范围之内。

成本节约方案　如果成本过高，你极可能会被要求制订减少开支的方案。自从 20 世纪 80 年代末起，美国公司就开始努力降低成本以提升它们在国际竞争中的地位。成本节约的很多方面都对主管有着直接影响。例如，通过使用自动化设备取代人力和重新设计团队工作流程等方法，提高效率，降低直接人工成本；通过大量裁减研究、财务、人力资源和文书等从事支持性工作的人员，大幅削减间接人工成本；培训、旅行、电话、影印、计算机软件和办公用品等类似的支出也可以得到大幅削减。

下面列出的“六步法”可以指导你节省部门开支：[2]

1．改进方法。停止不必要的工作，引进新的工作方法，提高工作效率。

2．均衡工作流程。工作流程中出现高峰和低谷都是工作效率不高的表现。通过均衡工作流程，可以提高员工利用效率，减少加班次数。

3．将浪费降至最低。在没必要的地方开灯、滥用办公用品、招聘过多员工、不充分利用设备和浪费原材料等，都将大大增加所在部门的开支。

4．安装现代化设备。制定预算购置新设备，取代那些过时的、陈旧的机器、计算机等类似的设备。

5．在员工培训方面投资。如果不注意更新员工的技能，他们就会像机器一样逐渐过时。

6．选择性地削减开支。不要方方面面都削减开支，有些员工或小组的贡献比其他人更大。要在能产生最大效益的环节削减开支。

为什么要重视库存

主管有责任定期检查库存，确保有充足的材料和补给供管辖范围内的工作正常开展。例如，麦当劳的值班经理要注意纸制品、面包、肉饼、炸薯条、佐料、厨具和清洁用品的库存，甚至还要留意每个柜台是否有足够的零钱；医院的护士长要注意药物、手套、皮下注射针头和亚麻床单等的库存。管理库存的难度在于要平衡库存过量带来的存储费用和库存不足所造成的损失之间的矛盾。如果库存过量，就会造成不必要的资金占用和仓储支出，还会增加保险费和税费，当然还有潜在的废弃成本。如果我们前面提到的例子中雪佛兰库存过量，而新车型又开始入库，弗兰克可能要以低价将去年的款式处理掉。然而，过低的库存又会扰乱生产，损害销售。如果印刷商的纸张库存用光了，其生产就会瘫痪；如果麦当劳的主管不能保证足够的冷冻炸薯条库存，很可能会招致顾客的不满；弗兰克可能也会

2 基于 J. J. Semrodek, Jr., “Nine Steps to Cost Control,” *Supervision Management*, April 1976, 29-32.

发现，很多雪佛兰和别克的顾客都会要求代理商能够立即供应他们想要的颜色和款式，否则他们就会寻找其他代理商。

目前在企业中流行的一种库存管理工具叫作准时制库存系统。波音、丰田、通用电气等大企业的库存金额通常高达几十亿美元，小公司库存金额通常也高达百万美元以上。因此主管们采取任何降低库存的措施都会提高企业生产率。**准时制库存系统**（just-in-time（JIT）inventory systems）改变了库存管理技术。在 JIT 系统管理下，库存产品在生产过程需要时会及时运抵，而不是一直存放在仓库里。该系统的最终目标是只持有足够当日所需的库存量，从而减少企业的前置时间、库存及相关成本。

在日本，JIT 系统叫作“看板管理”（kanban），这个叫法触及到准时制库存系统的本质。[3]“kanban”在日语中是“卡片”或“信号”的意思。日本的供应商用集装箱为生产厂家运载货物，每个集装箱都有一张卡片，放在箱侧的袋子里。生产厂家的工人打开集装箱，将卡片拿出来送回给供应商，供应商收到卡片后再开始运动下一箱货物。理论上，生产工人在上一箱货物用完之后马上就收到下一个集装箱。这个简单的卡片系统使得德纳公司（Dana Corporation）获得了 2000 年国家制造商协会卓越劳动奖，[4] 该系统每年为公司节省近 30 万美元的费用，并且使 Waterville TG 公司（一家为汽车装配生产线生产密封系统的制造商，总部位于魁北克）的库存成本降低了 20%，零件调度错误减少了 50%以上。[5]

JIT 系统的最终目的就是通过精确协调生产和供应关系，不再存储原材料。当系统按照设计运行的时候，它将为生产商带来无数的好处，如减少库存、缩短准备时间、优化工作流程、缩短生产时间、减少空间的占用甚至提高产品质量。当然，首先必须找到可靠的、准时的、有质量保证的供应商，因为在 JIT 系统中没有库存，如果材料质量有问题或运输有延误，是

3 参见 J. Cauhorn, “The Journey to World Class,” *Industry Week*, April 6, 2001. 线上可利用资源：www.industryweek.com.

4 D. Bartholomew, “One Product, One Customer,” *Industry Week*, September 12, 2002. 线上可利用资源：www.indusrtyweek.com.

5 S. Chausse, S. Landry, F. Paisn, and S. Fortier, “Anatomy of a Kanban: A Case Study,” *Production and Inventory Management Journal* 41, no. 4 (Fall 2000), 4-15.

没有多余的时间来补救的。主管如果想使用 JIT 系统，就要多多关注价值链管理。

什么是价值链管理

任何企业要想生存并且壮大，都需要吸引顾客，即使是教堂和政府机构这样的非营利组织，也需要顾客使用其服务或购买其产品。顾客要从其购买的产品或使用的服务中获取某种价值，而正是这些终端用户决定了什么是有价值的。[6]企业必须提供这种价值来吸引并留住顾客。价值体现在产品和服务的性能特征、特色或属性方面，顾客愿意为这些有价值的方面付出资源（通常指货币）。例如，你在百思买购买泰勒·斯威夫特（Taylor Swift）新出的专辑，在斯巴罗（Sbarro）购买一块比萨或在当地发廊理发，你是在用钱换取你想要的这些产品的价值——晚自习的时候有音乐可听，午餐时不用挨饿，或者下周工作面试时看起来更加职业化。

那么，价值是怎样提供给顾客的呢？把原材料和其他资源转化成产品或服务，在终端用户需要的时候，以他们需要的形式提供给他们。把各种资源转换成顾客需要且愿意购买的产品或服务，这一过程看似简单，但实际上是由不同员工完成一系列互相关联的工作才实现的。也就是说，这整个过程涉及价值链。价值链是一系列工作活动，从加工原材料到生产出终端用户手中的成品，每一步都会增加价值。从供货商的供货商到顾客的顾客，都属于价值链的范围。[7]

价值链这一概念通过迈克尔·波特（Michael Porter）的《竞争优势：创造并保持卓越绩效》（*Competitive Advantage: Creating and Sustaining Superior Performance*）一书广为人知。[8]他希望主管了解那些为顾客创造价值

6 J. H. Sheridan, "Managing the Value Chain," *Industry Week*, September 6, 1999. 线上可利用资源：www.industryweek.com.

7 J. H. Sheridan, "Managing The Value Chain," Industry Week, September 6, 1999, 50-66. 线上可利用资源：http://www.industryweek.com/articles/managing_the_value_chain_429.aspx.

8 M. E. Porter, *Competitive Advantage: Creating and Sustaining Superior Performance* (New York: Simon & Schuster, 1998).

的组织活动的先后顺序。尽管他主要关注的是一个企业内部的情况，但他强调了主管必须清楚如何使公司自身的价值链与行业总体的价值创造相符。在某些情况下，要做到这一点并不容易。例如，企业有时会做很多对顾客来说并没有价值的事情。以电影行业为例，很多电影制片人花费大量的金钱在那些并未给电影增色的方面。按理说，应该把钱花在和银幕有关的、观众看得到的方面，那些用于明星的餐饮、礼车和私人飞机上的花费不会产生附加值，因为这些东西最后不会呈现在银幕上，因而不创造价值。管理工作同理。正如一位著名作家所言："主管没有附加值。顾客绝不会因为主管有能力就去购买某种产品。管理工作本质上是一种间接活动。所以如果可能的话，管理越少越好。工作流程再造的目标之一就是尽量减少必要的管理活动。"[9]

价值链管理（value chain management）是指在整个价值链中，管理所有和产品流程有关的活动和信息的过程。它和**供应链管理**（supply chain management）不同，后者以内部为导向，关注原材料是否可以高效输入；而价值链管理面向外界，既关注原材料的输入，又关注产品和服务的输出。供应链管理重视效率（其目标是降低成本并提高企业生产力）；而价值链更重视效果，以为顾客创造最高价值为目标。[10]

为什么要关注质量

除了控制成本外，如何提高产品质量也成为今天企业关注的焦点。在过去的几年中，很多美国公司因为产品比日本和德国的同类产品质量差而受到指责。同时，惠而浦、摩托罗拉、福特等公司在过去的10多年中由于重视产品和服务的质量而蓬勃发展。这一趋势要求主管更加注重质量管理工作。

过去，"质量"是指企业达到在产品或服务方面预先设定的标准。如今，质量有了更广泛的含义。我们在第 2 章介绍过持续改进计划，这是一种全

9 R. Karkgaard, "ASAP Interview: Mike Hammer," *Forbes ASAP*, September 13, 1993, 70.

10 参见 K. P. O'Brien, "Value Chain Report: Supply Chain Success in the Aftermarket," *Industry Week*, July 15, 2002. 线上可利用资源：www.industryweek.com.

面的、以顾客为中心的计划，旨在不断完善企业的流程，不断提高产品和服务的质量。持续改进计划侧重于采取行动防患于未然，而**质量管理**（quality control）则强调找出那些可能已经出现的错误。质量管理不断对质量——如重量、强度、稳定性、颜色、味道、可靠性或其他质量指标——进行连续监控，以保证质量达到预先设定的标准。

生产过程的许多环节都需要质量管理。从输入环节开始，是否所有的原材料都令人满意？新员工是否具备应有的技能？质量管理贯穿工作流程的每一个步骤，直至完成最终产品或服务。中期评估是质量管理的重要一环，尽早发现存在问题的方面或流程可以避免潜在的损失。

全面质量管理应包括预防、即时和纠正等方面的控制措施。例如，检查购入的原材料，监控运营过程，最终检查产品质量，剔除不合格的产品。全面质量管理也适用于服务业。例如，国家农场的客户投诉部主管可以雇用和培训员工，使他们能够充分了解自己的工作；监控他们的日常工作流程，保证他们以恰当的方式及时地完成工作；检查投诉是否处理得正确和彻底以及跟踪客户的反应，看其是否对解决方案感到满意。

有效控制有哪些特征

有效控制一般具有某些共同特征，这些特征的重要性依情况而定。下面的内容可以帮助主管设计他们的控制系统（见图 5-8）。

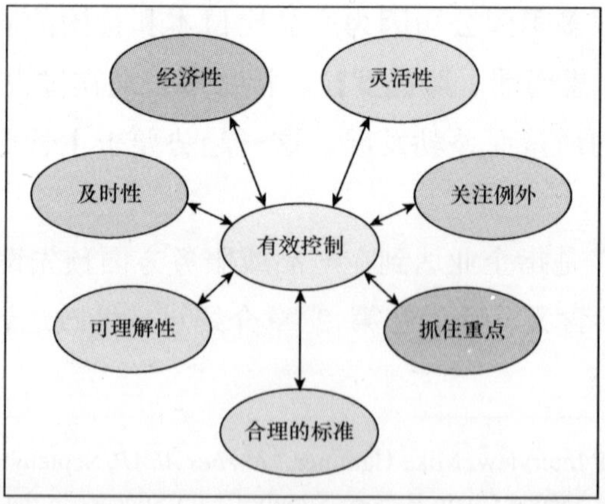

图 5-8 有效控制的特征

及时性 控制应该及时注意各种异常现象，避免部门中发生严重的违规行为。即使是最好的信息，过时了也毫无价值。因此，有效的控制系统应该提供及时的信息。

经济性 控制系统必须在经济上合理的前提下运行。任何控制系统都应该注意平衡其益处与成本。为使成本最小化，你应该尝试用最少的控制措施达到预期的结果。计算机之所以被广泛使用，很大程度上是因为它能高效、及时、准确地提供信息。

灵活性 有效控制必须有足够的灵活性，以应对不利变化或抓住新机遇。在当今迅速变化的世界里，你设计的控制系统应该能适应不断变化的部门目标和工作任务。

可理解性 无法让使用者理解的控制系统几乎没什么价值。因此，有时有必要用较简单的控制系统代替复杂的系统。难以理解的控制系统可能导致不必要的错误，挫伤员工士气，最终被大家忽视。

合理的标准 控制标准必须合理且可实现，这与我们在前几章中讨论的目标问题是一致的。如果标准定得太高或不合理，就无法激励员工。如果员工有太多疑问，可能会担心自己被贴上“不称职”的标签，也可能会寻找不道德或非法的捷径。因此，控制标准应该合理，既具有挑战性，可以鼓励员工追求卓越，又不至于挫伤员工士气或导致他们弄虚作假。

抓住重点 你无法控制部门里所有的事情，即便可以，你付出的代价也会远远超过收益。所以，你应该控制那些对组织业绩目标至关重要的因素，如部门里的关键活动、业务和事件。也就是说，你应该重视最有可能发生偏差的方面或偏差会造成最大危害的方面。例如，如果劳动力成本为一个月 2 万美元，而每月的邮费为 50 美元，前者超支 5%将比后者超支 20%带来的后果更严重。因此，你应该针对劳动力和其他重要开支建立控制系统，而邮费的开支则显得不那么重要。

关注例外 因为你不能控制所有活动，所以应该建立针对例外情况的控制系统。**例外控制**（control by exception）系统能保证你不会被那些与标准不符的偏差信息淹没。例如，假设你是西尔斯百货公司（Sear Store）负责应收账款的主管，你指示手下只向你报告拖欠 15 天以上的账单。实际上有

90%的顾客按时或在两周内就支付了货款，这意味着你可以将精力放在10%的例外情况上。

控制是否会导致问题

当然，控制也会导致一些问题。控制系统的运用可能会带来一些负面影响，如员工的抵制、对员工努力的误导以及主管在运用控制方法时面临的道德困境等。我们来简要看看每一个问题。

员工的抵制 很多人不喜欢被指挥，也不喜欢被监督。当工作上有不足时，几乎没人会希望被批评或指正。所以，员工经常会抵制控制，他们认为主管的存在、每日生产报表、绩效评估以及类似的控制措施都是雇主不信任他们的表现。

控制是组织生活的一种形式，因为你有责任确保各项活动按计划进行。那么，你应该如何缓解员工的抵触情绪呢？

首先，尽可能鼓励员工进行自我控制。一旦员工明确了自己的目标，就别再干涉他们，让他们自我监督和纠正。同时，定期与员工沟通，了解他们面临的困难和解决的办法。自我控制的假设条件是员工有责任心、值得信赖并有能力纠正所有与目标相悖的偏差。只有在这个假设不成立时，你才需要引入更加正式的外部控制机制。

引入外部控制机制以后，有几种方法可以缓解员工的抵制情绪。比如，让员工参与制定标准，这样会减少标准不切实际或对员工要求过高的可能性；向员工解释评估他们的方法。出人意料的是，抵制常常并不是控制本身引起的，而是由于员工们不理解收集和运用信息的方法。定期向员工提供反馈信息。含糊不清的事情会给员工带来压力和产生情绪，所以要让员工知道他们的表现如何。最后，大多数人都希望把工作做得更好以获得成就感，避免惩罚而带来的痛苦和窘迫，因此，主管应该将控制看成是帮助员工改进的措施，而不是惩罚他们的措施。

对员工努力的误导 你曾经注意过在政府机构工作的人吗？比如，发放车辆执照和建筑许可证的部门的员工有时并不关心纳税人的问题，他们拘泥于条条框框，忘了他们的工作其实是服务大众，而不是给他们增加麻烦！

这个例子说明了控制可能会引发的另一个问题：人们可能会为了让自己的行为看起来更符合控制标准而将精力用在错误的事物上。任何控制系统都有不完善之处，如果个人或组织只以控制标准来衡量工作是否出色，就会产生问题。事实上，就组织目标来看，其结果是导致组织功能障碍。通常这样的问题大都是由于对工作绩效的衡量不够全面导致的。如果控制系统只评估产量，人们就会忽视质量；同样，如果控制系统只评估行为而不关注结果，人们就会把精力放在表面功夫上。

应该如何把这一问题最小化呢？可以从两方面入手：首先，要制定合理的控制标准。不仅你个人感觉要合理，你的员工也要相信这些标准是他们能力所及的，是公平的。其次，应该选择和员工工作目标直接相关的评估标准。如果发放车辆执照部门的主管对员工的评估标准是要遵守规章制度，而不是他们服务顾客的效率，那么员工就不会那么注意顾客的满意度。选择正确的评估标准通常意味着要综合运用多种标准。例如，要实现“服务顾客”的目标，可能需要执照发放部门主管评估员工的几个方面，如“微笑、友好地接待所有顾客”“可以独立解答顾客的疑问”以及“一次解决顾客的问题”等。另外，主管还可以在部门里设立顾客意见箱，这样可以收到对员工服务的批评或表扬，然后可以把这些反馈作为评估员工工作绩效的一个方面。

道德伦理和控制策略 尽管主管设计了高效的控制系统，计算机硬件及软件取得的技术进步也让控制过程变得简单多了，但依然无法杜绝道德伦理问题。这些技术优势同样带来了不少棘手的问题，比如，管理者有权了解员工的哪些方面？他们能在多大程度上控制员工在工作及非工作场合的行为？

在第2章，我们简单介绍了技术是如何改变组织的。技术的进步提高了组织的生产力，帮助员工更加聪明而不是更加努力地工作，还提高了组织的效率，所有这些进步在10年前是根本无法想象的。除此之外，技术进步还给主管提供了一种复杂的监控员工的方法。尽管监控最主要的目的是提高员工的生产力，但它可能成为或已经成为窥视员工隐私的渠道。

主管都能了解员工哪些方面的隐私呢？答案可能会让你大吃一惊！主管可以浏览员工的电子邮件（包括机密邮件），窃听员工的工作电话，控制员工的计算机程序，还可以监控员工在公司任何地方的行为。

员工工作邮件隐私问题一直是人们热议的话题。在全球性企业中，电子邮件是一种司空见惯的沟通方式。员工担心他们发送的邮件会成为自己被解雇或被惩罚的依据。许多公司可以监控这些电子通信，而且它们确实这样做了。

计算机监控是一种很有效的控制机制，主管可以用它来收集、处理并提供员工工作情况的反馈信息，进而促进员工发展。该机制还可以帮助主管发现员工不道德或可能给企业造成损失的工作实践，比如，许多医院及其他医疗机构的护士长利用计算机监控系统来控制医疗程序的费用及处方药的使用；同样，许多商业机构的主管利用计算机监控系统控制成本，监控员工的工作情况以及组织工作的其他方面；电话营销公司常常监听接线员的电话；还有一些企业监视那些负责接待消费者投诉的员工，以确保这些投诉都得到了妥善处理。然而，计算机监控仍然饱受诟病，因为现实中确实有许多滥用和误用的情况。

许多人认为，计算机监控不过是一项先进的窃听技术，或是一种监督员工是否懈怠的方法。批评者们认为，这些技术带给员工很大压力，使其感觉自己一直处在监视之中；支持者却认为计算机监控不仅能有效培训员工，还能提高他们的工作绩效，况且这种监控也司空见惯。事实上，有 30%的公司以滥用互联网理由开除了一些员工，另有 28%的公司以滥用电子邮件为名解雇了一些员工。[11]

那么，主管怎样才能既从计算机监控系统中受益，又尽量降低潜在的违法行为呢？对此，专家建议企业采取以下措施：

1. 告知新、老员工他们可能受到监控。

2. 制定关于监控的书面政策，张贴在员工能看见的地方，或散发到每

11 “2007 Electronic Monitoring & Surveillance Survey,” American Management Association, www.amanet.org.

位员工手中。每位员工须以书面形式确认他们已收到这样一份声明且理解其含义。

3. 只在合法的商业目的处于紧急关头时进行监控，如培训、评估员工或控制成本时。在这些情况下，计算机监控将是既高效又符合道德伦理的监控手段。

5.4 当代的控制问题

控制是一种重要的管理职能。主管在审查控制因素时会发现许多问题。其中非常值得注意的控制问题分别是员工偷窃、《萨班斯-奥克斯利法案》（Sarbanes-Oxley Act）和跨文化差异。

员工偷窃呈上升趋势吗

将近85%的企业偷盗及欺诈案都是本企业员工作案的，而非外贼。你是否会为这一数字感到吃惊呢？[12] 由此带来的损失是巨大的。据估计，美国公司每年每个工人盗窃的物品价值高达4 500美元。[13] 在一项针对美国公司的调查中，20%的公司认为工作场所盗窃行为是一个中等甚至非常严重的问题。[14]

在没有任何授权的情况下，员工为了个人使用之便拿走公司财产的行为就是员工偷窃。[15] 不管是挪用公款、制造虚假发票，还是挪用公司设备、零件、软件及办公用品等，都属于员工偷窃。很长时间以来，零售企业面

12 A. M. Bell and D. M. Smith, " Theft and Fraud May Be an Inside Job", *Workforce Online*, December 3，2000, http://www.workforce.com.

13 C. C. Verschoor, "New Evidence of Benefits from Effective Ethics Systems," *Strategic Finance* (May 2003), 20-21; and E. Krell, "Will Forensic Accounting Go Mainstream?"*Business Finance* (October 2002), 30-34.

14 S. E. Needleman, "Businesses Say Theft by Their Workers Is Up," *Wall Street Journal*, December 11, 2008, B8.

15 J. Greenberg, "The STEAL Motive: Managing the Social Determinants of Employee Theft," in R. Giacalone and J. Greenberg (eds.), *Antisocial Behavior in Organizations* (Newbury Park, CA: Sage, 1997), 85-108.

临严重的员工偷窃问题，遭受了巨大的损失。新兴企业和小型公司由于其财务控制较为松散，信息技术使用广泛，员工偷窃问题也愈演愈烈。显然，员工偷窃是管理者需要了解并及时解决的一个控制问题。[16]

员工为什么要偷窃？答案因人而异。[17] 不同领域的专家——如行业安全、犯罪学、临床心理学等——对这个问题有不同的看法。行业安全专家认为，员工偷窃是因为松散的控制和环境有利于他们偷窃；犯罪学家认为，因为员工有财务上的压力（如个人财务问题）或自身恶习带来的压力（如赌债欠债）；临床心理学家则认为，员工偷窃是因为他们总能合理化自己的行为，认为自己所做的是正确的、恰当的（“每个人都这样做”“我又不是第一个这样做的”“公司赚了这么多钱，应该不会在意这点东西”“我忍受了这么多，拿这点东西是应该的”诸如此类）。[18] 尽管以上每种看法都对员工偷窃问题提出了令人信服的见解，也为避免这种事件提供了有益的指导，但不幸的是，员工偷窃问题并没有得到解决。那么，主管应该如何应对呢？员工偷窃是主管需要了解并及时解决的一个控制问题。[19] 及时预防，采取即

16 B. E. Litzky, K. A. Eddleston, and D. L. Kidder, “The Good ,the Bad, and the Misguided: How Managers Inadvertently Encourage Deviant Behaviors,” *Academy of Management Perspective* (February 2006), 91-103; “Crime Spree,” *Business Week* ,September 9, 2002, 8; B. P. Niehoff and R. J. Paul, “Causes of Employee Theft and Strategies That HR Managers Can Use for Prevention,” *Human Resource Management* 39, no. 1 (Spring 2000), 51-64; and G. Winter, “Taking at the Office Reaches New Heights: Employee Larceny Is Bigger and Bolder,” *New York Times*, July 12，2000, C1+..

17 这部分内容基于 J. Greenberg, *Behavior in Organizations: Understanding and Managing the Human Side of Work*, 8th ed. (Upper Saddle River, NJ: Prentice Hall, 2003), 329-330.

18 A. H. Bell and D. M. Smith, “Why Some Employees Bite the Hand That Feeds Them,” *Workforce Online*, December 3, 2000, http://www.workforce.com.

19 M. S. Hershcovis, “Incivility, Social Undermining, Bullying… Oh My! A Call to Reconcile Constructs Within Workplace Aggression Research,” *Journal of Organizational Behavior* (April 2011), p. 499-519; B. E. Litzky, K. A. Eddleston, and D. L. Kidder, “The Good, the Bad, and the Misguided: How Managers Inadvertently Encourage Deviant Behaviors,” *Academy of Management Perspective*, February 2006, p. 91-103; “Crime Spree,” *Business Week*, September 9, 2002, p. 8; B. P. Niehoff and R. J. Paul, “Causes of Employee Theft and Strategies That HR Managers Can Use for Prevention,” *Human Resource Management*, Spring 2000, p. 51-64; and G. Winter, “Taking at the Office Reaches New Heights: Employee Larceny Is Bigger and Bolder,” *New York Times*, July 12, 2000, p. C1+.

时控制和纠正控制等，都是可以阻止或减少员工偷窃行为的有效方法。[20]

什么是《萨班斯-奥克斯利法案》

过去数年里，公司丑闻受到了社会的广泛关注。媒体上到处都在讨论如世界通信（WorldCom）、安然（Enron）及英克隆（InClone）等公司的管理实践问题。这些公司的领导层的所作所为可能会令人质疑，有些甚至可能是违法行为。但是，对于许多公司来说，丑闻会导致员工对公司管理层失去信任。[21]尽管该法案并非针对一线主管，可是作为一位主管，你应该对《萨班斯-奥克斯利法案》有所了解。让我们简略地来看一下该法案。

2002 年 7 月，《萨班斯-奥克斯利法案》由布什总统签署生效。该法案为上市公司处理、报告财务状况设立了一系列程序，立法机构也为违规行为设立了处罚方法。比如，该法案要求：[22]

1. 高级管理人员（首席执行官和首席财务官）必须保证公司财务报表的真实性。

2. 公司审计委员会必须有其程序和准则。

3. 当被要求重申公司利润时，首席执行官和首席财务官必须偿还红利和股权。

4. 高级管理者的个人贷款或信贷额度是被禁止的。

高层管理者特别需要注意违反《萨班斯-奥克斯利法案》的处罚措施，如果不遵守法案的规定，如虚报公司财务状况，公司总裁将被处以最高 100 万美元的罚金并判处 10 年以下的监禁。[23]另外，如果管理者被裁定为故意作假，那么罚金和监禁时间都会加倍。

---

20 Litzky et al., "The Good, the Bad, and the Misguided"; Bell and Smith, "Protecting the Company Against Theft and Fraud"; J. D. Hansen, "To Catch a Thief," *Journal of Accountancy* (March 2000), p. 43-46; and J. Greenberg, "The Cognitive Geometry of Employee Theft," in *Dysfunctional Behavi*or in Organizations: Nonviolent and Deviant Behavior, edited by R. W. Griffin, A. O'Leary-Kelly, and J. Collins (Stamford, CT: JAI Press, 1998), p. 147-193.

21 "Coming Clean," *Money*, May 2002, 33.

22 基于 J. A. Segal, "The Joy of Uncooking," *HR Magazine*, November 2002, 53.

23 基于 J. A. Segal, "The Joy of Uncooking," *HR Magazine*, November 2002, 53.

《萨班斯-奥克斯利法案》并未在法律中明确规定一般的管理活动如何进行，但是，它确实提出了许多要落实到人力资源管理中的要求。比如，该法案为那些揭发高层管理者不当行为的员工（即告密者）提供保护。主管必须营造一种氛围，使员工可以站出来，不必害怕来自雇主的报复。尽管这种批判性的员工关系不仅限于告密行为，但是，该法案要求公司能够拿出一套适当的体制，处理投诉并展开调查。所以，许多公司都设立了“督察员”，负责向员工提供秘密帮助，处理公司内“可能发生的不道德或违法行为”。[24]

根据《萨班斯-奥克斯利法案》的规定，主管还必须承担其他责任。公司里必须有专人负责让员工了解公司的道德政策，并培训员工和监督人员如何在公司内遵守道德规范。

法案的最低要求是防止企业中出现贪婪的、不道德的行为。对员工和其他的利益相关者都有此要求。虽然法律条文试图通过立法要求人们做出“恰当”的行为，但光靠立法是不够的，公司的管理者也必须带头参与组织的道德建设，并使之成为企业标准运行程序的一部分。[25]

是否应该调整控制以适应文化差异

控制员工行为和工作的方法可能会随着国家的不同而有所差别。全球性企业的控制系统之间的差别主要在于其控制过程的测量方法和纠正行动步骤。比如，在一家全球公司里，负责国外业务的主管往往不会受总部的密切控制，因为距离较远，高层管理者很难直接监视工作，因此需要形成一种正式的控制。全球性公司的总部通常利用大量正式的报告或信息技术来实施控制。比如，利用自动收银机可以记录销售情况，监控库存，还可以促使主管执行计划好的任务。如果主管的表现低于预期，则可以及时告

24 C. Hirschman, “Someone to Listen: Ombuds Can Offer Employees a Confidential, Discrete Way to Handle Problems—But Setup and Communication Are Crucial to Making This Role Work Properly,” *HR Magazine*, January 2003, 46-52.

25 B. McConnel, “Executives, HR Must Set Moral Compass, Says Ethics Group,” *HR News*, August 19, 2003. 线上可利用资源：www.shrm.org/hrnews.published/archives/CMS.003406.ASP.

知他们要采取方法提高业绩。[26]

在技术较为发达的国家，技术对控制的影响更为明显。许多发达国家——如美国、日本、加拿大、英国、德国和澳大利亚——的企业使用间接控制方法。比如，提交电子报告和分析，将规则标准化，或采取直接管理，以确保工作依计划进行。在技术较为落后的国家，控制则主要依靠直接管理和高度集中的决策机制。

最后，全球性公司面临的一个挑战是如何收集可比数据。一家公司在墨西哥的工厂可能和它在苏格兰的工厂生产同样的产品，但墨西哥工厂较苏格兰工厂更属劳动密集型，因为当地的劳动力成本更为低廉。主管必须能解释自己工厂的指标，因为管理就是通过计算单位劳动力成本或单位劳动力平均产出以控制总成本的过程，通过这一过程可以得到可比数据。全球性公司的主管必须能够理解并解决这些不同类型的全球性控制挑战。

26 Hoovers Online, www.hoovers.com (June 17, 2011); and N. Shirouzu and J. Bigness, "7-Eleven Operators Resist System to Monitor Managers, *Wall Street Journal*, June 16, 1997, p. B1.

第6章　分析问题与制定决策

应对管理困境

美国先进细胞技术公司（Advanced Cell Technology，以下简称ACT公司）主要致力于“制造世界上第一个克隆人类坯胎……以及缩小版的人类”，该公司的领导者已经开始实施这个计划，他们面试了一些女性卵子捐献者。把她们的卵子和人体细胞结合，可以产生一种胚胎，科学家可以从这些胚胎中提取干细胞。而提取干细胞后，胚胎也就被破坏了。科学家们相信干细胞可以形成人类组织，治疗多种疾病，甚至可以修复严重受损的脊髓。

毫无疑问，ACT公司面临着极大的争议。一方面，如果这些实验是有效的，那么很多疾病——如帕金森氏病和肌肉萎缩症等——就可以被彻底治愈。这不仅是科学上的一大突破，也能让ACT公司大赚一笔。在欧洲，类似的实验已经取得了大众的支持。为了保证所有的决策符合道德伦理，该公司成立了由科学家和宗教专家组成的伦理顾问委员会。

但批评家认为，干细胞研究的下一步就是克隆人。宗教组织也质疑ACT公司的决策，认为该公司不该涉足该领域。他们还指出该项实验引发了很多重要的道德问题，尤其是该实验的前景。联邦政府也参与到讨论中。2009年3月9日，奥巴马总统签署了名为《为负责任的人类干细胞研究扫清障碍》的13505号行政命令，特别规定了何种干细胞研究由政府资助，有效反驳了前总统布什的总统声明。甚至连ACT公司道德委员会的一些成员都退出了，他们抱怨该公司更关注“获得该领域的专利，把道德委员会当成‘橡皮图章’”。

主管可能不会参与制定组织的最高目标，但他们会负责部署工作，使目标最终得以实现。你相信公司的管理者能在利害攸关时做出道德决策吗？公司的合法活动会仅仅因为不受公众认可就被阻止吗？如果你是 ACT 公司的主管，由于很多个人原因，你反对这次实验，那么你会发表自己的意见并拒绝参加这个实验吗？作为一位主管，如果你反对组织已经宣布的决策，你需要什么样的援助？

资料来源：基于 A. Regalado, "Experiments in Controversy—Ethicists, Bodyguards Monitor Scientists'Effort to Create Copy of Human Embryo,"*Wall Street Journal*, July 13, 2001, B1;"Stem-Cell Research Is Forging Ahead in Europe,"*Wall Street Journal*, July 13, 2001, B6; Federal Policy. In *Stem Cell Information* [World Wide Web site]. Bethesda, MD: National Institutes of Health, U.S. Department of Health and Human Services, 2010, http://stemcells.nih.gov/policy/defaultpage （accessed May 23, 2011）.

决策、决策、决策！你的一个员工最近经常迟到，并且工作质量下降了，你该怎么办？你的部门有一个职位空缺，公司的人力资源部门挑选出 6 位候选人，你会选择哪一位？几个销售人员告诉你，由于竞争对手引进了一条创新产品线，你们的业绩正日渐下滑，你该如何应对？

作为主管，你会经常碰到需要进行决策的问题。例如，你不仅要帮员工选择目标，安排工作量，还要决定与老板分享哪些信息及分享多少信息。[1] 你怎样才能做出好的决策呢？你天生就有此能力吗？可能并没有。当然，一些人由于积累了较多知识和经验，可以下意识地分析问题，久而久之就形成了让人印象深刻的决策路径。但是，任何人都可以有意识地运用一些决策方法，使自己变成更有效的决策者。我们将在本章学习一些这样的方法。

6.1　决策过程

让我们从一种理性的、分析的角度看待决策，我们把这种方法称为**决策过程**（decision-making process）。它包含以下七个步骤（见图 6-1）：

1 参见 K. Fracaro, "Pre-Planning: Key to Problem Solving," *Supervision*, November 2001, 9-12.

1. 确定问题。
2. 收集相关信息。
3. 形成备选方案。
4. 评估每个备选方案。
5. 选择最优备选方案。
6. 实施决策。
7. 跟进及评估。

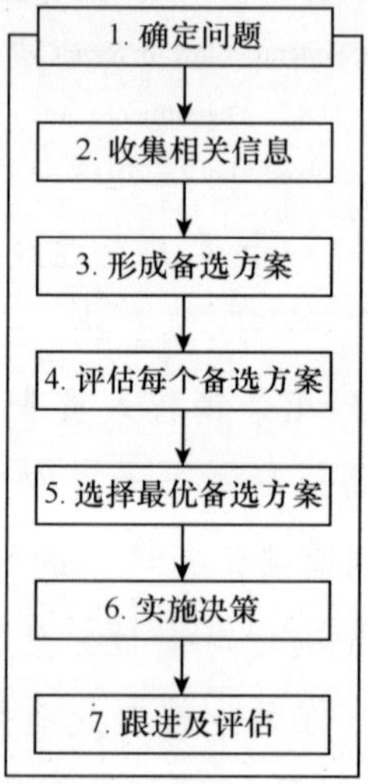

图 6-1　决策过程

我们以卡罗尔·普林斯（Carol Prince）面对的问题为例来阐述决策过程。卡罗尔是南卡罗来纳州查尔斯顿市福克斯子公司（Fox affiliate）的运营总监，她刚得知自己晚上 7:00—7:30 时段的集团节目《警察》（*COPS*）被集团经营者取消了。让我们看看她是如何使用决策过程解决问题的。

如何确定问题

确定**问题**，或更确切地说，确定实际状况和理想状况之间的差异，是决策过程的第一步。对卡罗尔·普林斯来说，她傍晚的节目安排突然有了半小时的空缺，而她想用这个空缺来安排营利性的、高收视率的节目。

在现实中，你面对的很多问题并不会像卡罗尔的问题那样明确。这个阶段最难的工作之一是把问题与表现区分开来。销量下降是一个问题，还是其他问题的表现？以药品来打个比方：阿司匹林不能减轻工作压力，只能缓解头疼的症状。还有最后一点：正确地解决错误的问题，其结果可能并不比错误地解决正确的问题更好，甚至可能更糟。确定真正的问题不是一项简单的工作，不能掉以轻心。那么，主管如何确定问题？他们要在现实和标准之间做比较。这里的标准可能是过去的工作绩效、以前设置的目标，或者本组织或其他组织内其他部门的绩效。

如何收集相关信息

问题确定以后，你需要确定决策标准，并收集与该问题有关的事实和信息。为什么这个问题现在会发生？它会如何影响生产率？公司有哪些政策有助于处理这个问题？解决这个问题的时限是多少？会产生哪些成本？

在卡罗尔的例子中，她需要找出下面这些问题的答案：她为《警察》会付给集团经营者多少钱？集团经营者会为每集节目提供多长时间？现在竞争对手在每晚 7:00—7:30 这个时段都在播出哪些节目？这些节目的收视率如何？有哪些合同条款会限制她把其他节目转移到这个时段？

如何形成备选方案

收集好相关的信息后，就该提出所有可能的备选方案了。在决策过程中的这一步，你要展示自己的创造力，要考虑在以前用过的备选方案之外发掘新的备选方案。

记住，这一步只需要提出备选方案。无论备选方案多么不寻常或者不合惯例，在这一步都不能舍弃。你将在下一步中知道它们是否可行。要注意，仅找到两三个备选方案是不够的，因为这说明你很有可能思考得还不够深入。一般来说，你能找出的备选方案越多，你的最终方案就会越好，因为你的最终方案会和你找出的最佳备选方案一样好。

下面是卡罗尔提出的备选方案：

1. 购买集团的八卦新闻栏目在这个时间段播出，如 *ET*。

2. 购买集团的节目 *Jeopardy*。

3. 购买集团喜剧重播权，比如 *Friends*。

4. 把 *The King of Queens* 移出晚上 7:30 的时段，以当地人感兴趣的节目取代，比如她以前在佐治亚州电视台开发的节目 *Atlanta Today*。

5. 围绕当地大学和专业运动团队开发一个新节目。

如何评估每个备选方案

决策过程的下一步是评估每个备选方案的优势和劣势。每个备选方案会花费多少成本？要花费多长时间去实施？最好的结果是什么？最坏的结果又是什么？

很多时候，决策的标准并不总是一样重要的，需要具体衡量，排出主次。[2] 你可能要慎重地权衡哪个是最重要的标准，并以它为标准来设置其他标准。同时，你也要运用个人偏好来确定这些标准的优先次序，然后列出那些可以成功解决问题的备选方案，但先不评估它们。[3] 最后，你必须慎重地分析，用标准来评估每个备选方案。如果我们考虑成本、有效性或兴趣程度等方面的因素，就能以一种相对客观的方式得出一些评估结果。

在这一步中，要注意防止偏见。毫无疑问，有些备选方案最初看起来更具有吸引力，而其他的乍一看会觉得不现实或者太过冒险了。因此，你可能过早地偏向某些备选方案，随后你的分析也会带有偏见。试着控

2 参见 J. Figueira and B. Ray, "Determining the Weights of Criteria in the Electre Type of Methods with a Revised Simons' Procedure," *European Journal of Operational Research*, June 1, 2002, p. 317-326.

3 参见 M. Elliott, "Breakthrough Thinking," *IIE Solution*, October 2001, p. 22-25; and B. Fazlollahi and R. Vahidov, "A Method for Generation of Alternatives by Decision Support Systems," *Journal of Management Information Systems* (Fall 2001), p. 229-250.

制你最初的偏见，尽可能客观地评估每个备选方案。当然，没有人可以做到完全理性，但如果你承认自己的偏见并且尝试去控制，就能够改善最终成果。

表 6-1 总结了卡罗尔评估五个备选方案的关键点。写下核心的考虑因素会方便决策者比较不同的备选方案。

表 6-1 评估备选方案

备选方案	预计每周成本/美元	预计市场份额(%)*	优势	劣势
1. 小报新闻节目	25 000	15~25	这一时段*Inside Edition*和*E!News*有竞争力	高成本，潜在利润低，会进一步分割八卦新闻市场
2. *Jeopardy*	16 000	8~12	已知的事物	潜在市场小
3. 喜剧重播	30 000	20~35	能为晚上八点的节目吸引更多的观众，能与竞争对手的八卦新闻竞争	高成本，几乎没有利润
4. 人们感兴趣的节目	12 000~15 000	8~12	可能只是一个临时应急节目	潜在市场小，不是可行的长期解决方法
5. 新的体育节目	6 000	6~20	独一无二的，市场中没有类似的节目，有助于在社会中建立良好口碑；低成本，对18~39岁的男性受众有较强的吸引力	风险高，不确定本地体育新闻是否有半小时的收视需求

注：该节目可能的收视百分比。

如何选择最优备选方案

在评价了每个备选方案的优势和劣势之后，是时候选择最优备选方案了。当然，什么是“最优”反映了你在决策过程中的局限和偏见。它取决于很多方面，例如，在第 2 步收集到的信息的广泛性和正确性，在第 3 步中提出的备选方案的创造性，以及在第 4 步中你愿意承担风险的程度以及分析的质量。

卡罗尔的分析使得她选择围绕当地大学和专业运动团队开发一个新

节目（备选方案 5）。她的逻辑是这样的："首先，集团经营者告诉我他们会在本季一直播出《警察》，这意味着我有 10 周或更长的时间做这个节目。但我想要做一个长期的方案，所以我放弃了做本地新闻这个方案。*Jeopardy* 的收入不足以弥补其成本。我认为这一时段的八卦新闻市场已经饱和了，所以我放弃了购买 *ET* 的方案。尽管我确信 *Friends* 在这个时间段会有很高的收视率，但是这个方案的成本太高了。那么，剩下的方案就是开发新的体育节目了。我认为这个方案可以以最低的成本占有最大的潜在市场份额。"

如何实施决策

在这一步，我们要把决策付诸实践。如果有其他人会受影响，那么你也应该将该决策告诉他们，把他们团结起来。[4]你应该向他们明确责任、分配资源并且阐明期限。

在卡罗尔的例子中，她召开了节目组成员会议，解释了该决策以及决策过程，并且鼓励大家讨论任何可能的问题。她组建了一个三人工作小组来开发节目概念，准备节目形式，以及建议节目的核心人员。她任命其中一个成员作为项目领导，并共同决定工作组在三周内向卡罗尔做一个正式的汇报。

如何跟进及评估

决策制定的最后一个阶段是跟进及评估决策结果。你得到想要的结果了吗？它解决了你在第 1 步中的问题了吗？卡罗尔用一个盈利性的、收视率高的节目弥补那个时段了吗？只有在节目播出几个月之后，她才能知道最终结果。

如果跟进及评估的结果表明目标没有达成，你需要回顾一下决策过程，

4 D. Miller, Q. Hope, R. Eisenstat, N. Foote, and J. Galbraith, "The Problem of Solutions: Balancing Clients and Capabilities," *Business Horizons*, March-April 2002, p. 3-12.

看看哪个步骤出了问题。这时你面对的是一个全新的问题，应该用一种新的思路再次完成决策过程。

6.2　决策工具

在这一部分，我们会展示几种近年来比较流行的工具和技术，帮助主管提高决策能力。但是，我们还是先简单回顾一下主管做决策时会面临的情况。

主管制定决策时会面临哪些情况

主管做决策时会面临三种情况：确定性、风险和不确定性。

确定性　主管在充满确定性的环境中做决策是最理想的情况。如果已经知道了预期结果和备选方案，那么决策就是充满确定性的。例如，假设一个主管要决定由哪家公司运输货物。他已经知道了需要运输的货物的重量，知道联合包裹服务公司（UPS）、联邦快递（FedEx）和中外运敦豪（DHL）等公司的运输费用，也知道每一种备选方案的结果，即货物能够成功运输，那么他的决策就是充满确定性的。然而，大部分主管的决策不会这样明确。

风险　主管面临的更多的情况是风险，他们必须估计每一种结果发生的可能性。主管可以依据个人经验、二手信息或历史数据来估计每一种结果的概率。

不确定性　当主管无法确定一项决策的后果，甚至无法做出合理的可能性估计时，他所面临的决策情况就是不确定的。在这种情况下，有限的信息和个人对问题的观点都会影响备选方案的选择。乐观的主管更可能选择收益最高的备选方案，而悲观的主管则会选择将损失降至最低的方案。尽管主管在面临不确定性时会尽可能试着量化决策，但事实证明，通过“本能反应”选出的备选方案通常会带来最好的结果。

什么是期望值分析法

休斯敦巴斯商店（Bass Pro Shops）的滑雪部门经理在看几种新品牌的滑雪服，由于空间和预算有限，他只能购买这些新品牌中的一种。那么，他应该选择哪一种？

期望值分析法（expected value analysis）可以使决策制定者用货币价值来衡量采取某一行动所带来的结果。方法非常简单：决策者用每种结果可能发生的概率（值在 0～1，1 代表绝对会发生）作为权重，计算出每一结果的期望值，然后加总每一结果的期望值，计算出一个备选方案的期望值。

我们假设巴斯商店的主管正在看三种品牌的滑雪服：耐克（Nike）、阿迪达斯（Adidas）和巴斯（Bass）自有品牌。如表 6-2 所示，他构建了收益表来概括他的分析。根据过去的经验和个人判断，他计算出了每个选项每年可能带来的利润和实现这些利润的概率。每个选项的期望值在 6 500～8 000 美元。基于这些分析，主管购买巴斯自有品牌会带来最高的期望值。

表 6-2　滑雪服决策收益表

选项	可能的结果/美元	概率	期望值（美元）
耐克	12 000	0.1	1 200
	8 000	0.7	5 600
	4 000	0.2	800
			7 600
阿迪达斯	15 000	0.1	1 500
	10 000	0.2	2 000
	6 000	0.4	2 400
	2 000	0.3	600
			6 500
巴斯自有品牌	12 000	0.4	4 800
	8 000	0.4	3 200
	4 000	0.2	800
			8 800

决策树是如何起作用的

决策树（decision trees）在分析雇用、营销、投资、购买设备、定价和其他类似的决策时是一种行之有效的方法。之所以被称为决策树，是因为它的图看上去像一棵有许多枝干的树。典型的决策树包括期望值分析，这种方法为每一可能的结果分配概率，并计算每一决策路径的收益。

图 6-2 列出了迈克·弗林（Mike Flynn）所面临的决策，他是巴诺连锁书店（Barnes &Noble bookstore chain）负责选择店址的主管。迈克管理着一个专家小组，他们负责分析潜在的店址并向中西部地区主管提出选址建议。公司在俄亥俄州克利夫兰市的店的租约即将到期，而房主决定不再续签。因此，迈克和他的团队需要向地区主管提出一个新的选址建议。

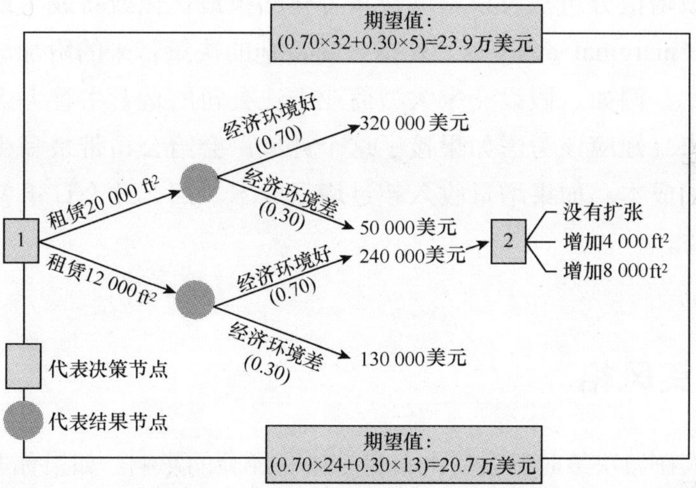

图 6-2　租赁大、小店面的决策树及期望值

迈克的团队在北阿姆斯特德（North Olmsted）的购物中心附近找到了一个非常好的地址。购物中心所有者给他提供了两个备选方案：一个 12 000ft²（和目前的店大小相同）；另外一个大一点，为 20 000ft²。迈克首先需要做出的决策是推荐公司租大一点的还是小一点的店面。如果他选择大一点的店，他预计在经济环境好时，书店将获得 320 000 美元的利润；在经济环境差时，由于运营成本较高，则只能获得 50 000 美元的利润。如果他选择小一点的店，他预计在经济环境好时，书店将获得 240 000 美元的利润，而在经济环境差时，将获得 130 000 美元的利润。

如图 6-2 所示，大一点的店期望值是 23.9 万美元（0.7×32+0.3×50），小一点的店的期望值是 20.73 美元（$0.7 \times 24 + 0.3 \times 130$）。根据结果，迈克打算推荐租赁大一点的店。但是，如果先租小一点的店，然后在经济发展加快时进行扩张，这时情况会变成怎样？他可以扩展决策树，加入第二个决策点。他计算了三种情形：没有扩张、增加 4 000ft^2 和增加 8 000ft^2。按照决策点 1 的方法，他也可以计算扩展后的决策树枝干的潜在利润和不同选择的期望值。

什么是边际分析法

边际或增值分析法可以帮助决策者将回报最优化或将成本最小化。**边际分析法**（marginal analysis）是指一项特别的决策带来的附加成本，而不是平均成本。例如，假设一家大型商业干洗公司的运营主管考虑是否接受一位新客户。她应该考虑如果接了这个订单，会给公司带来多少额外收入和多少附加成本。如果增量收入超过增量成本，那么这个订单就会增加公司的总收益。

6.3 决策风格

每个人在做决策时都会受到自身性格和经验的影响。如果你非常保守并且不喜欢不确定性，那么你对决策方案的评估很有可能与那些喜欢不确定性、勇于冒险的人不同。这些事实使得学者开始探索个体的决策风格。[5]

四种决策风格是什么

决策风格模型的基础是认识到人们在两个维度上存在差异：第一个维

5 参见 G. A. Williams and R. B. Miller, "Change the Way You Persuade," *Harvard Business Review*, May 2002, 65-73; J. A. Andersen, "Intuition in Managers: Are Intuitive Managers More Effective?" *Journal of Managerial Psychology* 15, no. 1-2 (January 2000), 46-63; and G. Walsh, T. Henning-Thurau, V. Wayne-Mitchell, and K. P. Wiedmann, "Consumers' Decision-Making Styles as a Basis for Market Segmentation," *Journal of Targeting, Measurement and Analysis for Marketing* 10, no. 2 (December 2001), 117-131.

度是人们思考的方式。有些人是有逻辑的、理性的，他们可以连续地处理信息；而有些人则是有直觉力和创造力的，他们可以从整体上感知事物。另一个维度是对模糊的容忍度。有些人希望将信息结构化从而减少不确定性；而有些人则喜欢在同一时间处理很多想法。当这两个维度以图表的形式表现出来时，就产生了四种决策风格：命令型、分析型、概念型和行为型（见图 6-3）。

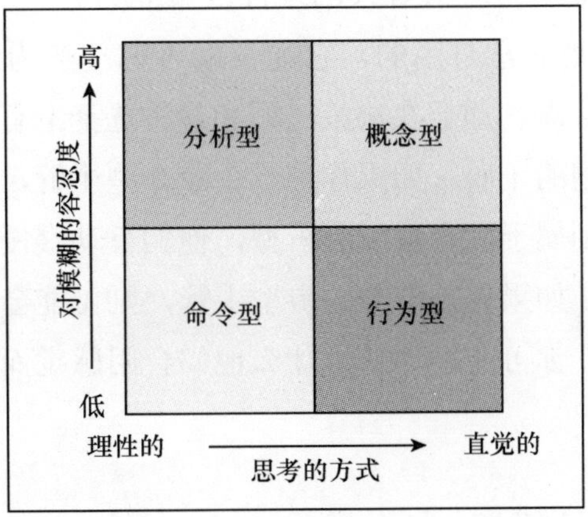

图 6-3　决策风格模型

命令型　命令型决策者对模糊的容忍度较低，他们寻求理性、富有效率且逻辑性强。往往出于效率的考虑，他们会使用最少的信息做出决策，并且几乎不分析备选方案。命令型决策者制定决策速度快，注重短期效果。

分析型　相比命令型决策者，分析型决策者对模糊的容忍度较高，他们期望获得更多的信息，会提出更多的备选方案。分析型主管能够适应或应对新环境，是细心的决策者。

概念型　概念型决策者眼界开阔，会考虑很多备选方案。他们着眼于长远目标，并且善于寻找具有创造力的方法来解决问题。

行为型　行为型决策者善于和其他人合作，非常关心下属的工作表现。他们善于接受别人的建议，非常注重沟通。此类型的决策制定者会尽量避免冲突，寻求认同。

四种决策风格的意义

大部分人的决策风格可能不止一种。能同时考虑到主要和次要风格当然最好，但是有些人只依赖于他们的主要风格，而更多的人则会随着环境的不同而变换风格。

商学院的学生、主管和高层管理者会更倾向于分析型风格，因为正规的教育，特别是商业教育会锻炼人的理性决策能力。

了解决策风格是非常有用的，它能帮助人们理解为什么两个同样聪明的人，得到相同的信息，却会在决策过程和最终选择上有所不同。这也有助于解释你和下属之间的矛盾。如果你是一个命令型主管，希望工作能够快速进行，而你的下属则属于概念型或分析型，他们行动缓慢且谨慎，那么你可能会对他们很失望；如果你是一个分析型主管，则可能会对那些果断的、行事仓促的下属不满，你可能不理解为什么他们会用感觉而不是理性逻辑来做决策。

决策过程中常犯的错误

可得性启发　可得性启发（availability heuristic）是指主管基于已有信息来做出判断的倾向。那些能引起强烈情绪的事件总是能引发人们生动的想象，或者那些最近发生的事件会给人们留下较深的印象，结果导致主管通常会高估不大可能发生的事件的频率。例如，很多人害怕乘飞机，因为媒体对空难的报道让人们夸大了乘飞机的风险，而低估了开车的风险。可得性启发也能解释为什么主管在评估绩效时，总是更重视员工现在的表现，而不是6个月或9个月之前的表现。

代表性启发　数百万娱乐联赛（recreational-league）的参赛者梦想着某一天成为职业足球运动员，这就是所谓的代表性启发（representative heuristic）的例子。它使得人们把自己所熟悉的事情和某一事情发生的可能性匹配起来，例如，年轻的球员们可能会联想到15年前从他们当地联赛进入全国橄榄球联盟（NFL）的球员。

在组织中，决策者可能会根据以前其他部门的成功与否来预测新部门未来成功的可能性。如果以前从某大学招聘的最后三位员工的表现不好，则主管可能再也不从那个大学招收毕业生了，这时主管也受到了代表性启发的影响。

承诺升级　在玩 21 点纸牌游戏时，最普遍的一个策略是“保证”你不能输。如果你输了一把，下一轮你的赌注将会翻倍。这种策略或者决策规则可能看起来无关紧要，但是如果你以 5 美元赌注开始，连续输了六把（对大多数人来说这并不常发生），你需要在第七把中下 320 美元赌注，仅仅是为了弥补损失并赢得 5 美元。

这种 21 点纸牌游戏策略反映了承诺升级（escalation of commitment）的现象；确切地讲，它是指哪怕有负面信息，也要在过去决策的基础上不断增加承诺。在这种现象中，就算负面信息显示应当放弃当前决策而做出其他决策，决策者仍会“坚持到底”。

在组织中，主管可能会发现先前的解决方案是行不通的，但是他们往往不去寻找新的替代方案，而是继续增加对原来解决方案的承诺。他们为什么这样做？在很多情况下，主管这样做是为了证明他们原来的决策是正确的。

你还应该留意一些主管常犯的其他决策错误和偏见。决策者往往认为他们了解更多信息，对自己过于乐观，常表现得过度自信。即时满足偏差（immediate gratification bias）是指那些想立即获得报酬和避免成本的决策者，这样的主管喜欢做出可以快速获得回报的决策。锚定效应（anchoring effect）是指决策者在做决策的时候，会不自觉地给予最初获得的信息过多的重视，而忽视了后来获得的信息。选择性知觉偏差（selective perception bias）是指决策者会基于自己的偏见，有选择性地组织和理解事情。这会影响他们注意力的投向、对问题的判断以及提出的备选方案。决策者表现出确认性的偏见，会寻找并接受信息的表面价值，通过这些信息来肯定他们先前的选择和观点。他们认为那些和自己先前判断不符的信息不重要，并对那些和自己的观点有冲突的信息持批判和怀疑的态度。框架偏差（framing bias）是指决策者会选择并强调一个事物的某个方面，而摒弃其他方面，这样会扭曲他们看到的现象，形成错误的参照点。随机偏差（randomness bias）

是指决策者试图从随机事件中创造意义，并解释机会的不可预见性。然而，随机事件可能会发生在每个人身上，并没有办法预测。沉没成本错误（sunk costs errors）是指决策者忘记现阶段的决策不能修正过去，他们关注过去评估方案所花费的时间、金钱或努力，而非展望未来。自利偏差（self-serving bias）是指决策者倾向于把自己的成功归因于内部因素，将失败归因于外部因素。后见之明偏差（hindsight bias）是指决策者在一个事件发生后，错误地相信自己能精确预测事件结果。

主管怎样才能避免这些决策错误和偏差带来的负面影响呢？首先，主管要留心避免犯这样的错误；其次，主管应该注意自己决策的方式，试着找到自己常用的方法，然后批判性地评估其有效性；最后，主管可以请同事帮忙指出自己决策方式中的不足，从而不断改进。

6.4 问题和决策

主管在决策中面临的问题类型通常决定了问题的解决方法。在这一部分，我们将介绍问题的分类和决策的类型，以及主管所用的决策类型是如何反映问题的特点的。

问题之间有何差异

有些问题是简单易懂的。决策者的目标明确，对问题熟悉，有关信息明确且完整。比如，供应商延迟重要货物的交货时间，或顾客想要退回邮购的商品。这些情况我们称为**结构良好的问题**（well-structured problems）。

有些主管面临的是**结构不良的问题**（ill-structured problems），这些问题是最近才发生的或不常见的，相关信息模糊且不完整。比如，改组部门结构，或投资、实施新开发的、未经验证的技术。

程序化和非程序化决策的区别是什么

决策也可以被分为两类：程序化的或常规的决策是解决结构良好的问

题最有效的方式；然而，在面对结构不良的问题时，主管必须依赖非程序化决策来找出解决方案。

假设一位固特异轮胎公司（Goodyear Tire）的机修工在给一辆汽车安装新轮胎时损坏了合金轮辋。这时主管该做什么？公司可能有一些标准的途径去解决这类问题。例如，主管更换合金轮辋并记在公司账上，这就是**程序化决策**（programmed decision）。对于那些重复的、常规性的已有明确解决方案的问题，主管可依程序做出决策。因为是结构良好的问题，主管没必要在这些问题上特意花费精力，按照决策过程做出决策就行了。

制定程序化决策相对简单，通常非常依赖先前的解决方案。这一过程中不存在“找出备选方案”这一步，即使有也不是很重要。为什么？因为一旦确认是结构良好的同题，它的解决方案就是显而易见的，至少可以提出几个熟悉的且被证实有效的备选方案。在很多情况下，程序化决策意味着遵循先例。主管只需简单地重复以前类似情况下自己或者其他人所采取的措施，并参考已成体系的程序、规则或政策。

非程序化决策（nonprogrammed decision）是解决独一无二的并且不会重复发生的问题的决策。如果主管面对的是结构不良的问题，通常没有现成的解决方案，需要“量身打造”非程序化决策。

例如，制定组织战略就是一个非程序化决策。这是一个全新的决策，和以前的组织决策都不同。公司面临一系列新的环境因素，如新的法律或者国际市场上新的竞争对手。外部条件变了，如果还用以前的老办法，可能会导致未来出现许多的问题。

6.5　群体决策

当前组织中的决策更多地是由群体，而非个体做出的。造成这种现象的原因主要有两个：首先，这是为了提出更多、更好的备选方案。俗话说“人多力量大”，也就是说相对于个体，群体能够创造出更多、更具创造力的决策备选方案。其次，组织中各部门应该分开并独立决策这一观点已经过时。为了集思广益并提高执行力，组织正逐渐转向跨部门的团队决策方式，这就需要群体决策技巧。

群体决策的优势

个体决策和群体决策各有优点，但都不能够适用于所有情况。因此，我们先看一看群体决策和个体决策相比，具有哪些优势（见图 6-4）。

1. 提供更完整的信息。群体相比个体能给决策过程带来多样化的经验和观点。

2. 提出更多备选方案。由于群体能带来更丰富、多样的信息，他们能比个体提出更多的备选方案。

3. 提升解决方案的可接受度。如果受解决方案影响的人或者有助于实施该方案的人可以参与到决策过程中，那么他们会更容易接受决策，同时会鼓励其他人接受决策。

4. 增加合理性。群体决策过程与社会民主理想相一致，因此，群体决策往往比个体决策更合理。

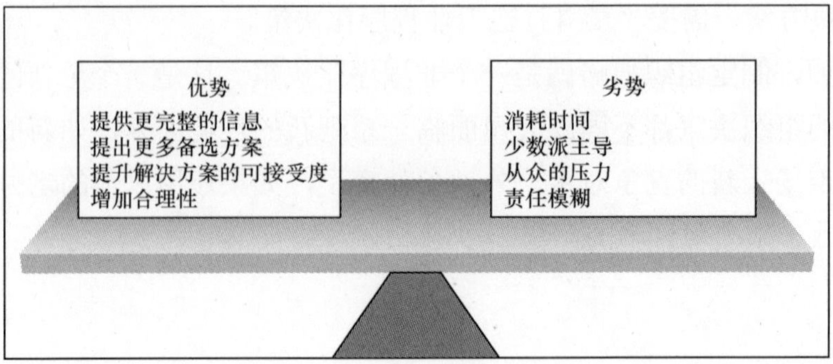

图 6-4 群体决策的优势和劣势

群体决策的劣势

虽然群体决策有很多优点，但也并非没有不足。

1. 耗费时间。群体决策要花时间召集群体，而且群体成员之间的互动通常效率较低。因此，群体决策通常要花费比个体决策更多的时间才能形成一个解决方案。

2. 少数派主导。群体中的成员不可能完全平等，他们会在组织层级、经验、知识、影响力、语言能力、独断力等方面有所不同。因此，群体中的少数个体会利用自己的优势去主导其他成员，并对最终决策施加不当的影响。[6]

3. 从众的压力。在群体中存在一定的社会压力。群体成员希望被接纳、被重视，这种心态会压制许多明显的分歧，鼓励群体中形成一致的意见。压制不同的观点从而达成一致的现象被称为群体思维（groupthink）。

4. 责任模糊。群体成员分担责任，但是实际上谁对最终结果负责呢？在个体决策中，责任人很明确；但是，在群体决策中，单个成员的责任被淡化了。

群体思维　群体思维是一种思维模式，常见于凝聚力很强的群体中。欧文·詹尼斯（Irving Janis）认为这是一种从众心理，群体成员压制分歧、异见或不受欢迎的见解，从而营造一种达成一致的氛围。[7]这些群体成员为了减少冲突，达成一致意见，往往不会对备选方案进行充分的评估。群体思维通常有八种表现：

1. 无所不能的错觉，往往忽视风险，过于冒险。
2. 将任何与群体假设相左的意见合理化。
3. 不论结果如何，对组织的道德观都深信不疑。
4. 认为不同的观点毫无用处。
5. 强迫群体成员保持对群体的忠诚。
6. 自我审查式的个人观点和群体观点格格不入。

---

6 参见 C. K. W. De Drue and M. A. West, “Minority Dissent and Team Innovation: The Importance of Participation in Decision Making,” *Journal of Applied Psychology* 86, no. 6 (December 2001), 1191-1201.

7 I. L. Janis, Groupthink (Boston: Houghton Mifflin, 1982). J. Chapman, “Anxiety and Defective Decision Making: An Elaboration of the Groupthink Mode,” *Management Decision*, October 2006, p. 1391-1404.

7. 沉默代表赞成。

8. 群体中的“思想捍卫者”会阻挡外部所有与群体意见相左的信息。[9]

何时使用群体决策

什么时候使用群体决策比较好？什么时候使用个人决策比较好？这取决于你对“比较好”的定义。让我们看看与“比较好”的决策相关的四个标准：准确性、速度、创造性和可接受度。

有证据表明，通常群体能够比个体做出更为准确的决策。这当然不意味着所有的群体决策都优于个体决策。从某种程度上来说，群体决策可能比个体决策的平均水平更加有效，但是通常不如最佳个体决策那样好。

如果定义“比较好”的标准是决策的速度，那么个体决策更具优势。群体决策过程就是互相让步的过程，这会耗费时间。

决策的质量也可以用其是否具有创造性来评价。群体决策往往比个体决策更有创意，但是这需要约束群体思维。比如，敢于怀疑群体观点，怀疑群体认可的论点的正确性，怀疑群体达成一致的表象，以及怀疑群体成员的沉默与弃权是否代表默认。

最后，由于群体决策有很多人参与，因而其解决方案会有更高的可接受度。

如何改进群体决策

当群体成员面对面进行互动时，就有可能导致群体思维。有三个方法可以使群体决策更具有创造性：头脑风暴法、名义群体法和电子会议。

头脑风暴　头脑风暴（brainstorming）是一种有助于克服从众压力、提升创造性的相对简单的方法。[9]它可以激发创意，鼓励所有人提出备选方案

8 I. L. Janis, *Victims of Groupthink: A Psychological Study of Foreign-Policy Decisions and Fiascoes* (Boston: Houghton, Mifflin, 1972); and I. L. Janis and L. Mann, *Decision Making: A Psychological Analysis of Conflict, Choice, and Commitment* (New York: Free Press, 1977).

9 J. Wagstaff, "Brainstorming Requires Drinks," *Far Eastern Economic Review*, May 2, 2002, 34.

且不许提出批评意见。在典型的头脑风暴会议中，大约有 6～12 人围绕桌子坐下。当然，随着科技的进步，“桌子”的位置也会有所变化。群体的领导者用所有参与者都明白的方式清晰地陈述问题，然后成员在给定的时间内随心所欲地提出尽可能多的备选方案，在此过程中不允许任何批评，所有的备选方案都会被记录下来，稍后进行讨论分析。但是，头脑风暴仅仅是一个创造想法的过程。下一个方法——名义群体法会进一步帮助群体找到更好的解决方案。[10]

名义群体法 名义群体法（nominal group technique）通过限制在决策过程中的讨论来帮助群体制定更好的解决方案。[11] 如同传统会议一样，群体成员必须出席会议，但是他们要独自决策，各自写下面对的问题以及每个问题的解决方案。这个方法最大的优点在于它允许群体成员正式会面但不限制个人独立思考，因而不会导致群体思维。传统的群体会议往往做不到这一点。[12]

电子会议 电子会议（electronic meeting）将名义群体法和尖端的计算机及视频会议技术结合起来。它的概念很简单：群体成员坐在马蹄形的会议桌前，桌上配备有笔记本电脑或平板电脑。要讨论的议题会展示在与会者面前，他们通过面前的设备发表个人意见，投票结果和个人评论都会显示在会议室的投影仪屏幕上。专家认为电子会议的主要优势在于其匿名性、诚实性和高效率。[13] 比如，自由港麦克莫兰铜金公司（Freeport-McMoRan Copper & Gold Inc.,前身为 Phelps Dodge Mining）的主管使用这种方法将它的年度规划会议从几天减少到 12 小时。但是，电子会议也有缺点：在擅长

---

10 T. Kelley, “Six Ways to Kill a Brainstormer,” *Across the Board*, March/April 2002, 12; and K. L. Dowling and R. D. St. Louis, “Asynchronous Implementation of the Nominal Group Technique: Is It Effective?” *Decision Support Systems* 29, no. 3 (October 2000), 229-248.

11 同前。

12 参见 B. Andersen and T. Fagerhaug, “The Nominal Group Technique,” *Quality Progress*, February 2000, p. 144.

13 J. Burdett, “Changing Channels: Using the Electronic Meeting System to Increase Equity in Decision Making,” *Information Technology, Learning, and Performance Journal* (Fall 2000), p. 3-12.

打字的人面前，那些口才很好但输入很慢的人可能会显得逊色；一些有想法的人没有机会展示自己的见解；电子会议过程中信息不够丰富，且成员之间缺少面对面的口头交流。

6.6 决策中的设计思维

主管过去所用的决策方法可能不是最好的，也绝非如今唯一的选择，因而需要设计思维。**设计思维**（design thinking）是指“像设计师解决设计问题那样去解决管理问题”。[14] 越来越多的组织开始意识到设计思维的好处。[15] 比如，苹果公司以其设计思维著称。该公司的首席设计师乔纳森·伊夫（Jonathan “Jony” Ive，苹果公司的 iPod 和 iPhone 等一系列最受欢迎的产品的设计师）认为：“我们努力开发一些不可或缺的产品，让你感觉只有这样的产品才能有效解决你的问题。”[16]

尽管许多主管实际上并不负责产品或流程的设计，但他们仍然要面对工作中的问题，设计思维可以帮助他们更好地做出决策。设计思维的第一步是确定问题。主管们应当通力合作，充分了解问题和状况。他们不应只看到理性的方面，也要看到情感的因素。设计思维会影响主管提出和评估备选方案的方式。过去，主管（他们都在商学院受过正规教育）

---

14 D. Dunne and R. Martin, “Design Thinking and How It Will Change Management Education: An Interview and Discussion,” *Academy of Management Learning & Education*, December 2006, p. 512.

15 M. Korn and R. E. Silverman, “Forget B-School, D-School Is Hot,” *Wall Street Journal*, June 7, 2012, pp. B1+; R. Martin and J. Euchner, “Design Thinking,” *Research Technology Management*, May/June 2012, p. 10-14; T. Larsen and T. Fisher, “Design Thinking: A Solution to Fracture-Critical Systems,” *DMI News & Views*, May 2012, p.31; T. Berno, “Design Thinking versus Creative Intelligence,” *DMI News & Views*, May 2012, p. 28; J. Liedtka and Tim Ogilvie, “Helping Business Managers Discover Their Appetite for Design Thinking,” *Design Management Review*, Issue 1, 2012, p. 6-13; and T. Brown, “Strategy By Design,” *Fast Company*, June 2005, p. 52-54.

16 C. Guglielmo, “Apple Loop: The Week in Review,” *Forbes.com*, May 25, 2012, p.2.

会浏览所有的备选方案，通过演绎推理逐个分析，然后选择具有最高净现值的方案。[17] 然而，如今设计思维会拓宽你的视野，通过使用观察和提问技巧进行深入探索，而不只是依赖于理性分析。主管一定要认识到，在当今世界想要制定有效的策略，只有理性分析是远远不够的。

6.7　决策中的大数据

大数据（big data）是指一系列规模巨大且复杂到很难运用传统方法来处理的数据。大数据正在改变主管决策的方式，它依赖于组织处理信息的技术能力。大数据是一个移动的目标，要求组织实时评估自己的决策，以创造价值并提升竞争优势。比如：

1. 世界上最大的线上零售商亚马逊公司（Amazon.com）得益于其商品推荐和计算机生成电子邮件等个性化技术，每年盈利数百万美元。[18]

2. 美国最大的汽车修配连锁品牌汽车地带（AutoZone）使用一种新软件，可以从各种数据库收集信息，其 5 000 多家实体店都可以做到目标营销，降低了顾客不购物就离开的概率。该公司的首席信息官说："我们认为这是未来发展的方向。"[19]

3. 一个旧金山研究团队能够通过分析手机模式来预测全世界疾病爆发的范围。[20]

专家估计，21 世纪的前 10 年已经产生了 100 拍字节的信息（如果你不了解这个单位，要知道这相当于 100 000 000 000 000 000 字节！）。[21] 组织们

---

17 Dunne and Martin, "Design Thinking and How It Will Change Management Education: An Interview and Discussion," p. 514.

18 K. Cukier and V. Mayer-Schönberger, "The Financial Bonanza of Big Data," *Wall Street Journal*, March 8, 2013, p. A15.

19 R. King and S. Rosenbush, "Big Data Broadens Its Range," *Wall Street Journal*, March 14, 2013, p. B5.

20 "Big Data, Big Impact: New Possibilities for International Development," *World Economic Forum*, weforum.org, 2012 (accessed May 30, 2014).

21 M. Kassel, "From a Molehill to a Mountain," *Wall Street Journal*, March 11, 2013, p. R1.

正在研究如何使用这些信息。大数据是规模巨大的信息，可以用高度精密的数据处理系统进行分析。一个信息技术专家认为，大数据是一种“三高”的信息资产：高容量（high volume）、高速度（high velocity）和高变体（high variety）。[22]

大数据是帮助决策者做出决策的有力工具。然而专家提醒，为了收集数据而收集数据是无用的，收集和使用信息要有一定的目的。有人说：“大数据是在泰勒一个多世纪以前提出的‘科学管理’的基础上发展而来的。”[23]泰勒使用计时器来测算与监控工人的活动；而大数据则使用数学模型、预测运算和人工智能软件来测算与监控人和机器。因此，管理者需要检测和评估大数据究竟能在哪些方面帮助自己决策。

6.8 决策中的道德问题

在第 2 章，我们介绍了道德问题以及如何使你的行为符合道德规范。当你面临道德选择的时候，你可能就面临着一个麻烦。道德问题应该成为你决策的一部分。例如，一个备选方案可能比其他备选方案带来更为可观的经济回报，但是它会危害员工安全，因此这个方案可能在道德上值得商榷。

什么是一般合理化

多年来，人们已经形成一些理由来合理化一些有问题的行为。[24]这些理由有助于我们了解为什么主管有可能会做出缺乏道德的选择。

22 D. Laney, "The Importance of 'Big Data': A Definition," www.gartner.com/it-glossary/big-data, March 22, 2013 (accessed May 30, 2014).

23 S. Lohr, "Sure, Big Data Is Great, But So Is Intuition," http://www. Nytimes.com/2012/12/30/technology/big-data-is-great-but-dont-forget-intuition.html?_r=0, *New York Times Online*, December 29, 2012 (accessed May 30, 2014).

24 S. W. Gellerman, "Why Good Managers Make Bad Ethical Choices," *Harvard Business Review*, July-August 1986, 89.

1. “它并不真正违反法律或违背道德。”聪明和阴暗的界限在哪里？明智的决策和不道德的决策之间的区别又是什么？因为界限很模糊，所以人们会合理化自己的行为。在模棱两可的情况下，人们通常认为那些还没被贴上错误标签的事情都是可以做的，尤其是如果达成一定目标后会有丰厚的回报，而且组织的评估系统不是很关注目标实现的方式。例如，通过公司内部人员获得信息，从而获取股票利润。

2. “这符合我（或者组织）的最大利益。”这种想法通常是由狭隘的利益观引起的。例如，只要能为组织签下一份合同，就可以向官员行贿；只要能提高本部门的绩效记录，那么伪造财务数据就是可行的。

3. “没有人会发现。”第三种合理化接受了错误的行为，并假定它永远不会被发现。这是一个哲学问题：“如果一棵树在森林中倒下而没有人听到它倒下的声响，那么它发出声响了吗?”一些主管也会面对类似的问题：“如果做了不道德的行为而没有人知道，那么它是错的吗？”他们的答案却是否定的。如果缺乏控制，绩效压力过大，或过于依赖绩效评估结果来决定是否给员工加薪，却不注重实现绩效的手段，又缺乏对犯错员工的惩罚措施，就很容易出现这种合理化。

4. “这对组织有利，组织会原谅并保护我。”这种回答代表了疯狂的忠诚。一些主管不仅通过践踏法律和社会价值观为公司谋利，还认为组织期望员工表现出这种无条件的忠诚。甚至当这些主管被抓时，他们还相信组织会支持并奖赏他的忠诚。用这种方式来合理化自己不道德行为的主管，无疑是置公司的名誉于不顾。虽然公司主管理应在竞争者和诽谤者面前保持对公司的忠诚，但是这种忠诚不应该将组织凌驾于法律、道德规范或者社会规范之上。

三种道德观点

在这一部分，我们将介绍三种不同的道德立场，这有助于我们理解个体是如何使用不同的道德标准做出不同的决策的（见图 6-5）。

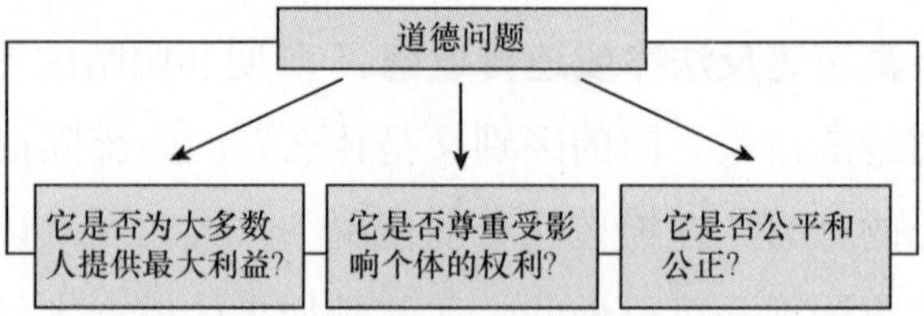

图 6-5　三种道德观点

功利主义观点　第一种是道德的功利主义观点（utilitarian view of ethics），持这种观点的人只看重成果或结果。功利主义的目标是为最多的人提供最大利益。这种观点在如今的商业决策中占主导，因为它与效率、生产率和高利润等目标相一致。为了使利润最大化，主管可以声称其行为是在保护多数人的最大利益。

权利观点　道德的权利观点（rights view of ethics）要求个体决策要与《权利法案》（Bill Of Rights）等文件中所阐明的基本自由权和公民权相一致。道德的权利观点要求尊重和保护个体的基本权利。如果员工向媒体或者政府机关告发组织不道德的或违法的行为，那么基于公民的自由言论权，他们理应受到保护。

公正观点　最后，道德的公正观点（justice view of ethics）要求个体公平、公正地执行规则，以期利益和成本能合理分配。工会成员尤其支持这一观点，因为它合理化了不顾绩效差异实行同工同酬，以及将资历作为裁员标准等行为。

这三种观点各有其优缺点。功利主义观点可以提高效率和生产率，但会忽略组织中的一些个体，尤其是组织中少数派的权利；权利观点可以保护个体权利免受损害，与自由权和隐私权相一致，但是会形成过度尊重法律的工作环境，阻碍生产率和效率；公正观点保护了无人代表的、力量较弱者的利益，但也在某种程度上导致员工缺乏冒险精神和创新意识，降低了生产率。

个体要求权利，社会要求公正，这种新趋势意味着主管需要遵从非功利主义的道德标准。这对当今的主管是一个不小的挑战，因为把个体权利和社会公正作为制定决策的标准，会比用效率和利润等功利主义标准包含更多的模糊性。

如何使行为符合道德规范

每个人都会在进行道德判断时犯错。这里我们提供了一些问题，在做重要决策或包含道德问题的决策时，你可以而且应该问问自己这些问题。[25]

1. 这个问题最初是如何出现的？
2. 如果你站在对方的角度，你会对这个问题有不同的认识吗？
3. 作为个体和组织中的一员，你应对谁以及在哪些方面表现你的忠诚？
4. 你做这个决策的目的是什么？
5. 你的目的是否会被组织中的其他人误解？
6. 你如何比较目的与可能的结果？
7. 你的决策会伤害谁？
8. 在做决策前，你能与受影响的各方讨论这个问题吗？
9. 你能确保做决策时的立场在很长一段时期都能和现在一样有效吗？
10. 你能向老板或直系亲属公开你的决策吗？
11. 如果当地报纸头版详细报道了你的决策，你会是什么感觉？

25 改编自 L. J. Hash, "Ethics without the Sermon," *Harvard Business Review,* November-December 1981, 81.

3

第三部分

激励、领导、沟通及发展

无论在哪里工作，有一件事对员工来说都是一样的，那就是他们都趋向于做对自己有利的事情。员工明白他们必须努力工作，期望通过工作得到某种回报。他们期望主管可以尊重他们，使他们随时了解组织动态，并最大限度地激发他们的潜能。

第7章　激励员工

应对管理困境

成功的管理者都明白，那些对他们个人极具激励效果的举动或许对其他人影响甚微，他们会制定激励措施来满足员工的需求。如何激励与奖励员工是管理者面对的最重要和最富有挑战性的工作之一。为了让员工全身心地投入工作，管理者需要了解如何及为何要激励他们。

一次，一些CEO参加了一个主题为“员工们到底需要什么？”的会议。* CEO们依次介绍了他们提供的福利：有的每周三为员工准备免费的巧克力豆，有的为员工提供优先认股权，还有的为员工提供免费的停车位。但是，会议的主要发言人指出：“员工并不想要巧克力豆，他们想要热爱自己的工作。”他原以为与会者们会哄堂大笑，没想到他们却相继起身表示赞同他的观点。CEO们都意识到“公司的价值来自那些积极进取的员工。”

他们都明白激励员工是何等重要。和他们一样，所有的主管都需要具备激励员工的能力。那么，首先要理解什么是“激励”。很多人错误地以为激励是一种个人特质，有些人具备这种特质，而有些人没有。但是，我们不能用这种方式给员工贴标签，因为不同的人会受不同激励手段的驱动，而且他们的整体动机要具体情况具体分析。

激励高层级员工的表现是组织考虑的重点，管理者们也一直在寻找有效的方法。盖洛普咨询公司最近的一项民意调查显示，美国有近73%的员工

* P. Bronson, “What Should I Do with My Life Now?” *Fast Company*, April 2009, 35-37.

并不热爱自己的工作。研究人员表示："这些员工本质上都是'合格'的，但他们工作时浑浑噩噩，像梦游一样。他们只是把时间用在了工作上，但并没有投入精神或热情。"+无怪乎管理者们希望能够了解如何激励员工了。

在现今经济危机的大形势下，组织裁员十分常见，这可能波及公司中近一半的员工。许多员工会为了保住岗位而受到激励，他们的工作绩效和产量会相应提高。相反，有些人认为不论自己做什么都会被裁员，他们会开始忽视手中的工作，认为这已经不重要了。还有些人可能看到公告后，选择在裁员前离职。

不管什么情况，一旦裁员，管理者都需要花费精力面对那些免于裁员的员工：既要帮助他们恢复精神，鼓舞士气，也要保证生产率，将信任危机降到最低。你要让这些留下来的员工看到自身的价值，这对激励他们十分重要。那么，管理者如何激励这些刚刚失去了共事已久的同事与朋友的员工呢？解雇与裁员时有发生，如何对待这些留下的员工呢？如何激励他们？你认为裁员后失去部分员工的组织能够继续存活吗？

汤米·塞普（Tommy Sapp）事业心强且能力过人，无论是工作、垒球比赛还是介绍他的1963年古董车，他都会尽最大努力做好。相反，他的好朋友布拉德·威尔逊（Brad Wilson）的生活却显得毫无秩序，认识他的人都觉得他很懒惰。尽管布拉德聪明又有能力，但由于他无法在一件事上持续地努力，所以总是保不住工作。汤米对布拉德的评价是："他无法在一件事上投入半小时以上的专注力，很容易感到厌烦和分心。"

主管喜欢汤米这样的员工，他们上进心强，不需要你想办法来让他们用心完成一天的工作。而布拉德这个类型的员工却完全不同，主管要想出各种创造性的办法来激励他们，这是一个不小的挑战。然而，大多数员工既不是汤米也不是布拉德这样的类型，他们更像萨曼莎·卡尔（Samantha Carr）：在某些事情上她有很强的动力，例如每周阅读两三本爱情小说，每天早上5点半起床，在洗澡和工作前都雷打不动地跑三四千米；但是，她在当

+ J. Krueger and E. Killham, "At Work, Feeling Good Matters," *Gallup Management Journal*, December 8, 2005, http://businessjournal.gallup.com/content/20311/work-feeling-good-matters.aspx (accessed June 6, 2014).

地的贝利斯健身中心（Bally's Fitness Center）做销售工作时，却显得无精打采。大多数员工都像她这样，在不同的事情中表现出来不同的动机水平。

主管要怎样才能激励像布拉德和萨曼莎这样的员工呢？在本章中，我们会探讨有关激励的管理理论，同时也会介绍一些有助于解决这个问题的方法。

7.1 什么是动机

首先，我们来介绍一下“动机”这个术语的含义。**动机**（motivation）是指想去做某件事的意愿，且这种意愿能够满足个体的某些需求。**需求**（need）是指一种生理或心理上的缺失，这种缺失使得某种结果具有吸引力。

如果需求未被满足就会造成紧张感，进而激发满足这种需求的驱动力（见图 7-1）。紧张感越强烈，用来减少这种紧张感的驱动力或努力就会越大。如果员工在某一活动中工作很努力，那么我们就可以知道，他们是在被一种用来满足自己所重视的需求的意愿驱动着。

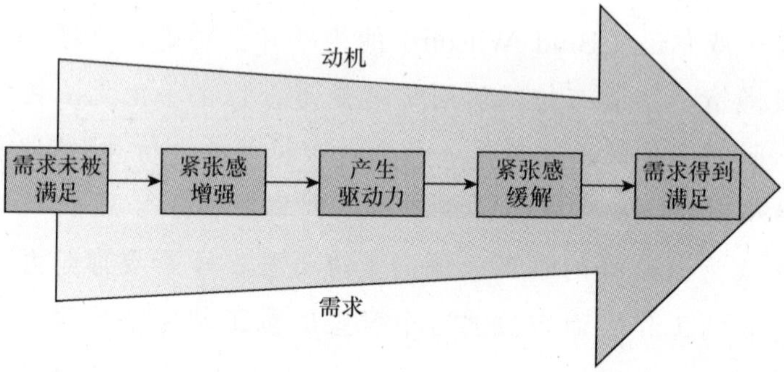

图 7-1　需求和动机

7.2 理解个体差异

主管常犯的一个错误是认为其他人都跟他们自己一样。如果主管的事业心很强，他们会认为其他人也跟他们一样；如果他们非常重视和家人一起共度晚上或周末，他们会觉得其他人也这么想。但这些假设常常是错误的！对我们来说重要的事，对别人不一定重要。并非每个人都会受金钱的驱动，然而有很多主管认为奖金或加薪可以激励员工更加努力工作。如果主管想成功地激励员工，就要先理解和接受个体差异。

理解个体差异的主要价值可能在于选择。如果把员工的个性与其工作相匹配，你可能会对他们更加满意，他们的表现也会更好。人们解决问题、做出决策和工作中的互动方式都是不同的。明白这一点，你就能更好地理解为什么有的员工不喜欢立刻做决定，为什么有的员工在解决问题之前一定要尽可能收集更多的信息。

人格测量能预测实际工作中的行为吗

我们来看看能够解释组织中的个体行为的五种最有效的人格测量方法：控制点、马基雅维利主义、自尊、自我监控以及冒险倾向。

有些人相信命运掌握在自己手上，而有些人则认为自己只能受到命运的操纵，他们把生活中发生的一切都归结于运气或机遇。前者的**控制点**（locus of control）是内在的，他们相信自己能掌控命运；后者的控制点是外在的，他们认为生活被外力所左右。[1] 研究表明，与那些重视内在因素的员工相比，那些重视外在因素的员工对他们的工作满意度较低，不能很好地融入工作环境中，也不那么投入工作。例如，外在控制点的员工并不热爱自己的工作，因为他们认为自己无法影响绩效评估的结果。如果对他们的评估结果很糟糕，他们常常将原因归结为主管对他们有偏见、同事拖后腿或其他无法控制的因素。

---

1 参见 J. Silvester, E. M. Anderson-Gough, N. R. Anderson, and A. R. Mohamed, “Locus of Control, Attributions and Impression Management in the Selection Interview, *Journal of Occupational and Organizational Psychology* 75, no. 1 (March 2002), 59-77; D. W. Organ and C. N. Greene, “Role Ambiguity, Locus of Control, and Work Satisfaction,” *Journal of Applied Psychology* 59, no. 1 (February 1974), 101-102; and T. R. Mitchell, C. M. Smyser and S. E. Weed, “Locus of Control: Supervision and Work Satisfaction,” *Academy of Management Journal* 18, no. 1 (September 1975), 623-631.

第二种测量方法是**马基雅维利主义**（Machiavellianism）。这是以尼古拉·马基雅维利（Niccolo Machiavelli）命名的，他在16世纪曾写过关于如何获得和操纵权术的著作。那些具有较强的马基雅维利主义倾向的人善于玩弄权术，只问目的不问手段。有些人可能会认为马基雅维利主义倾向的人是无情的。高度马基雅维利主义倾向的人更适合那些需要谈判的工作（如劳工谈判代表），或是对成功的结果有丰厚回报的工作（如拿佣金的销售工作）。如果他们在工作中只能遵循规则，或给他们的回报更多地基于使用正当手段而非基于结果，他们会感到很受挫。

第三种测量方法是**自尊**（self-esteem）。研究表明，高自尊的人相信自己的能力很强，完全可以胜任工作；而低自尊的人则更容易怀疑自己，也容易受到外部因素的影响。低自尊的人依赖他人对自己的正面评价，更加寻求他人的认可。因此，和高自尊的人相比，他们更加遵从所尊敬的人的言行。

第四种测量方法是**自我监控**（self-monitoring），即能够调整自己的行为以适应不断变化的环境。自我监控能力较强的人显示出极强的适应力，可以调整自己的行为以适应外部情境因素。他们对外部的信息极为敏感，可以适应不同的情境，自如地转换其公众形象和真实自我。而自我监控能力较弱的人则不会伪装自己，无论在什么场合，他们往往会表现出真实的感受和想法。事实表明，与自我监控能力较弱的人相比，自我监控能力较强的人会更加关注他人的行为，也更容易融入新环境。他们具有很强的灵活性，更容易适应那种需要在工作群体中扮演不同角色的工作环境。

最后一种测量方法是**冒险倾向**（risk propensity），是指人们冒险的意愿。与低冒险倾向的人相比，高冒险倾向的人做事更加果断，不用太多信息就能做出选择。

主管需要提高情商来提升管理技巧吗

协调自己与他人的情绪也许可以提升你的工作效率。情商可能有助于你处理日常工作中的需求和压力，它包括五个方面：

1. 自我意识：感知自己情绪的能力。

2. 自我管理：管理自己情绪与冲动的能力。

3. 自我激励：面对挫折与失败仍能坚持到底的能力。

4. 同理心：感知他人情绪的能力。

5. 社交技能：掌控他人情绪的能力。

多项研究表明，高效率的人普遍具有高情商，他们不仅能适应团队环境，也能与他人融洽相处。许多人力资源经理指出，情商对职业生涯，尤其对那些需要社交的工作极为重要。[2]

7.3 早期的动机理论

一旦我们接受了个体差异，就能理解为什么没有一种对所有员工都适用的激励方法。因为人是复杂的，他们的动机也很复杂。这一点从员工动机理论发展过程中所使用的一系列方法可见一斑。下面我们来回顾一下早期最流行的一些理论方法。

如何看待需求

最基本的动机理论是亚伯拉罕·马斯洛（Abraham Maslow）提出的。[3]他提出了一系列人人都有的基本需求，认为应该用需求被满足的程度来评估个人。根据他的**需求层次理论**（hierarchy-of-needs theory），一种需求被满足后就不再产生紧张感，因此也不再具有激励作用了（见图 7-1）。马斯洛认为激励的关键在于要确定个体所处的需求层次，在其需求尚未被满足的方面加以激励。

马斯洛提出每个人都具备五个层次的需求：

2 S. Robbins and D. Decenzo, *Fundamentals of Management: Essential Concepts and Applications* (Upper Saddle River, NJ: Pearson Prentice Hall, 2008), 224-225.

3 A. Maslow, *Motivation and Personality* (New York: Harper & Row, 1954).

1. 生理需求：如食物、水、住所、性以及其他方面的身体需求。

2. 安全需求：如安全感以及保护自己免受身体和情感伤害的需求。

3. 社交需求：如感情、归属感、认同感和友谊。

4. 尊重需求：如自尊、自主和成就感等内部因素，地位、认可和关注度等外部因素。

5. 自我实现需求：是指要成为自己有能力成为的人的驱动力，如成长、发挥潜能和实现理想的需求。

一个层次的需求得到充分满足后，下一个层次的需求就会成为主导需求。个体的需求是逐级上升的，就像爬楼梯一样。从动机的角度来说，该理论认为，尽管没有一种需求能彻底得到满足，但只要它基本上获得了满足，就不再具有激励作用了。

这些年学者们做了大量的研究，试图证明马斯洛理论的有效性，但总体上来说，这些研究仍不足以支撑该理论。例如，我们不能证明每个人的需求结构都和马斯洛的需求层次是一致的。所以，尽管该理论由来已久且广为人知，但可能无法指导你激励员工。

如何看待人性

一些主管认为他们的员工工作努力、忠心耿耿且有责任心，而有些主管则认为他们的员工懒惰、不负责且没有抱负。道格拉斯·麦格雷戈（Douglas McGregor）据此提出了有关人性和动机的 **X-Y 理论**（Theory X-Theory Y）。[4] 麦格雷戈认为，管理者对人性的看法是基于一系列的假设之上的，他们往往会根据这些假设来确定对下属的管理方法。

在 X 理论中，主管的四个假设如下：

1. 员工天生不喜欢工作，只要有可能就会设法逃避工作。

2. 因为员工不喜欢工作，只有以强迫、控制或用惩罚来威胁他们才能

4 D. McGregor, *The Human Side of Enterprise* (New York: McGraw-Hill, 1960).

达成预期目标。

3．员工会逃避责任，只要有可能就想得到正式的指示。

4．大多数员工认为工作中最重要的是安全，并且没什么雄心壮志。

与上述消极的人性观念不同，麦格雷戈列出了被称为 Y 理论的另外四种假设：

1. 员工认为工作与生活、休息、玩乐一样都是很重要的事。

2. 如果员工决心实现目标，那么他们就能做到自我引导和自我控制。

3. 普通人愿意承担、甚至会主动承担责任。

4. 人人都有能力做出正确决策，并非只有管理者才有这个能力。

X-Y 理论对动机理论有何影响？麦格雷戈认为 Y 理论的假设比 X 理论的假设更有效，因此他倡导让员工参与决策，让他们做富有挑战性和责任感的工作，建立良好的群体关系，通过这些手段，最大限度地调动员工的工作积极性。

遗憾的是，并无研究证实哪一种假设更为有效，也没有证据表明接受 Y 理论假设并相应地改变行为就能更有效地调动员工的积极性。在某些特定的情况下，X 理论或 Y 理论都可能有其合理的一面。

组织对动机有何影响

“第一，描述一下你觉得工作中特别好的方面；第二，描述一下你觉得工作中特别不好的方面。”从 20 世纪 50 年代起，弗雷德里克·赫茨伯格（Frederick Herzberg）就开始问一些员工这两个问题。他把员工的答案归类后发现，他们工作中的满意因素和不满意因素完全不同。如图 7-2 所示，某些因素总是与工作满意（即员工感觉工作中“好”的方面）有关，而某些因素则只与工作不满意（即员工感觉工作中“不好”的方面）有关。内部因素，如成就感、认可、工作本身、责任感和发展等似乎与工作满意有关。对工作满意的员工，往往认为是自身努力的结果。对工作不满意的员工，则往往将原因归结为外部因素，如公司政策和行政管理、监督、人际关系和工作条件等。

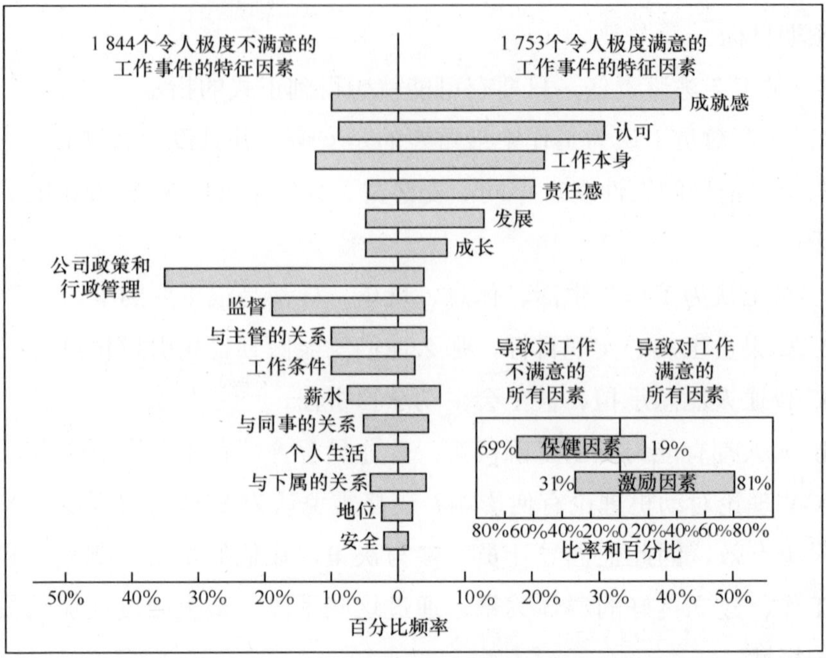

图 7-2　对工作满意者与不满意者的对比

资料来源：经 Harvard Business Review 许可转载。来自“One More Time: How Do You Motivate Employees?” by Frederick Herzberg. September/October 1987. Copyright 1987 by the President and Fellows of Harvard College; 保留所有权利。

赫茨伯格利用这些结果形成了他的**激励—保健理论**（motivation-hygiene theory）。[5]他认为这些结果显示，满意的对立面并不是不满意，这与过去的看法不同。就算消除工作中令人不满的因素，也未必一定会让员工满意。赫茨伯格认为他的这一发现证明了双连续带的存在：“满意”的对立面是“没有满意”，“不满意”的对立面是“没有不满意”（见图 7-3）。

根据赫茨伯格的理论，促进工作满意的因素和导致工作不满意的因素是有显著区别的。因此，如果主管着力消除造成工作不满意的因素可能会改善状况，但未必能起到激励作用。这些努力只能安抚员工，而不能激励员工。赫茨伯格把公司政策和行政管理、监督、人际关系、工作条件以及

5 F. Herzberg, B. Mauser, and B. Snyderman, *The Motivation to Work* (New Year: John Wiley & Sons, 1959).

薪水等统称为**保健因素**（hygiene factors）。当具备充分的保健因素时，员工就不会不满意；然而，他们也不会满意。如果我们想激励员工的工作表现，应该重点强调成就感、认可、工作本身、责任感和发展等，这些才能够激发他们内心的工作意愿。

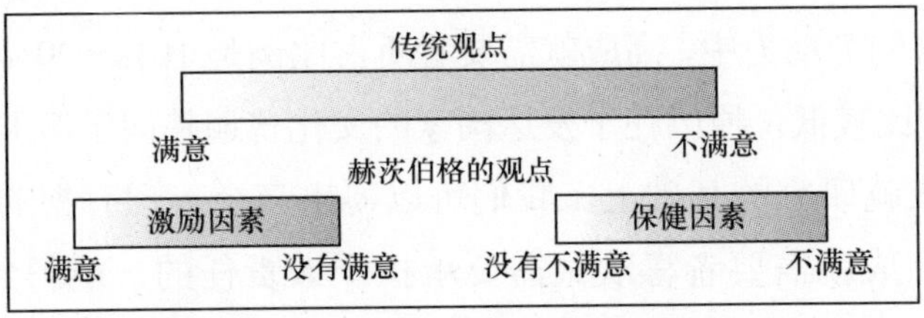

图 7-3　满意与不满意的观点的对比

7.4　当代动机理论

虽然以上三个理论都非常有名，但遗憾的是，并没有更为细致的实证研究来支持这些理论。下面将要介绍的这些当代理论都有一定程度的实证研究支持，是当前最先进的员工动机理论。

什么是成就需要

一些人迫切地追求成功——不论是生活方面还是事业方面。他们想要比前人做得更好、更高效，这种驱动力就是**成就需要**（need for achievement）。高成就需要者具有内在驱动力。[6] 如果他们的工作可以激发其成就动力，那么他们就能自我激励，几乎不需要主管花费什么时间和精力。

高成就需要者希望把事情做得更好，他们喜欢承担责任去寻找问题的解决方法，希望他人对自己的表现做出快速和明确的反馈，会设置具有适度挑战性的目标。他们不是赌徒，不喜欢碰运气式的成功，喜欢应对解决问题的挑战，不论成功与失败都会承担个人责任。同时，他们会规避自认

6 D. C. McClelland, *The Achieving Society* (New York: Van Nostrand Reinhold, 1961).

为很容易或很困难的任务。

高成就需要者在认为他们有50%的成功概率时表现得最好，他们不喜欢万无一失的成功，也不喜欢偶然的成功。他们喜欢那种比自身能力高一点的目标，这样可以挑战他们的技能。当成功和失败的概率差不多相同时，他们能够更好地体验成就感与满足感。

发达国家的劳动力中，高成就需要者所占比例是10%～20%，这一比例在发展中国家则比较低，原因在于发达国家的文化普遍趋向于追求自身的成功。

在这些成就研究的基础上，我们可以得出三个有理有据的结论：

第一，高成就需要者喜欢做需要承担个人责任的、能得到反馈的以及风险适中的工作。在这种情况下，他们会得到极大的激励。事实证明，高成就需要者在销售岗位或自主创业活动中通常会非常成功。

第二，高成就需要者并不一定会成为优秀的主管或者经理。例如，高成就需要的销售人员并不一定会成为出色的销售主管，而大型组织中的优秀管理者也并不一定都有高成就需要。可能是因为高成就需要者往往擅长独立工作，而不是领导他人一起获得成功。

第三，主管可以培训员工来激发他们的成就需要。如果一项工作需要高成就需要者承担，你可以选择一个高成就需要的员工，也可以通过培训激发某个候选人的成就需要。成就训练主要是通过让人们写曾经带给自己成就感的故事，玩激发成就感的模拟游戏，与成功的企业家见面，以及学习如何设置具有挑战性的目标等方式，培养人们像高成就需要者那样做事、说话和思考问题。

公平有多重要

假设你所在的公司刚聘用了一位新人，在你们部门做着和你们相同的工作。他与你年龄相仿，教育背景和工作经验也相似。公司支付你每月4 800美元（你自己非常满意）报酬，某天你发现公司支付给这个学历和你差不多的新人每月5 600美元，你会做何感想？你可能会很失望、很愤怒，认为这不公平。你可能会觉得自己的报酬太低了，可能会把愤怒表现出来，如降低工作的热情、延长茶歇时间或者以生病为借口旷工。

你的反应说明了公平在动机中的作用。人们会把自己对工作的投入和获得的回报与他人比较，不公平会极大地影响员工的努力程度。[7] **公平理论**（equity theory）认为，员工认为工作中获得的回报与自己的付出密切相关。他们把自己的投入—产出比率与他人进行比较，如果该比率和他人相同，那就是公平的。也就是说，他们会觉得自己的处境是公平的，正义是存在的。如果该比率不相同，那就是不公平的，即员工会认为自己报酬过低或者过高。一旦出现了不公平，员工就会试图去改变它。

公平理论认识到，个体不仅关注自己努力工作所获得的绝对报酬，还会在意该报酬和他人报酬的相对状况（见图 7-4）。他们会将努力程度、工作经验、教育背景和工作能力等投入与薪酬水平、升职加薪、上司认可等产出因素进行比较。如果人们发现他们的投入—产出比率与他人相比不平衡时，就会紧张不安。这种紧张可以激励他们，因为人们会努力争取其认为的公平和公正。

图 7-4　公平理论

个体会把自我与他人或系统进行比较，以评估公平与否，这是公平理论中的一个重要变量。[8] 其中的每个范畴都十分重要。“他人”不仅包括同

7 J. S. Adams, “Inequity in Social Exchanges,” in L. Berkowitz, ed., *Advances in Experimental Social Psychology*, Vol.2 (New York: Academic Press, 1965), 267-300.

8 P. S. Goodman, “An Examination of Referents Used in the Evaluation of Pay,” *Organizational Behavior and Human Performance*, October 1974, p. 170-195; S. Ronen, “Equity Perception in Multiple Comparisons: A Field Study,” *Human Relations*, April 1986, p. 333-346; R. W. Scholl, E. A. Cooper, and J. F. McKenna, “Referent Selection in Determining Equity Perception: Differential Effects on Behavioral and Attitudinal Outcomes,” *Personnel Psychology*, Spring 1987, p. 113-127; and C. T. Kulik and M. L. Ambrose, “Personal and Situational Determinants of Referent Choice,” *Academy of Management Review*, April 1992, p. 212-237.

一个组织中从事类似工作的其他个体，也包括朋友、邻居或专业人士。员工会基于工作中的见闻、报纸上的新闻或行业杂志的报道，把自己的薪酬与他人进行比较；“系统”包括组织的薪酬政策、程序和分配方式；“自我”是指员工自己的投入—产出比，它反映了个体过去的工作经验和人脉，受过去的岗位和家庭责任等条件的影响。

有充足的证据来支持公平理论：员工的动机既受绝对报酬的影响，也受相对报酬的影响。这有助于解释为什么当员工发现自己的薪酬过低时（人们似乎都能理性地思考报酬过高的情况），会减少工作热情，降低工作质量，消极怠工，甚至提出辞职。

7.5 员工真的得到他们所期望的了吗

我们最后要阐述的一种观点是关于动机的综合方法，其焦点在于“期望”。**期望理论**（expectancy theory）认为个体会分析三对关系：努力—绩效、绩效—奖励以及奖励—个人目标。员工的努力程度取决于他们对实现这三对关系的期望程度。[9]根据期望理论，如果员工相信努力就会带来好的绩效评估，好的绩效评估会带来奖金、加薪或晋升等奖励，且奖励可以满足个人目标，那么他就会受到激励，努力工作。该理论图解如图 7-5 所示。

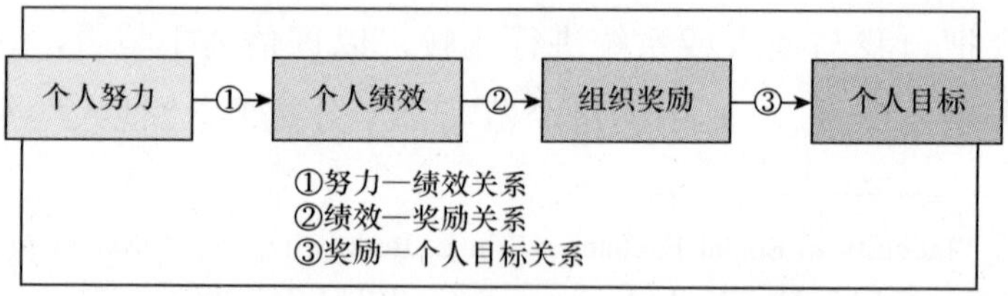

图 7-5 期望理论

期望理论能够解释为什么许多员工缺乏工作动机，只达到最低标准。我们来更具体地分析一下这个理论的三对关系，就会更加清楚了。我们以

9 V. H. Vroom, *Work and Motivation* (New York: John Wiley & Sons, 1984).

回答问题的形式呈现这三对关系，要求员工肯定地作答。

第一，如果我付出最大努力工作，这会在我的绩效评估中体现出来吗？对一些员工来说答案是否定的。也许是他们的工作技能不足，这意味着不管他们多么努力，绩效表现都不会很好；也可能是公司的绩效评估系统设计得有缺陷，例如，只评估个人特征而不评估行为，使得员工很难或不可能获得很好的评估；还有一种可能是员工认为主管不喜欢他们，因此无论他们表现如何，都不会获得很好的评价。这些例子表明，员工缺乏动机的一个原因可能是，无论他们怎样努力工作，都不太可能获得良好的绩效评估。

第二，如果我的绩效评估结果良好，组织会奖励我吗？很多员工认为绩效和奖励之间的关系不大，因为他们认为组织并非只以业绩为标准给予奖励，还有很多其他因素，如工作资历、合作精神或者溜须拍马等。这会使他们失去工作动力。

第三，如果我受到奖励，这个奖励对我个人是否具有吸引力？例如，有的员工努力工作是为了获得提拔，但却获得了加薪；有的员工想要一项更加有趣和更有挑战性的工作，却只得到几句口头表扬。然而，很多主管分配奖励的方式有限，很难满足员工的真正需要；还有些主管想当然地认为员工想要的奖励都一样，而忽视了不同奖励会带来不同的激励效果。不管是哪种情况，都无法最大限度地发挥员工的积极性。

期望理论认为，主管需要理解个体目标，理解努力和绩效之间、绩效和奖励之间以及奖励和实现个人目标之间的关系。该理论强调回报和奖励，因此主管必须清楚，组织给予员工的奖励应该与员工的期望相一致。没有一个普遍适用的方式能够激励员工，所以主管应该理解为什么员工会认为有些奖励具有吸引力而有些没有。另外，期望理论强调预期行为，员工知道主管对他们的期望和评估方法吗？最后，该理论关注个体的看法。员工对绩效、奖励和目标结果的看法，才是决定他们工作动机和努力程度的最重要的因素。

如何营造员工想要的工作氛围

如果你是一位想要激励员工的主管，应该如何运用以上介绍的种种动机理论？虽然没有一套简单的操作指南，但基于这些理论，我们提炼出了以下几条建议：

认识个体差异　员工们是不同的个体，他们有不同的需求。有的人希望获得认可，而有的人则更希望有一个安全的工作环境。有一小部分员工有很高的成就需要，要记得将那些需要承担个人责任、能及时提供反馈并具有中等风险的工作任务分配给他们，这样才能激励他们。主管应该学习如何认识到每个员工的首要需求。

合理匹配员工与工作　事实证明，如果能将员工与工作合理匹配，就能提升激励的效果。有些人喜欢重复性的日常工作，有些人喜欢在团队中工作，而有些人则喜欢独立工作。如果工作在自主性、任务种类和技能需求等方面有所不同时，应该将员工分配到那些能发挥他们能力的岗位上去。

设置具有挑战性的目标　在第 3 章我们曾说过，有挑战性的目标可以激励员工。当员工接受一套具体而困难的目标时，他们就会努力工作来完成这些目标。事实证明，目标对员工行为的影响是巨大的。因此，我们建议主管和每个员工都坐下来，一起设置一定时期内切实可行、可以检验和可以考量的目标，然后设置一个机制，使员工可以在实现目标的过程中能不断获得反馈。如果措施合理，这一目标设置过程将会激励员工。

鼓励参与　允许员工参与决策可以提高他们的工作积极性。参与即授权，它允许员工拥有一定决策权，如设置工作目标、选择福利待遇以及选择工作时间和任务。是否参与当然应该取决于员工的选择，而不应该强迫他们参与决策。虽然参与可以提高员工对组织的忠诚度，提高工作积极性，这与我们前面所讨论的个体差异相一致，但是仍然会有一些人选择放弃参与那些影响他们决策的权利。

个性化奖励　由于员工的需求各不相同，所以对一些人起激励作用的措施对另外一些人却没有这种作用。应该利用个体差异来个性化对员工的奖励措施。主管可以安排的奖励措施包括提高报酬、分配工作、减少工时，以及给予员工参与设定目标和制定决策的机会。

把奖励和绩效挂钩　无论是强化理论还是期望理论，都认为如果主管依据绩效来奖励员工，就能最大限度地调动员工的工作积极性。把加薪、升职等奖励与员工的个人目标结合起来，通过提升奖励的可见性，把奖励措施的效果最大化。公布绩效奖金、一次性大幅加薪等，都是提升奖励可见性和激励员工的有效方法。

审视公平　应该让员工感到报酬或所得与他们的付出是相当的，即他们的经验、能力、努力等显而易见的投入应该能够解释他们在报酬、责任和其他产出方面的差异。但问题的复杂性在于投入和产出都有很多方面，它们的重要性对不同的员工群体并不相同。有些方面对某些人是公平的，而对另一些人却是不公平的。因此，理想的奖励系统应该重视不同的投入，这样才能使每个岗位的员工都获得适当的奖励。

不要忽视金钱　人们很容易埋头设置目标或给员工提供参与的机会，却忘记了金钱是大多数人工作的主要原因。基于绩效的加薪、计件工作的奖金以及其他绩效奖金对提高员工的工作积极性十分重要。简而言之，金钱就是动力！曾有人对 80 项研究做了研究综述，评估了激励方法和对员工生产率的影响。[10] 研究发现，设定目标通常能使生产率提高 16%，让工作变得更有趣和更富挑战性能使生产率提高 8%～16%，让员工参与决策能使生产率提高平均不到 1%，而金钱的激励却能使生产率平均提高 30%。

7.6　设计激励性工作

工作结构会影响员工的工作积极性和生产率水平。有些工作是常规的，因为工作任务是标准化、重复性的；有些工作则是非常规的，充满了变化。有些工作需要员工具备多样化的技能；而有些工作则不需要。有些工作要求员工严格遵守程序；而有些工作则给员工充分的自由来决定怎么完成自己的工作。**工作设计**（job design）是指将各种任务组合起来，形成完整的

10 E. A. Locke, “The Relative Effectiveness of Four Methods of Motivating Employee Performance,” in K. D. Duncan, M. M. Gruneberg, and D. Wallis, eds., *Changes in Working Life* (London: John Wiley & Sons, 1980), 363-383.

工作的方式。根据海克曼（Hackman）和奥德姆（Oldham）所提出的工作特征模型（Job Characteristics Model，JCM）理论，每项工作都有五个关键特征，它们一起构成了工作的核心维度：[11]

1．技能多样性：指每项工作所涉及活动的多样性程度，因此员工需要掌握不同的技能和才干。

2．任务完整性：指一项工作需要完成完整的和可识别的任务的程度。

3．任务重要性：指一项工作对员工生活或对他人工作的影响程度。

4．工作自主性：指一项工作给予员工在安排工作、确定程序等方面提供的自由度、独立性以及自主权程度。

5．反馈：指员工完成任务后可以直接而明确地获得有关自己绩效信息的程度。

工作特征模型理论认为，如果一项工作同时具备前三个特征——技能多样性、任务完整性和任务重要性——就是有意义的，员工会认为他们的工作很重要、有价值且值得为之付出。具有自主性的工作会使员工对工作结果抱有个人责任感。如果工作可以提供反馈，那么员工就会知道自己的表现如何；如果员工知道（通过反馈信息了解工作结果）自己在某个他们在意的任务中的个人表现（通过自主工作获得的责任感）很好，就会获得内部奖励。一项工作具备的特征越多，员工的积极性、绩效表现和满意度就会越高，他们旷工和辞职的可能性就会越小。该理论对设计工作的管理者——不论是个人还是团队——都具有重要的指导意义。[12]

表 7-1 中针对每个特征的高、低两种表现都提供了一些例子。如果一项工作同时具备这五个特征，那么它就是丰富的，极有可能调动员工的积极性，而这种可能性能否实现，则有赖于员工对成长的需求是否强烈。具有

11 J. R. Hackman and G. R. Oldham, “Motivation through the Design of Work: Test of a Theory,” *Organizational Behavior and Human Performance*, August 1976, 250-279.

12 G. Van Der Vegt, B. Emans, and E. Van Der Vliert, “Motivating Effects of Task and Outcome Interdependence in Work Teams,” *Journal of Managerial Psychology* (July 2000), p. 829; and B. Bemmels, “Local Union Leaders’ Satisfaction with Grievance Procedures,” *Journal of Labor Research* (Summer 2001), p. 653-669.

高成长需求的人相对于低成长需求的人来说，更容易被这样的工作所激励。

表 7-1　高水平和低水平的工作特征示例

技能多样性	
高	汽车修理厂的厂长也是操作员，修理电子设备、修理发动机、洗车并与顾客交流
低	车身修理厂的工作人员每天喷8小时的漆
任务完整性	
高	橱柜制造者要设计家具、选择木料、打造家具并且使它完美
低	家具厂的工人用车床加工桌腿
任务重要性	
高	在医院重症监护室工作的护士
低	打扫医院地面的清洁工
工作自主性	
高	电话安装员可以自己安排工作时间，无须监管可以自己上门干活，对特定的安装可以自己决定使用哪种最有效的技能
低	电话接线员必须根据常规、特定的程序来接电话
反馈	
高	电子元件工厂的工人安装完收音机后，测试它能否运行
低	电子元件工厂的工人安装完收音机后，把它交给质检人员来测试它是否合格，是否需要调试

工作丰富化（job enrichment）可以提高员工控制工作计划、执行工作任务和评估工作结果的程度。一项内容丰富的工作可以让员工从事一系列完整的活动，这能提高员工的自由度和独立性，提升其责任感，并能提供反馈，以使个人能够评估和改进自己的表现。

浸入工作环境　工作设计可以把员工的技能和工作任务以及工作环境匹配起来。如果员工能够排除明显的外在影响，以内在动机驱使自己完成一项任务或参与一项工作，那么就可以说他们浸入了任务、工作甚至事业。“浸入”是指个体忘我地沉浸在他们所做的工作中，对工作以外的事情毫不关注，是一种高层次的内在动机。

浸入在工作中很普遍，经常在以下情况中发生：

1. 员工的技能与其面临的挑战相匹配。

2. 员工的注意力非常集中，以至于没有额外的精力来关注不相关的问题或日常烦恼。

3. 自己的概念消失了，并且丧失了时间观念。

4. 工作本身非常有价值，值得为之努力。

主管应该意识到，如果员工的技能超过了工作挑战，他们会很容易感觉乏味；相反，如果工作挑战超过了员工的技能，则可能会导致员工无法完成任务，产生焦虑感。只有工作挑战和员工的技能相匹配的时候，他们才有可能全身心投入工作，最大限度地发挥自己的经验。在现代竞争激烈的工作环境中，营造能够提升员工参与度的工作环境十分重要。[13]

7.7　当今主管面临的激励挑战

当今的主管面临着许多激励挑战，他们要激励多元化的员工队伍，根据绩效付酬，激励最低工资的员工，激励临时员工，激励专业技术型员工，同时还要向他们介绍员工持股计划。

激励多元化员工队伍的关键是什么

为了最大限度地激励如今多元化的员工队伍，主管需要用灵活的方式思考问题。[14]研究表明，男性比女性更加重视工作中的自主性，而女性则更重视工作中的学习机会、灵活的工作时间以及良好的人际关系。主管要知道，激励一个带着两个孩子却要全职工作来养家的单身母亲和激励一个年轻、单身的兼职员工或一个为养老金收入而工作的老员工截然不同。员工

---

13 M. Csíkszentmihályi, *Flow: The Psychology of Optimal Experience* (New York: Harper & Row, 1990); J.Chamberlin and Monitor staff, "Reaching Flow to Optimize Work and Play," *APA Online* 29, no.7 (July 1998), www.apa.org/monitor/ju198/joy.html (accessed June 10, 2008); M. Csíkszentmihályi, *Good Business: Leadership, Flow, and the Making of Meaning* (New York: Penguin Books, 2003); Hindu Business Line Internet Edition, "Discern Opportunities Around When Others Don't," March 8, 2004, www.thehindubusinessline.com/mentor/2004/03/08/stories/2004030800251100.html (accessed June 10, 2008); and A. March, "The Art of Work," FastCompany.com, December 19，2007, www.fastcompany.com/magazine/97/art-of-work.html (accessed June 10，2008).

14 参见 S. Bates, "Getting Engaged," *HR Magazine*, February 2004, 44-51; G. M. Combs, "Meeting the Leadership Challenge of a Diverse and Pluralistic Workplace: Implications of Self-Efficacy for Diversity Training," *Journal of Leadership Studies* 8, no.4 (Spring 2002), 1-17.

希望通过工作来满足不同的个人需求和目标，如果主管能根据他们的需求使用不同的奖励措施，就能极大地激励员工。

主管还要注意到其中的文化差异问题。我们所研究的各种激励理论，大部分是由美国的心理学家提出的，也是由美国公司的员工验证的。因此，这些理论在应用到其他文化时需要做些调整。[15]利己主义观念往往与资本主义一致，尤其是像美国这样推行个人主义的国家。本章所提到的几乎所有的激励理论都基于利己主义动机，应该应用于像英国和澳大利亚这样资本主义和个人主义都高度发达的国家；而在如委内瑞拉、新加坡、日本和墨西哥这些更加注重集体主义的国家，人们和组织的联结是靠个人对组织或社会的忠诚，而不是利己主义。集体主义文化中的员工更容易接受以团队为基础的工作设计、团队目标以及团队绩效评估。在这样的文化里，即使这些国家的法律允许管理者解雇员工，但是以解雇为威胁来激励员工似乎不怎么奏效。

成就需要的概念是另外一个带有美国印记的激励理论。该理论认为，高成就需要是一种内在的激励，它假设员工都愿意接受中等程度的风险且都关注绩效。但是，那些高不确定性规避的国家和生活质量很高的国家并不在此列。该理论仅对新西兰、南非、爱尔兰、美国和加拿大等国家有效。

但是，最近在美国之外的几个国家的研究表明，激励理论的一些内容在其他国家也适用。[16]例如，本章中提及的激励方法可以有效提高俄罗斯纺织厂工人的绩效。但是，这些激励原则并不是普遍适用的，激励方法应该适应不同的文化。某国一家大型百货公司会给最差的销售员颁奖，用这种近乎羞辱的方式来激励员工，然而这在北美或者西欧可能并不奏效。

---

15 G. Hofstede, “Motivation, Leadership and Organizations: Do American Theories Apply Abroad?” *Organizational Dynamics* 9, no.1 (Summer 1980), 55.

16 D.H. B. Walsh, F. Luthens, and S. M. Sommer, “Organizational Behavior Modification Goes to Russia: Replicating an Experimental Analysis across Cultures and Tasks,” *Journal of Organizational Behavior Management* 13, no.2 (Fall 1993), 15-35; J. R. Baum, J. D. Olian, M. Erez, and E. R. Schnell, “Nationality and Work Role Interactions: A Cultural Contrast of Israel and U.S. Entrepreneurs’ versus Managers’ Needs,” *Journal of Business Venturing* 8, no. 6 (November 1993), 499-512.

应当根据绩效还是工作时间来计酬

这件事对我有什么好处？动机理论告诉我们，人的所作所为都是为了满足自身某种需求。在做任何事情之前，人们都期望得到报酬或者获得回报。虽然组织有不同的奖励措施，但大多数人关心的是挣到一定的钱来满足自己的需求。工资作为一种回报是激励中的一项重要变量，所以，应该关注如何运用工资来激励员工取得更好的绩效。这能解释绩效薪酬制度背后的动机和逻辑。

绩效薪酬制度（pay-for-performance programs）是指在绩效测评的基础上支付员工报酬的薪酬方案，如计件薪酬制度、利润分享、工资奖励计划、分红制、一次性奖金等。与传统的薪酬方案的差异在于，它是根据员工的绩效指标而非工作时间来计算报酬的。绩效指标可能包括个人生产率、团队或小组生产率、部门生产率或者某个特定时期内组织的总利润。

基于绩效的薪酬方案或许最符合期望理论。只要员工的积极性被充分调动，他们就会发现业绩与奖励之间有着密切的联系。如果奖励完全是根据非绩效因素来分配的，如资历、头衔或者生活成本的增加，那么员工的积极性可能就会降低。

绩效薪酬制度越来越受到组织的欢迎。一项研究发现，几乎80%受调查的企业都对拿薪水的员工采用了某种形式的绩效薪酬方案，[17] 这可以从激励和成本控制两个方面来解释。[18] 从激励的角度来说，把员工的部分薪酬与绩效指标相关联可以让他们专心致力于实现这些指标，在此基础上通过各种奖励来促使他们继续努力。如果员工的绩效下滑，奖励也会相应减少。这样员工就会有动力继续努力，并保持较高的积极性。

绩效薪酬制度最近的一个发展是**能力薪酬制度**（competency-based

17 J. Wiscombe, "Can Pay For Performance Really Work?" *Workforce*, August 2001, 28.

18 "Exclusive PFP Survey: Latest Data—What's Hot and What's Not in PFP," *Pay for Performance Report*, May 2002, 1.

compensation）。[19] 能力薪酬制度根据员工的技能、知识或行为来付酬和奖励。这些能力可能包括领导力、问题解决能力、决策能力以及战略规划能力等。薪酬水平依员工能力的高低而定。无论员工是为整个组织做出贡献还是个人能力增长，都会获得奖励。员工所获得的奖励直接与其为实现组织目标所做的贡献挂钩。

主管如何激励拿最低工资的员工

今天很多主管面临的一个最大挑战就是如何激励拿最低工资的员工。给他们更高的工资来提高绩效这种方法不在考虑之列，因为许多公司承受不了加薪。在这种情况下，你应该如何激励他们呢？[20]

很多主管会陷入这样的陷阱：认为员工只会被金钱激励。虽然金钱是重要的激励因素，但它并不是员工唯一追求的奖励，也不是主管唯一可用的奖励措施。在激励拿最低工资的员工时，主管应该考虑其他有助于激发员工积极性的奖励措施。很多公司使用认同员工方案，如举行月度员工、季度员工绩效奖颁奖仪式，或其他庆祝员工成就的仪式。比如，在像麦当劳和温蒂汉堡（Wendy's）这样的快餐店中，你经常会在显眼的地方发现一些贴板，上面写着“本月员工之星”。被表扬的员工的工作类型和水平都是组织想要鼓励大家做到的。很多主管也用表扬的方法来激励员工，但要保证这些表扬是真诚且合情合理的，否则员工会视其为可操纵的，并不可信。

我们知道奖励只是激励方法的一种，我们还可以通过工作设计和运用期望理论来激励员工。在旅游、住宿、零售、儿童看护和维修等服务行业中，一线员工的薪酬通常比拿最低工资的员工高不了多少，但是，较为成功的公司通常都赋予一线员工更大的权力来处理顾客的问题。这种工作再设计可以激发员工的潜力，因为员工能从中体验到技能多样性、任务完整性、任务重要性和工作自主性，还能及时获得反馈。

---

19 参见 D. A. DeCenzo and S. P. Robbins, *Human Resource Management*, 8th ed. (New York: John Wiley & Sons, 2005), 286.

20 P. Falcone, "Motivating Staff Without Money," *HR Magazine*, August 2002, 105-108.

如何激励临时员工

如今全职工作越来越少，兼职工、合同工等其他形式的临时性工作越来越多。临时员工不具有正式员工那样的职业安全感和稳定性，他们可能不认同组织目标，也不像正式员工那样对组织保持忠诚。他们通常也没有医疗保险或养老保险等福利。[21]

那么，应该如何激励这些临时员工呢？一个显而易见的答案是：给他们转正的机会。如果他们有机会转正，就会努力工作，希望能成为一名正式员工。另一个方法是：给他们参加培训的机会。临时员工能否找到新的工作，很大程度上取决于他们自身的技能。如果他们发现目前这份工作有助于提升适合市场需求的技能，他们就会受到激励。从公平的角度看，正式员工薪酬更高，福利也更好，但他们和临时员工做同样的工作，临时员工可能会心理不平衡。如果让这两类员工分开工作，或者减少他们之间的互相依赖，可能会有助于减少潜在的问题。[22]

---

21 K. Bennhold, “Working (Part-Time) in the 21st Century,” *New York Times Online*, December 29, 2010, http://www.nytimes.com/2010/12/30/world/europe/30iht-dutch30.html?pagewanted=all (accessed May 2, 2014); and J. Revell, C. Bigda, and D. Rosato, “The Rise of Freelance Nation,” *CNNMoney*, cnnmoney.com (June 12, 2009) http://money.cnn.com/2009/06/11/magazines/moneymag/entrepreneurial_workplace.moneymag/ (accessed June 2, 2014); and R. J. Bohner, Jr. and E. R. Salasko, “Beware the Legal Risks of Hiring Temps,” *Workforce*, October 2002, p. 50-57, 55.

22 H. G. Jackson, “Flexible Workplaces: The Next Imperative,” *HR Magazine*, March 2011, p. 8; E. Frauenheim, “Companies Focus Their Attention on Flexibility,” *Workforce Management Online*, February 2011, http://www/workforce.com/articles/companies-focus-their-attention-on-flexibility (accessed June 2, 2014); P. Davidson, “Companies Do More with Fewer Workers,” *USA Today*, February 23, 2011, pp. 1B+; M. Rich, “Weighing Costs, Companies Favor Temporary Help,” *New York Times Online*, December 19, 2010, http://www.nytimes.com/2010/12/20/business/economy/20temp.html?pagewanted=all (accessed June 2, 2014); P. Davidson, “Temporary Workers Reshape Companies, Jobs,” *USA Today*, October 13, 2010, p. 1B+; J. P. Broschak and A. Davis-Blake, “Mixing Standard Work and Nonstandard Deals: The Consequences of Heterogeneity in Employment Arrangements,” *Academy of Management Journal* (April 2006), p. 371-393; M. L. Kraimer, S. J. Wayne, R. C. Liden, and R. T. Sparrowe, “The Role of Job Security in Understanding the Relationship Between Employees’ Perceptions of Temporary Workers and Employees’ Performance,” *Journal of Applied Psychology* (March 2005), p. 389-398; and C. E. Connelly and D. G. Gallagher, “Emerging Trends in Contingent Work Research,” *Journal of Management* (November 2004), p. 959-983.

如何激励专业技术型员工

专业技术型员工通常有别于非专业型员工，他们对自己的专业领域有强烈的、长期的奉献精神，但他们对其职业的忠诚更甚于对雇主的忠诚。为了跟上职业领域的发展趋势，他们需要定期更新知识。而他们在职业或技术领域的专业性意味着他们的工作时间并非根据每周五天、每天朝九晚五来界定。[23]

如何激励这种类型的员工？他们通常并不十分看重金钱和升职，因为通常他们薪水很高，而且十分享受自己的工作。相反，他们更看重工作中的挑战。他们喜欢寻找方案，解决问题，希望获得的最大回报就是工作本身。专业技术型员工通常需要他人支持，希望别人认同他们工作的重要性。[24]

主管应该给专业技术型员工布置新任务和具有挑战性的项目，给他们自主权去发展兴趣，允许他们以自己认为高效的方式去安排工作，给予他们获得教育的机会，使他们能跟上专业领域的发展并与同行进行交流。同时，要对他们的工作给予认可。主管应当问一些问题或者参与一些其他活动，以显示自己对他们的工作非常感兴趣。

越来越多的公司为这些员工规划了其他职业发展路径，给予他们更高的薪酬和地位，却无须承担管理职责。在默克公司（Merck）、IBM、美国电话电报公司（AT&T），最优秀的科学家、工程师和研究人员都会获得“资深研究员”或“高级科学家”这样的头衔，他们的薪酬和声望与管理者相当，只是没有相应的职权。

主管如何改善员工工作与生活的平衡

在 20 世纪六七十年代，员工必须从周一到周五出现在工作场所，每天

23 参见 P. J. Sauer, “Open-Door Management,” *Inc.*, June 2003, 44.

24 “One’s CEO’s Perspective on Power of Recognition,” *Workforce Management*, February 27, 2004, http://www.workforce.com/articles/one-ceo-s-perspective-on-the-power-of-recognition(accessed June 2. 2014); and R. Fournier, “Teamwork Is the Key to Remote Development—Inspiring Trust and Maintaining Motivation Are Critical for a Distributive Development Team,” *InfoWorld*, March 5, 2001, 48.

花八九个小时的整段时间来工作，工作场所和工作时间十分清楚。然而，这种情况已经不复存在了。如今，员工们越来越多地抱怨工作和非工作时间的界限模糊不清，导致了个人冲突和压力。[25]这主要有以下几个原因：第一，由于经济全球化，工作永远不会结束。比如，在任何一天的任何时间，卡特彼勒公司（Caterpillar）的成千上万名员工都在公司的某个场所工作着。他们可能需要和 8 小时或 10 小时时区以外的同事或者客户进行商议会谈，这意味着很多员工不得不保持24 小时"在线"。第二，通信技术的进步允许员工在家里、在汽车上甚至在塔希提岛的海滩上办公。随时随地都可以工作意味着他们无法逃离工作。第三，组织有时会裁员，"幸存"的员工不得不延长工作时间。员工每周工作 45 个多小时，有些甚至会超过 50 个小时，这很常见。第四，如今的家庭中夫妻双方都在工作，大都是双职工的结构，因此，已婚的员工很难找到时间来履行对家庭、配偶、孩子、父母和朋友的责任。[26]

员工日渐意识到工作正在挤压他们的私人生活，他们对此很不满。今天好的工作场所必须能容纳多元化员工队伍的多样化需要。许多组织给员工提供家庭亲善福利（family-friendly benefits），给他们多样化的选择权，允许他们灵活地安排工作，使他们能更好地平衡工作和生活。这些组织还引入了其他方法，如儿童看护、夏日野营、弹性工作时间、工作分担、教育休假、远程办公和非全日制工作等。特别是年轻的员工群体，他们更重视家庭，其次才是工作，希望组织能给予他们更灵活的工作方式。[27]

弹性工作制（flextime，"flexible work time"的简称）允许员工在一定条件下可以自己决定何时去上班。员工每周必须工作一定的时间，但可以在一定范围内改变具体的工作时间。弹性工作制已经成为组织普遍的选择，

---

25 参见 P. Cappelli, J. Constantine, and C. Chadwick, "It pays to Value Family: Work and Family Trade-Offs Reconsidered," *Industrial Relations* 39, no 2 (April 2000), 175-198; R. C. Barnett and D. T. Hall, "How to Use Reduced Hours to Win the War for Talent," *Organizational Dynamics* 29 (March 2001), 42; and M. A. Verepej, "Balancing Act," *Industry Week*, May 15, 2000, 81-85.

26 M. Conlin, "The New Debate over Working Moms," *Business Week*, November 18, 2000, 102-103.

27 M. Elias, "The Family-First Generation," *USA Today*, December 13, 2004, 5D.

特别是对专业型员工和青年员工。[28] 比如，最近的一项研究表明，有 60%的公司给员工提供某种形式的弹性工作方式。[29]

弹性工作制无论是对员工还是雇主都有巨大的好处。它可以激励员工，鼓舞士气，减少因平衡工作与家庭责任而导致的缺勤。如果员工的生产率提高，还可以加薪。组织也因此能招聘到更高质量、更多元化的员工。[30]

工作分担（job sharing）是一种特殊类型的兼职工作，它允许两个或两个以上的人来分担以往每周 40 个小时的工作量。其中一个人可能从早 8 点工作到中午，另一个人从下午 1 点工作到 5 点，或者两个人都全天工作，但按天轮换。工作分担现在越来越流行了，它能使组织在一份工作中利用多个人才，还可以雇用那些无法全职工作的技术型员工。

主管如何运用认同员工方案

认同员工方案包括给予员工个人关注，表达对他们工作的兴趣、认可和赞赏。[31] 调查显示，有 84%的组织都用某种方式来表达对员工成就的认同。[32] 员工们认为这些方案很重要。曾有调查询问了大量员工，他们认为工作中最有力的激励因素是什么，这些员工的答案无一例外都是认同、认同、认同！[33]

---

28 J. Wiscombe, "Flex Appeal—Not Just for Moms," *Workforce*, March 2002, 18.

29 S. Roberts, "Companies Slow to Employ Alternative Work Options; Use of Arrangements Such as Flextime Is Up Slightly, If at All," *Business Insurance*, April 8, 2002, T3.

30 S. F. Gale, "Formalized Flextime: The Perk That Brings Productivity," *Workforce*, February 2001, 38; and B. S. Gariety and S. Shaffer, "Wage Differentials Associated with Flextime," *Monthly Labor Review* 124, no. 3 (March 2001), 68-75.

31 J. Singer, "Healing Your Workplace," *Supervision*, March 2011, pp. 11-13; P. Hart, "Benefits of Employee Recognition in the Workplace: Reduced Risk and Raised Revenues," *EHS Today*, February 2011, p. 49-52; and F. Luthans and A. D. Stajkovic, "Provide Recognition for Performance Improvement," in E. A. Locke (ed.), *Principles of Organizational Behavior* (Oxford, England: Blackwell, 2000), p. 166-180.

32 K. J. Dunham, "Amid Sinking Workplace Morale, Employers Turn to Recognition," *Wall Street Journal*, November 19, 2002, p. B8.

33 参见 B. Nelson, "Try Praise," *Inc.*, September 1996, p. 115; and J. Wiscombe, "Rewards Get Results," *Workforce*, April 2002, p. 42-48. Cited in S. Caudron, "The Top 20 Ways to Motivate Employees," *Industry Week*, April 3, 1995, p. 15-16.

对员工的行为表示认同并立即进行奖励可能会鼓励这种行为的重复，这和强化理论是一致的。主管可以向表现优秀的员工私下表达祝贺，也可以手写一封表扬信或发一封电子邮件来表达对员工某种积极行为的认可。对于那些非常需要社会认同的员工来说，他们的成就会成为大家都认可的成就。为了提升团队的凝聚力和积极性，主管还可以举办一个比萨聚会来庆祝团队的成功。这些事情可能看似简单，但却十分有用，可以让员工感受到他们的价值。

在经济和金融不景气的时候，主管认同和奖励员工的能力通常也会十分有限。这时，如果员工不那么投入工作也是正常的。事实上，企业执行委员会（Corporate Executive Board）近期的一项研究表明，如果员工的参与度下降，那么公司总的生产率会下降 3%～5%。[34] 但是，主管还可以采取一些行动来维持甚至提高员工的积极性。一种方法是明确每个员工在组织中的角色，告诉他们正是由于他们的付出，公司才能发展得越来越好。同时，还要加强沟通，重视高层管理者和员工之间的双向交流，这样可以减少他们的恐惧和担心。不管采取什么措施，关键是要让员工知道公司在意他们。公司的价值在于那些积极上进的员工，主管应该给员工留下来工作的理由。

员工持股计划对动机有何影响

许多公司都在使用员工持股计划来提高和激励员工的绩效。**员工持股计划**（employee stock ownership plan，ESOP）是一种薪酬方案，是指组织给予员工部分股份作为绩效奖励，使他们成为公司的股东。还有很多员工持股计划允许员工以非常优惠的、低于市场价的价格购买额外的股票。持有公司股份的员工通常会更加努力工作，因为作为股东，他们要和公司共担收益与风险。他们的劳动成果不再只落入某个股东的口袋——他们自己也是股东了！那么，员工持股计划对组织生产率和员工满意度有没有积极的影响呢？答案显然是肯定的。

34 E. Frauenheim, “Downturn Puts New Emphasis on Engagement,” *Workforce Management Online*, July 21, 2009; S. D. Friedman, “Dial Down the Stress Level,” *Harvard Business Review*, December 2008, p. 28-29; and S. E. Needleman, “Allaying Workers’ Fears During Uncertain Times,” *Wall Street Journal*, October 6, 2008.

第8章　领导员工

应对管理困境

如何领导那些身处异地，主要靠电子设备和你互动的员工？这就是“虚拟领导”需要面对的一个挑战。关于领导学的研究过去主要集中于面对面的口头交流的情况，但如今的主管和员工越来越依赖科技相联系。如果员工较为分散，主管应该如何鼓励和激励他们呢？

在面对面的交流中，我们很容易用一些非语言行为弱化严厉的措辞。例如，一个微笑或者一个令人安慰的举动都可以减轻那些表达失望、不满或不足的语言背后的打击。然而，在网络互动中并不存在非语言行为，但其措辞依然可以激励或打击对方。例如，一条言简意赅或全部大写的信息和一条句子完整、标点恰当的信息所得到的反应可能截然不同。

要想成为一名高效的虚拟领导，你应该在网络沟通中有选择地使用字词和句子结构，提升自己体会他人回复里言外之意的能力。不管是理解书面内容还是“破译”网络交流中的情感信息，都十分重要。此外，虚拟领导还应认真考虑希望这些数字信息可以引发怎样的行为，希望达到什么效果，以及如何回应后续信息。

对越来越多的主管来说，良好的人际交往能力可能包括以数字通信和体会情绪的方式来沟通、支持和领导。在这个沟通电子化的“新世界”，书写技巧已经成为人际交往能力的延伸。

对此你怎么看？“虚拟”领导都面临哪些挑战？他们如何使用科技实现高效的领导？应该把注意力放在工作任务上还是员工身上？你想当虚拟领导还是更希望和员工面对面沟通？

资料来源：Vignette based on K. D. Strang, “Leadership Substitutes and Personality Impact on Time and Quality in Virtual New Product Development Projects,” *Project Management Journal* （February 2011）, p. 73-90; A. Rapp, M. Ahearne, J. Mathieu, and T. Rapp, “Managing Sales Teams in a Virtual Environment,” *International Journal of Research in Marketing* （September 2010）, p. 213-224; M. Muethel and M. Hoegl, “Cultural and Societal Influences on Shared Leadership in Globally Dispersed Teams,” *Journal of International Management* （September 2010）, p. 234-256; J. Grenny, “Virtual Teams,” *Leadership Excellence*, May 2010, p. 20; L. A. Hambley, T. A. O'Neill, and T. J. B. Kline, “Virtual Team Leadership: The Effects of Leadership Style and Communication Medium on Team Interaction Styles and Outcomes,” *Organizational Behavior and Human Decision Processes*, May 2007, pp. 1-20; and B. J. Avolio and S. S. Kahai, “Adding the ‘E’ to E-leadership: How It May Impact Your Leadership,” *Organizational Dynamics*, January 2003, p. 325-338.

组织中正在进行的活动可以让我们更加了解领导。一方面，领导者做出决策，决定成败；另一方面，他们领导的方式可能千差万别。本章中我们将介绍领导者成功的潜力和他们取得成功的不同方式。

8.1 理解领导力

领导力（leadership）是指是领导者以某种特定的方式来影响他人的行为时所展现出来的能力。他们通过指导、鼓励、保持敏感性、表达关心和支持等方式激励下属去接受挑战，实现那些很难达成的目标。作为领导者，应该帮助员工培养个人成就感和职业成就感。此外，领导者不仅要让员工心甘情愿跟随自己，还应在下属中建立一种一定要达成目标的承诺。

你可能认为领导者就是管理别人的人，比如你有管理员工的权力，你的老板以及任何职位在你之上的人都有管理你的权力，如给你们班上课的教授。显然，你和其他人都可以通过一系列的行为来影响他人。但是，领导力通常并不仅仅指正式的职位，有些人即使没有正式的职位，也依然具备领导力。

人们常常将“领导者”和“管理者”混为一谈，但实际上它们并不完全一样。管理者由组织任命，他们拥有合法权力，可以奖励和惩罚员工，他们对员工的影响力是基于自身职位所赋予的正式权力；而领导者可以由组织任命，也可以从群体中脱颖而出，他们可以用职权以外的形式来影响他人。

由于没有研究或逻辑论证表明领导能力会阻碍管理能力，因而我们认为所有的管理者理论上都应该是领导者。但是，未必所有的领导者都具有管理职责和正式职权。因此，本章中提到的“领导者”是指任何可以影响他人的人。

8.2　领导者是天生的还是后天的

如果你问大街上的普通人什么是领导力时，他们可能会回答你一连串的品质，如智力超群、有魅力、有决断力、热情、坚强、勇敢、诚实和自信等。这些回答其实就是**领导者特质**（leadership traits）。对领导力的早期研究主要就是研究这些把领导者与非领导者区别开来的特质。

我们能否从大家公认具有影响力的人身上提炼出一种或多种特质呢？比如尼基・哈利（Nikki Haley）、肯・切诺特（Ken Chenault）、艾琳・罗森菲尔德（Irene Rosenfeld）、马克・扎克伯格（Mark Zuckerberg）、英德拉・努伊（Indra Nooyi）和吉尼・罗曼提（Ginni Rometty）等,他们都有哪些非领导者不具备的特质呢？这些人都符合领导者的基本定义，但他们的特质完全不一样。如果领导者特质理论是有效的，那么所有领导者都应该生而具备相同的特点了。

成功的领导者都具有哪些特质

许多试图提炼具体领导者特质的研究最终并无结论，不可能有这样一套特质总能把领导者和非领导者、高效领导者和低效领导者区分开来。认为不同组织的领导者都有一套一致而独特的个性特质，这种想法可能太理想化了。

但是，我们可以试着从那些具有影响力的成功人士身上总结出一些较为一致的特质。比如，领导者有别于非领导者的六种特质：内在驱动力、希望影响他人的意愿、诚实与道德品质、自信、超群的智力以及相关知识（见图 8-1）。[1]

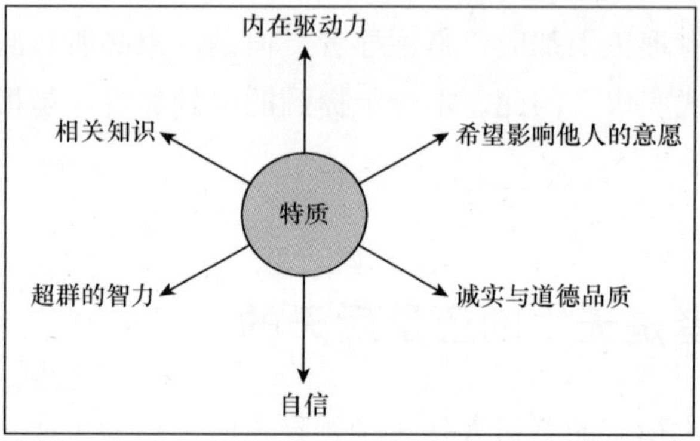

图 8-1　高效领导者的六种特质

内在驱动力反映了一个人为完成一项任务所愿意付出的努力。这种类型的人通常有着较高的成就需要，他们追求卓越、有事业心、精力充沛且坚持不懈。而且，有内在驱动力的人通常在工作中比较积极主动。

如果领导者有希望影响他人的强烈愿望，通常意味着他愿意为工作承担责任。他们言行一致、值得信赖。换句话说，人们往往容易被他们认为诚实且具备良好道德品质的人所影响。

领导者总是表现出高度的自信，以说服他人相信自己的目标和决策的正确性。员工往往会被那些不自我怀疑且有坚定信念的人——而非那些优柔寡断的人——所影响。

要影响他人，还需要具备一定的智力水平。领导者要有能力收集、

1 S. A. Kirkpatrick and E. A. Locke, "Leadership: Do Traits Matter?" *Academy of Management Executive* 5, no.2 (May 1991), 48-60.

综合和解释大量信息，要有能力制订计划，用其他人能理解的方式进行沟通，解决问题，并做出正确的决策。这些能力大多来自教育经历和工作经验。

最后，高效领导者还要具有大量关于部门和员工的知识。深入的了解可以帮助主管做出明智的决策，并理解这些决策对部门里的其他人会有什么影响。

什么是领袖魅力

像吉米·法隆（Jimmy Fallon）、安德鲁·勒克（Andrew Luck）、苏兹·奥尔曼（Suze Orman）、奥普拉·温弗瑞（Oprah Winfrey）这样的人有什么共同点？他们的人格结构具有“领袖魅力”。其中每个人都是我们所谓的“**魅力型领导**”（charismatic leader）。他们充满热情、极富自信，其性格和行动会以某种形式影响人们的行为。领袖魅力可以激励下属做出额外的努力，实现旁人认为困难重重或不被看好的目标。然而，领袖魅力并不只源于某种单一因素，它由几种性格特征发展而来。[2]

一些学者尝试总结魅力型领导的个人特质。最全面的一种说法认为，他们有五种共同特质：有愿景；有清晰表达愿景的能力；为实现愿景愿意冒险；对环境的限制和下属的需要十分敏感；行为敢于打破常规。[3]

越来越多的证据显示，领袖魅力与下属的绩效和满意度有着明显的关

---

2 J. A. Conger and R. N. Kanungo, *Charismatic Leadership in Organizations* (Thousand Oaks, CA: Sage, 1998). See also, A. M. O'Roark, *The Quest for Executive Effectiveness: Turning Inside-Out Charismatic-Participatory Leadership* (Nevada City, CA:Symposium,2000); C. G. Emrich, H. H. Brower, J. M. Feldman, and H. Garland, "Images in Words: Presidential Rhetoric, Charisma, and Greatness," *Administrative Science Quarterly* 46, no.3 (September 2001), 527-561; and J. J. Sosik, "The Role of Personal Meaning in Charismatic Leadership," *Journal of Leadership Studies* 7, no. 2 (Spring 2000), 60-75.

3 J. A. Conger and R. N. Kanungo, *Charismatic Leadership in Organizations* (Thousand Oaks, CA: Sage, 1998).

联性。[4] 如果领袖魅力如此有吸引力，那么人们是否可以通过学习成为魅力型领导呢？又或者领袖魅力是天生的？尽管有些专家仍然认为领袖魅力无法习得，但大部分专家相信个人可以通过训练表现出有领导力的行为。[5] 研究者指导一些研究生表达长远的目标，表现高度的期望，展现出对下属能够达成期望的信心，设身处地考虑下属的需要等，使他们“具备”领袖魅力。这些学生学会了如何展现有力、自信和充满活力的形象，并练习使用迷人的声调。研究者还训练这些学生领袖使用极富魅力的非语言行为，比如交流时靠

---

4 K. S. Groves, “Linking Leader Skills, Follower Attiudes, and Contextual Variables via an Integrated Model of Charismatic Leadership,” *Journal of Management* 31, no. 2 (April 2005), 255-277; J. J. Sosik, “The Role of Personal Values in the Charismatic Leadership of Corporate Managers: A Model and Preliminary Field Study,” *Leadership Quarterly* 16, no. 2 (April 2005), 221-244; A. H. B. deHoogh, D. N. den Hartog, P.L. Koopman, H. Thierry, P. T. van den Berg, J. G. van der Weide, and C. P. M. Wilderom, “Leader Motives, Charistmatic Leadership, and Subordinates' Work Attitudes in the Profit and Voluntary Sector,” *Leadership Quarterly* 16 (February 2005), 17-38; J. M. Howell and B. Shamir, “The Role of Followers in the Charismatic Leadership Process: Relationships and Their Consequences,” *Academy of Management Review* 30, no. 1 (January 2005), 96-112; J. Paul, D. L. Costley, J. P. Howell, P. W. Dorfman, and D. Trafimow, “The Effects of Charismatic Leadership on Followers' Self-Concept Accessibility,” *Journal of Applied Social Psychology* 31, no. 9 (September 2001), 1821-1844; J. A. Conger, R. N. Kanungo, and S. T. Menon, “Charismatic Leadership and Follower Effects,” *Journal of Organizational Behavior* 21, no. 7 (2000), 747-767; R. W. Rowden, “The Relationship Between Charismatic Leadership Behaviors and Organizational Commitment,” *Leadership & Organization Development Journal* 21, no. 1 (January 2000), 30-35; G. P. Shea and C. M. Howell, “Charismatic Leadership and Task Feedback: A Laboratory Study of Their Effects on Self-Efficacy,” *Leadership Quarterly* 10 (Fall 1999), 375-396; S. A. Kirkpatrick and E. A. Locke, “Direct and Indirect Effects of Three Core Charismatic Leadership Components on Performance and Attitude,” *Journal of Applied Psychology* 81, no. 1 (February 1996), 36-51; D. A. Waldman, B. M. Bass, and F. J. Yammarino, “Adding to Contingent-Reward Behavior: The Augmenting Effect of Charismatic Leadership,” *Group & Organizational Studies* 15, no. 4 (December 1990), 381-394; and R. J. House, J. Woycke, and E. M. Fodor, “Charismatic and Noncharismatic Leaders: Differences in Behavior and Effectiveness,” in Conger and Kanungo, *Charismatic Leadership*, 103-104.

5 R. Birchfield, “Creating Charismatic Leaders,” *Management* (June 2000), 30-31; S. Caudron, “Growing Charisma,” *Industry Week*, May 4, 1998, 54-55; and J. A. Conger and R. N. Kanungo, “Training Charismatic Leadership: A Risky and Critical Task,” in J. A. Conger and R. N. Kanungo (eds.), *Charismatic Leadership* (San Francisco, CA: Jossey-Bass, 1988), 309-323.

近下属，直接注视对方的眼睛，放松姿势以及丰富面部表情等。相比团队领导者未经过"魅力训练"的组，经过"魅力训练"的这一组成员的工作绩效更高，任务调整能力更强，也能更好地适应领导者和其他成员。

在第 7 章中，我们介绍了自我监控的性格特征。高自我监控的人较容易调整自己的行为以适应不同的环境。他们能够察言观色，并相应地调整自己的行为。这种"好演员"的能力与领袖魅力有很大关系，因为高自我监控的人可以准确地了解处境，理解员工的感受，并表现出符合员工预期的行为。他们容易脱颖而出，成为高效的、有魅力的管理者。

最后需要注意的是，魅力型领导并不一定总能使员工实现高绩效。最有效的状况可能是下属的工作带有思想意识目的，或环境紧张且充满不确定性。[6]这或许能解释为什么魅力型领导通常出现在政治、宗教领域，出现在战争时期，创业初期，或面临生存危机的时候。比如，马丁·路德·金（Martin Luther King Jr.）用非暴力手段和自己的魅力推动了社会的平等；史蒂夫·乔布斯（Steve Jobs）在 20 世纪 80 年代向苹果公司的技术人员分析了个人计算机的发展趋势，认为它将极大地改变人们的生活方式，使他们坚定不移地效忠于公司。

魅力型领导对他们的下属会产生怎样的影响呢？越来越多的证据表明，魅力型领导与员工的绩效和满意度是成正相关的。为魅力型领导工作的人有很强的动力去付出更多的努力，因为他们喜欢自己的领导，对工作也更满意。[7]尽管有研究发现，魅力型 CEO 对组织绩效并无影响，但人们依然相信魅力是领导者十分需要的一种品质。[8]

---

6 J. G. Hunt, K. B. Boal, and G. E. Dodge, "The Effects of Visionary and Crisis-Responsive Charisma on Followers: An Experimental Examination," *Leadership Quarterly* (Fall 1999), 423-448; R. J. House and R. N. Aditya, "The Social Scientific Study of Leadership: Quo Vadis?" *Journal of Management* 23, no. 3 (1997), 316-323; and House, "A 1976 Theory of Charismatic Leadership."

7 Conger and Kanungo, "Behavioral Dimensions," 79.

8 B. R. Agle, N. J. Nagarajan, J. A. Sonnenfeld, and D. Srinivasan, "Does CEO Charisma Matter? An Emprirical Analysis of the Relationships Among Organizational Performance, Environmental Uncertainty, and Top Management Team Perceptions of CEO Charisma," *Academy of Management Journal* 49 (February 2006), 161-174.

学者们已经研究了很多年成功领导者的特质，可是这些特质还不足以解释领导效能。只注重领导特质，难免会忽视他们在各种状况中应该表现的行为和必备的技能。幸运的是，这些技能和行为都是可以学习的！所以更准确地说，领导者是可以造就的。

什么是愿景型领导

“愿景”这个术语在我们之前讨论魅力型领导时就出现过了，不过愿景型领导比魅力型领导更胜一筹。在本节中，我们将介绍对愿景型领导的最新研究。

愿景型领导（visionary leadership）是一种能够给组织或部门创造和描述现实的、可信的、有吸引力的未来计划的能力。这种愿景会立足当下并不断发展和完善。[9]一旦合理选择并贯彻实施，就会产生巨大的激励作用。它“聚集各方面的技能、人才和资源，推动人们实现愿景，奔向未来”。[10]

愿景的主要特征是：鼓舞人心；具有核心价值；可实现；并且可以清晰表述出来。愿景可以鼓舞士气，带来新的秩序，引导组织走向卓越。如果一种愿景不能清晰、有效地传达给组织成员，那么它很有可能会失败。理想的愿景要符合时机和环境，并能反映出组织的独特性。组织中的成员也要对此愿景持有信心，即相信愿景或许充满挑战，但依然可以实现。清晰明确且形象生动的愿景更容易抓住人心并被人接受。

都有哪些关于愿景型领导的例子呢？理查德·布兰森（Richard Branson）是维珍集团（Virgin Group）的创始人和董事长，该集团在航空、休闲、通信、金融服务、健康和保健和清洁能源等领域都享有盛誉；玫琳凯·艾施

9 这个定义基于 M. Sashkin, “The Visionary Leader,” in *Charismatic Leadership: The Elusive Factor in Organizational Effectiveness*, ed. J. A. Conger, R. N. Kanungo, et al. (San Francisco: Jossey-Bass, 1988), 124-125; B. Nanus, *Visionary Leadership* (New York: Free Press, 1992), 8; N. H. Snyder and M. Graves, “Leadership and Vision,” *Business Horizons* 37, no. 1 (January-February 1994), l; J. R. Lucas, “Anatomy of a Vision Statement,” *Management Review* 87, no. 2 (February 1998), 22-26; and S. Marino, “Where There Is No Visionary, Companies Falter,” *Industry Week*, March 15, 1999, 20.

10 Nanus, *Visionary Leadership*, 8.

（Mary Kay Ash）对女性的愿景促使她成立化妆品公司，致力于提升女性的形象；迈克尔·戴尔（Michael Dell）创造了一种商业愿景，让戴尔计算机在 8 天之内直接交付到顾客手中。

愿景型领导都具备哪些技能呢？一旦确定愿景，这些领导者就会表现出三种带来高效的品质。[11]

第一种是能向他人解释愿景的能力，即通过口头或书面的方式向他人清晰地描述要采取的行动和要实现的目标。美国前总统罗纳德·里根（Ronald Reagan）是众人眼中"伟大的沟通者"，他在执政期间总能清晰表述简单的愿景：通过减少政府管制、降低税率和加强国防等措施，使人民生活更加幸福，国家更加繁荣。

第二种是不仅能通过语言，也能通过行为来表达愿景的能力。这需要领导者不断表达和强化这种愿景。赫伯·凯勒赫（Herb Kelleher）在西南航空公司掌舵时，总是尽力优化顾客的体验，身体力行地实现他对顾客的服务承诺。

第三种是把愿景扩展到不同领导环境的能力，即安排各种活动，使愿景可以适用于不同场合。

8.3　如何成为领导者

成为领导者需要一定的技能（如之前描述过的许多特质）：技术、概念、社交和人际关系等方面的技能。可能你之前已经对此有所耳闻。我们在第 1 章提过，其中一些技能是高效的管理者所需具备的。它们对领导力的培养非常重要，所以我们再来回顾一下，但这次着眼于领导力！

为什么领导者需要专业技能

尽管你可能会得到员工的尊敬，但如果你想提高自己的影响力，就要

11 J. R. Baum, E. A. Locke, and S. A. Kirkpatrik, "A Longitudinal Study of the Relation of Vision and Vision Communication to Venture Growth in Entrepreneurial Firms," *Journal of Applied Psychology* 83, no. 1 (February 1998), 43-54.

让他们相信你有经验给出一些建议，而这种经验通常来自你的专业技能。

专业技能（technical skills）是指在专业领域中所具备的独有的工具、程序和方法。你只有精通自己的本职工作，才有可能被视为专家，别人才会向你寻求帮助。然而，除非他们需要帮助，否则一般不会来找你。通常只有在他们无法处理某一异常问题时，才会来向你寻求指导。如果你没有专业技能，就得不断向其他人求助。即使你获得了信息，也可能无法向求助的员工解释明白。最终，员工会绕过你直接和能解决他们问题的人交流，那你就失去了部分影响力！

要增加与自己工作相关的技术知识，这再怎么强调都不过分，只有精通本职工作的人才能影响他人。如果你想让下属相信你的建议和指导，就要让自己成为他们心目中有专业优势的管理者。

概念性技能对领导力有何影响

概念性技能（conceptual skills）是指协调多方利益和活动的心理能力，即抽象思考、分析各种信息并在数据之间建立联系的能力。高效的领导者可以通过批判性的思考和概念性的思维来规划愿景。

要进行概念性的思考，就必须关注大局。大多数时候，我们总是过于专注于日常工作中的细节。这不是说关注细节不重要，实际上，如果不注重细节，很可能一事无成。但如果要制定长远方针，就要思考未来，这样才能应对不确定性和未知的风险。要做一个优秀领导者，你必须在混乱中保持清醒的头脑，展望未来的发展。

社交技能如何帮助你成为更好的领导者

社交技能（networking skills）是指交际以及和外人（和自己部门无关的人）建立联系的能力。作为领导者，你不可能事必躬亲，所以你需要知道如何能找到下属所需的资源。这可能意味着你要为他们争取更多的资源，或在自己领域之外建立更多的联系，来给下属提供一些有利的条件。社交技能要求一定的政治技巧，这一点不可忽视。

你的员工会仰仗你来提供所需的资源。如果他们依赖你来提供所需的工具（或干预他们的工作），他们就会更加信任你，会更努力地工作，因为他们知道你愿意为他们争取资源。他们会向你寻求帮助，努力解决问题，而非千方百计地推卸工作。你要整合必要的资源，并支持“自己人”的工作。当员工挑战极限、迎接挑战时难免会犯错，然而犯错也是一种学习，只有在错误中才能不断成长。

人际关系技能在提高领导力方面发挥着什么作用

人际关系技能（human relation skills）是指协作、理解和激励周围人的能力。良好的人际关系不仅需要你能和下属以及部门外的其他人进行有效的沟通（特别是关于你的愿景），也需要你善于倾听。优秀的领导者并非无所不知，而是能够慷慨地接受和鼓励下属参与工作。

人际关系技能就是如今讨论高效管理时，人们常常提到的“与人打交道的技能”。比如，指导、帮助和支持周围的同事；了解自己并相信自己的能力；以诚待人且坚持自己信奉的价值观；相信帮助他人取得成功不仅是在帮助组织，也是在帮助自己。

教练能够帮助球员成长、提高并有更好的表现，而管理者之于员工就如同教练之于球员，不仅需要处理和员工的关系，还要处理和组织的关系。但是，他们之间的关系又不仅限于训练指导，因为管理者更加了解工作要求、员工绩效和组织期望。汤姆·彼得斯（Tom Peters）在他的经典著作《追求卓越的激情》（*A Passion for Excellence*）一书中提到，指导是一种有效的领导方法，“指导是一种面对面的领导，可以将拥有不同背景、天赋、经验与兴趣的员工团结在一起，鼓励他们培养责任感，并持续不断地获得成功，并将他们看作全面的合作伙伴和贡献者。指导员工不是让他们记住工作方法或制订完美的工作方案，而是重视他们——真正地信任他们、关注他们并需要他们。”[12]

---

12 T. Peters and N. Austin, *A Passion for Excellence*: *The Leadership Difference* (New York: Random House, 1985), 325-326.

如果员工的低绩效是由于工作技能不足，那么就教给他们相应的方法来改进工作；如果不是，则应该指导他们。这要求管理者监督员工的表现，及时调整方法，同时对组织需求的变化做出反应。彼得斯认为，“指导是提高员工能力和增强他们实力的过程。它让员工运用自己的技术与能力，并给予他们足够的空间与时间去完成任务。它的核心在于给员工足够的重视，并花时间和他们建立个人关系。”[13] 如果管理者和员工双方之间形成互相信任的关系，那么指导的过程就会大大加快。管理者的任何指导都会对员工的进步和成功起到积极的作用。

如果你没能成为一个成功的领导，可能并不是因为你缺乏专业技能，而是因为你缺乏人际关系技能，失去了下属和他人对你的尊敬。如果是这样，你影响他人的能力就会大打折扣。

领导力的这些特征和技能很难被下属所察觉。因此，下属是以他们眼中的你的行为来判断你的领导力的。正如一句老话所说，事实胜于雄辩。你做了什么才是最重要的，所以你需要了解领导行为。

8.4 领导行为和风格

仅从特征和技能方面分析并不能解释领导力，这促使研究者去关注具体的领导者所展现出的不同行为和风格。研究者想知道，高效领导者的行为和他们的工作风格有没有一些独特之处。例如，领导者多是鼓励员工参与决策，还是独断专行？

研究者对领导者的行为风格进行了大量的研究。其中，最全面也是被多次复制的行为理论要数 20 世纪 40 年代在俄亥俄州立大学进行的研究。[14] 该研究（以及其他类似研究）尝试找出领导者行为的独立维度。研究者们从 1 000 多个维度着手，最终归纳出两大类最能解释领导行为的维度，分别

13 同前, p. 328.

14 R. M. Stodgill and A. E. Coons, eds., *Leader Behavior: Its Description and Measurement, Research Monograph No.88* (Columbus: Ohio State University, Bureau of Business Research, 1951).

是任务导向型行为和员工导向型行为（见图 8-2）。[15]

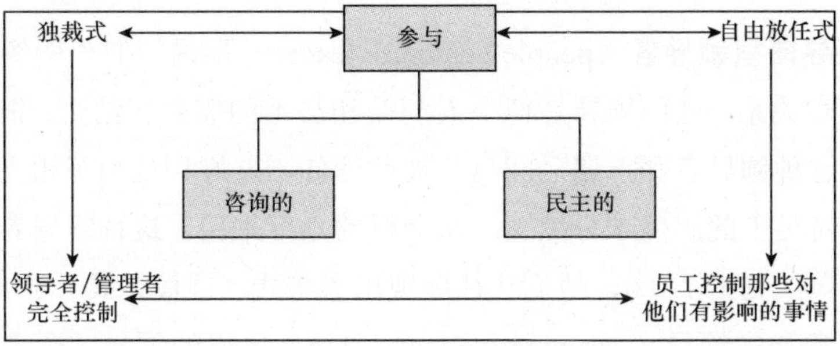

图 8-2　领导行为

什么是任务导向型行为

任务导向型领导者（task-centered leader）非常强调工作技能和任务，他们主要关心员工是否知道该做什么，并提供必要的指导以实现目标。对领导者来说，员工只是实现目标的工具而已。也就是说，员工必须工作，才能实现目标，只要员工完成了任务，领导者就会很满意。把这样以生产为导向的人称作领导者似乎有些用词不当，在某种程度上，他们并不是在领导，而是确保员工遵守规则规章，并完成生产目标而已。这样的领导常常符合 X 理论导向（见第 7 章），表现出独裁式或权威式领导风格。

独裁型领导者（autocratic leader）可以说是一个工头，他们有权威和权力，可以在团队里发号施令，他们制定所有影响团队的决策，告知其他人该做什么。这种告知常常以命令的形式传达——要求他人必须遵从。如果员工没有服从命令，领导者就会采取一些消极的强制措施。尽管这样的领导行为和当代的领导哲学是相悖的，但在一些组织中——如商业、政府和军队——这样的领导风格是最适宜的。

15 Stodgill and Coon, *Leader Behavior*; and R. Kahn and D. Katz, "Leadership Practices in Relation to Productivity and Morale," in *Group Dynamics: Research and Theory*, 2nd.ed., D. Cartwright and A. Zander, (Elmsford, NY: Row, Paterson, 1960), 41.

什么是员工导向型行为

员工导向型领导者（people-centered leader）强调他们和所领导的员工之间的人际关系。这种领导者把个人利益和员工的需要相结合，很关注员工的福利。这种领导者和下属之间总是彼此信任、友好相处和互相支持的，而且，他们对员工的感受十分敏感。从动机的角度来说，这种领导者常常符合Y理论导向（见第7章），他们往往展现出参与式（或民主式）领导风格。

拥有**参与式领导**（participative leadership）风格的领导者会主动要求员工参与组织活动，由整个工作团队一起制订计划、解决问题和做出决策。这类领导风格可以从两方面来看：一方面，领导者要求员工参与到工作中，倾听他们的想法和需要，但亲自做出最终决策。这时领导者把员工的参与当作信息收集的方式，这是**咨询参与式领导**（consultative-participative leadership）；另一方面，参与式领导者可能给员工一些决策权，这时他们展现出的就是**民主参与式领导**（democratic-participative leadership）。

此外还有一种领导风格，通常称作自由放任式。自由放任式领导者（free-rein leader，或 laissez-faire leader）给员工完全的自主权来制定对他们有影响的决策。当领导者规划好整体的目标和方针后，员工就可以制订自己的计划来完成目标。领导者可以从日常工作中脱离出来，专门处理一些异常情况。

你应该表现出什么样的领导行为

在今天的组织中，许多员工喜欢为员工导向型主管工作，因为这种风格"更友好"。但我们不能笼统地概括说，员工导向型领导风格会使你成为更高效的管理者，二者之间并没有必然的联系，结果不尽相同。在某些情况下，员工导向型领导风格可以提高生产率和员工满意度，但有时员工很满意，而生产率却并无提高。我们在比较不同的领导风格时，往往会忽略那些影响高效领导的情境因素。对此，我们建议主管应该依情况使用不同的领导风格。

8.5　高效的领导

领导力的研究者越来越清楚地认识到，要想预测领导的成功，光是考虑一些特征或行为风格是远远不够的，这就促使他们开始关注情境的影响。领导风格和效率之间的关系显示，在 A 条件下 X 风格比较合适，而在 B 条件下 Y 风格更适合，Z 风格则更加适合条件 C。但是，条件 A、B、C 等又是什么呢？领导效率取决于不同的情境，因此要能够区分不同的情境。许多情境理论的关键在于对下属的研究。

保罗・赫塞（Paul Hersey）和肯・布兰佳（Kenneth Blanchard）提出了一种叫作“情境领导理论”的领导力模型。他们强调，领导风格应该根据具体的情境而有所调整。[16]没有员工就没有领导者，因此，领导者应该调整自己的领导方式来反映员工的需要，这就是所谓的**“情境领导”**（situational leadership）。

情境领导理论关注所谓的员工成熟度，**成熟度**（readiness）在此是指员工能够并愿意完成某项工作的程度。赫塞和布兰佳提出了成熟度的四个阶段：

阶段 1：员工既缺乏能力又不愿意工作。

阶段 2：员工缺乏能力，但愿意完成必要的工作。

阶段 3：员工有能力，但不愿意完成必要的工作。

阶段 4：员工既有能力又愿意完成工作。

在这里，我们来简单解释一下“愿意”的含义。如在阶段 1 中，员工不愿意工作。这种不愿意并不是指不服从，而是个体因为不自信或不能胜任而不情愿去做某项工作。

该模型的第二个构成要素是领导行为。领导者应该依据具体情况，用不同的方式对待不同成熟度的员工。这种领导行为反映了领导者和员工之间不同的沟通方式。也就是说，任务行为可以被视作从领导者到员工的单

16 P. Hersey and K. Blanchard, *Management of Organization Behavior: Utilizing Human Resources*, 5th ed. (Upper Saddle River, NJ: Prentice Hall, 1998).

向交流；而关系行为则反映了领导者和员工之间的双向交流。由于这两种行为都有可能表现出高、低两个水平，因而赫塞和布兰佳认为，基于员工的成熟度，应该有四种具体的领导风格（见图 8-3）。

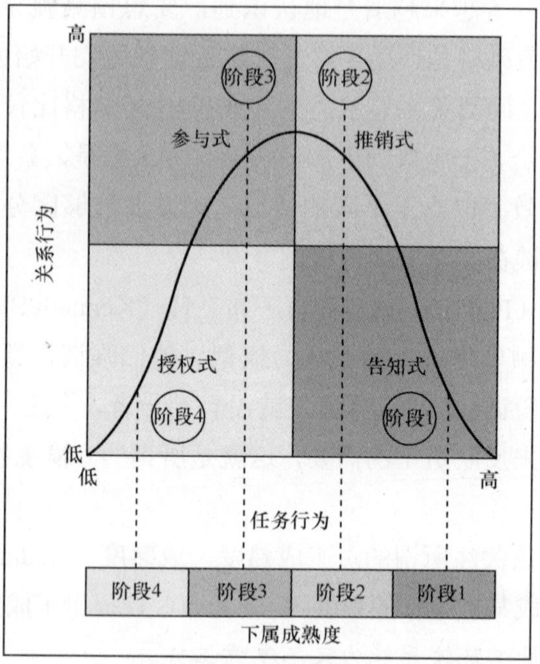

图 8-3 情境领导

告知式领导风格适合阶段 1 的新员工，他们尚不了解工作责任和任务，你与他们之间的交流只能是单向的。你需要告诉他们应该做什么，并给予他们一定的指导。员工不会总停留在阶段 1，如果你给他们足够的指导，他们会逐渐熟悉工作，接着就会进入阶段 2。

推销式领导风格适合阶段 2 的员工。他们已经能投入到工作中，但仍缺乏一些能力，未得到足够的培训。他们会问一些不能完全理解的问题，也可能会质疑为什么你要让他们做某些事情。这时你需要推销自己的想法，让他们接受你的想法，认识到这么做的必要性。在这一阶段，高度的单向交流和双向交流会同时发生。

参与式领导风格适合阶段 3 的员工。这时他们在工作上更熟练，也更了解自己的职责。尽管你仍需关注他们的工作，但不再需要告诉他们该做些什么。你还不太放心让他们独立工作，认为他们仍有提升的空间。处理这种情况的最好方法是支持他们，但不要过于以任务为中心。

授权式领导风格适合已经全面发展的员工。他们得到了你的信任，基本不需要指导就能完成任务（即阶段 4)。你只需给他们安排工作，他们可以自己处理问题。在对工作表现进行评估后，你知道他们能够也愿意工作。你需要在他们面对异常情况的时候为他们提供帮助。

情境领导理论的一个重要方面是员工可能同时处于四个象限中，这时你必须根据每个员工的需求采用不同的领导方式。你的领导风格应该与员工的能力相一致。

8.6　当代领导角色

让我们看看每位高效的主管都必须考虑的问题：如何与员工建立起**信誉**（credibility）和**信任**（trust）？如何成为一位授权型主管？

信誉和信任真的重要吗

信誉的核心因素就是诚实。研究表明，诚实一直被看作优秀领导者的首要特性。“诚实对于领导力来说极为重要。如果员工愿意跟随某人，不管是去战场还是会议室，他们首先希望那个人值得他们信任。”[17] 有信誉的领导者通常工作能力较强且善于鼓舞人心。他们在工作上精明能干，可以和员工有效沟通，传递自信和热情的信息。员工会从主管是否诚实、是否有能力和是否能鼓舞人心等方面来判断管理者的信誉。基本上，有信誉的管理者的下属是其追随者，而不仅仅是服从者，二者之间的关系良好。

信任常与信誉紧密联系，是指员工对领导者的正直、品格和能力的信心。当员工信任主管时，他们容易受到主管行为的影响，因为他们相信自

17 J. M. Kouzes and B. Z. Posner, *Credibility: How Leaders Gain and Lost It, and Why People Demand It* (San Francisco: Jossey-Bass, 1993), 14.

己的权益不会受损。[18]研究表明，信任由五个维度组成：[19]

1. 正直：诚实和坦率。
2. 能力：技术和人际关系方面的知识与技能。
3. 一致：可靠性、可预测性和对局面的良好判断。
4. 忠诚：愿意在身体和情感方面保护他人。
5. 开放：愿意自由地分享想法和信息。

其中，正直是评估一个人可信度的最重要维度。[20]此外，正直与能力都是成功的领导者所拥有的特质。

为什么信誉和信任如此重要

研究发现，诚实是优秀主管最明显的品质，这就说明了信誉和信任对领导效率的重要性。[21]这可能一直都是正确的。然而，近来工作场所出现一些变化，重新激起了学者研究主管建立信任关系的兴趣。

向员工授权并组建自我管理的工作团队是大势所趋，这逐渐取代了过去用来监督员工的控制机制。员工可以自由地安排自己的工作、评估自己的业绩，有时甚至可以为自己的团队招聘员工。因而，信任变得越来越重要。员工必须相信主管会公平地对待他们，同时，主管也要相信员工能自觉完成工作。

主管必须加强对那些并不直接听命于他的人的领导，如项目组成员、供应商的员工、客户、公司合股后其他组织派来的代表等。在这种情况下，管理者不能靠职权来对他们发号施令，因为许多关系都是动态变化的，只有快速建立起信任，才能成功处理这些关系。

---

18 J. D. Lewis and A. Weigert , "Trust as a Social Reality," *Social Forces*, June 1985, 970.

19 P. L. Schindler and C. C. Thomas, "The Structure of Interpersonal Trust in the Workplace," *Psychological Reports*, October 1993, 563-573.

20 H. H. Tan and C. S. F. Tan, "Toward the Differentiation of Trust in Supervisor and Trust in Organization," *Genetic, Social, and General Psychology Monographs* 126, no.2 (May 2000), 241-260.

21 J. M. Kouzes and B. Z. Posner, *Credibility: How Leaders Gain and Lose It, and Why People Demand It* (San Francisco: Jossey-Bass, 1993), 14.

如今，主管如果要实现有效领导，尤其要获得员工的信任。[22]缩编裁员、虚报财务信息、大量招募临时员工等行为都会削弱员工对领导者的信任，也会动摇投资者、供应商和客户的信心。研究发现，只有 39%的美国员工和 51%的加拿大员工信任他们的领导者。[23]今天的主管面临着重建和恢复员工信任的挑战。

如果你偏爱某些员工会怎样

你应该会想到，摧毁员工对你的信任的一个方法就是，他们认为你有特别偏爱的员工。许多主管会偏爱某些员工，也就是说，他们对待员工的方式不一样。你有可能会有一些心腹员工，组成一个“核心团体”。你和这个小团体关系特殊，你信任他们、关注他们并常常给予他们特权，他们也会认为自己有特殊待遇。但你要注意，这样的小团体可能会破坏你的信誉，尤其会破坏核心团体之外的员工对你的信任。

注意不要在你的部门建立这样的小团体。你是人，自然会与一些人走近，对他们敞开心扉，但你需要考虑是否该将这种偏好表现出来。如果对员工的偏爱是建立在非业绩的标准之上，如你们有相似的爱好和性格，那么你的领导力就有可能会降低。然而，如果你偏爱一些业绩较好的员工，那还说得过去。因为在这种情况下，你是在奖励一种希望鼓励和强化的行为。但你这么做的时候仍需小心，要保证绩效考核方法客观透明，否则员工会认为你是武断的、不公正的。

---

22 R. Zemke, “The Confidence Crisis,” *Training* (June, 2004), 22-30; J. A. Byrne, “Restoring Trust in Corporate America,” *Business Week*, June 24, 2002, 30-35; S. Armour, “Employees’ New Motto: Trust No One,” *USA Today*, February 5, 2002, 1B; J. Scott, “Once Bitten, Twice Shy: A World of Eroding Trust,” *New York Times*, April 21, 2002, WK5; J. Brockner, P. A. Siegel, J. P. Daly, T. T. Tyler, and C. Martin, “When Trust Matters: The Moderating Effect of Outcome Favorability,” *Administrative Science Quarterly* 42 (September 1997), 558.

23 “Weathering the Storm: A Study of Employee Attitudes and Opinions,” *WorkUSA 2002 Study*, Watson Wyatt, http://www.watsonwyatt.com/research/printable.asp?id=w-557 (accessed August 1, 2011).

怎样通过授权来实现领导

本书的不同章节多次提到主管应该通过向下属授权来进行领导。成千上万名员工和团队都有权力自己做出重要的、直接影响自己工作的运营决策。不久前我们还认为这些决策是主管的工作，如制定预算、安排工作、控制库存、解决质量问题以及评估自己的业绩等。

为什么越来越多的主管开始授权？主要有两个原因：第一，需要由最熟悉情况的人来快速做出决策，这就需要把决策权授予员工。如果组织要在激烈的全球竞争中取得成功，就必须能够快速决策与实施。第二，缩编裁员和组织重组使许多主管不得不承担更多的控制权。为了应对日益增加的工作量，主管不得不向下属授权，让他们共担权力和责任。这意味着主管要信任员工，为他们提供愿景，解决发展中的障碍，还要鼓励、激励和培训他们。

与之前的情境领导理论相比，这种分享权力的领导理论会显得奇怪吗？我们应该感到奇怪。为什么？因为授权的支持者实际上是用非权变方式实现领导的。也就是说，他们认为授权在任何地方都适用。所以，那种指令式的、任务取向式的和独裁式的领导风格已经过时了。

但是，当代的授权运动忽视了一个问题，即领导权力在多大程度上、在什么样的情况下可以共享。企业规模的缩减（因此需要高水平的员工）、持续的员工培训、持续改进计划的实施、自我管理团队的引进等因素都要求领导者分享权力。但是，这并非适合任何情况。全盘接受授权理论或者其他领导理论都不会完全适用于当前的领导力实践。

为何主管应该让员工投入到工作中

盖洛普咨询公司针对全球职场的一项调查显示，全世界只有13%的员工可以投入到工作中。在所有被调查的国家中，新西兰的员工投入率高达23%；澳大利亚的员工投入率和新西兰相近，高达 24%；而美国的员工投入率高于二者，高达 30%。[24]

---

24 资料来源：R. Reilly, "Five Ways to Improve Employee Engagement Now," *GALLUP Business Journal* (January 07, 2014), http://businessjournal.gallup.com (accessed April 9, 2014); *State of the Global Workplace: Employee Engagement Insights for Business Leaders Worldwide*, 2013, Gallup, Inc., http://www.gallup.com (accessed April 9, 2014).

为什么主管应该让员工投入到工作中？因为投入到工作中的员工对工作充满热情，总会加倍努力，并且保持和组织的联系。他们充满创新精神、干劲十足、雄心勃勃，可以推动组织的发展。相反，那些不能投入到工作中的员工总是“身在曹营心在汉”，他们没有热情、缺乏活力，只是看起来在工作。他们总是表现出自己的不满，不仅影响其他人的工作热情，也是在浪费时间。

有五个策略可以帮助组织提高员工的参与度：①针对组织任一层级的团队来设计相关的、可执行的员工调查，用收集到的数据影响组织绩效指标；②组织应该把创新当作一种绩效期望，鼓励主管及其员工积极创新，不仅能给他们机会做出积极的改变，同时也能发现提高参与度的困难之处；③挑选那些愿意给员工授权、认可员工贡献、在乎员工意见的人当主管；④培训主管，使他们可以积极与员工合作并提出个人参与计划，同时，鼓励主管持续重视员工的参与度；⑤鼓励主管把员工参与度和日常会议、规划会议以及与员工的日常交流结合起来，不断巩固和强化，最终提高员工在工作中的参与度。

主管的工作内容之一就是在组织里积极交流，分享提高员工参与度的最佳实践。让参与度不高的员工积极投身于工作，这才是组织提高员工绩效的最划算的策略。

8.7　当今的领导问题

本章的最后，我们来讨论两个当下关于领导力的问题：事务型领导向变革型领导的转变，以及团队领导力。

什么是事务型领导和变革型领导

区分事务型领导和变革型领导非常重要。[25] 变革型领导通常具有领袖魅力，本节的内容和之前讨论的魅力型领导有些相似之处。

25 B. M. Bass, “From Transactional to Transformational Leadership: Learning to Share the Vision,” *Organizational Dynamics* 18, no. 3 (Winter 1990), 19-31.

大多数领导模型都强调**事务型领导者**（transactional leader）。这类领导者通过澄清工作角色与任务要求，指导并激励下属向着既定目标前进。不过，还有另一种领导者，他们鼓励下属为了组织利益而牺牲自身利益，他们对下属能产生超乎寻常的深远影响。他们就是**变革型领导者**（transformational leaders）。他们关注每一个下属的兴趣所在与发展需要；他们帮助下属用新视角看待老问题，从而改变他们对问题的看法；他们能够激励、调动和鼓舞下属为实现群体目标付出更大的努力。

我们不应把事务型领导与变革型领导作为截然对立的两种类型来看待。变革型领导是事务型领导的进一步发展，与事务型领导相比，它可以激发下属加倍努力，取得良好绩效。此外，变革型领导不仅仅具有领袖魅力，“魅力型领导可能会要求员工接纳他们的世界观，但也仅限于此；而变革型领导会鼓励下属质疑已有的观点，甚至质疑领导者的观点。”[26]

大量证据表明，变革型领导优于事务型领导。总而言之，变革型领导可以降低员工周转率、提高组织生产率并提高员工的满意度。

什么是团队领导力

如今，领导活动越来越多地出现在工作团队中。随着团队成员的增多，团队领导者的作用显得越发重要，他们和传统的一线领导者不同。例如，J. D. 布莱恩特（J. D. Bryant）是德州仪器公司（Texas Instruments）位于达拉斯的工厂的主管，他对此深有感触。[27]前一天他还在高兴地监督 15 名线路装配工，第二天就被告知公司要求采取团队工作方式，他则成为一名“引导者”。“我的理解是，由我教给团队我所知道的一切，然后让他们自己拿主意。”他坦言自己还不太理解这个新角色，“我对于新工作还没有清晰的计划。”在本节中，我们将探讨团队领导者所面临的挑战、所承担的新角色，并提供一些能提高团队领导力的技巧。

---

26 B. J. Avolio and B. M. Bass, “Transformational Leadership: Charisma and Beyond,” working paper, School of Management, State University of New York, Binghamton(1995), 14.

27 S. Caminiti, “What Team Leader Need To Know,” *Fortune*, February 20, 1995, 93-100.

很多领导者还没准备好领导一个团队。正如一位咨询顾问曾指出："即使最有能力的管理者也会在这个转变过程中遇到一些麻烦，因为他们过去那种指挥与控制的管理方法如今都不再适用了，他们的技能和知识都过时了。"他还预测："大约有 15%的管理者可以直接领导团队，还有 15%的管理者不具备团队领导力，因为这与他们的性格相悖（他们无法为了团队的利益而改变自己一贯的领导风格）。大部分人都处于二者中间，虽然他们还不具备团队领导力，但可以通过学习培养这种能力。"[28]

那么，大多数主管面对的挑战就是学习如何成为有效的团队领导者。他们必须学习一些技能，如耐心地分享信息，信任他人，向员工授权，明白什么时候应该干预员工的工作等。有效的团队领导者需要精通平衡之道，知道什么时候让团队独立工作，什么时候参与到团队中去。新上任的团队领导者可能会在团队需要更多自主权时仍试图保持控制，或者在团队需要支持和帮助的时候弃之不顾。[29]

什么是电子化领导

如何领导在组织外工作的员工对于 21 世纪的主管来说是一个不小的挑战。一般来说，领导力被看作身在组织中并且可以面对面沟通的人与人之间的互动。不过，通信技术的进步改变了当今的管理实践，主管通常需要管理分散在全国甚至世界各地的员工。虚拟团队与远程办公的员工由计算机与网络联系在一起，通过邮件传递工作信息。

电子化领导在企业界是一个相对较新的现象，现在关于远程办公的员工的动机理论还很少。但是，领导者应该提高重视，考虑自己在网络互动中的行为。由于网络沟通缺乏非语言行为的支持，互动中极易出现误解。例如，如果不用表情符号加以修饰的话，大写的、言简意赅的消息可能会

28 Caminiti, "What Team Leaders Need to Know," 93-100.

29 W. H. Decker and D. M. Rotondo, "Relationships Among Gender, Types of Humor, and Perceived Leader Effectiveness," *Journal of Managerial Issues* 13, no. 4 (Winter 2001), 450-466; and S. Simsarian, "Leadership and Trust Facilitating Cross-Functional Team Success," *Journal of Management Development* 21, no. 3 (March-Apil 2002), 201-215.

被曲解成攻击性文字。

有效的电子化领导要求主管避免使用容易引起歧义的词汇。电子化领导者必须考虑他们想让读者接收到什么样的信息，必须谨记在距离较远的情况下可能很难建立信任关系。随着主管们日渐发现他们的员工遍布各地，他们的写作能力也成为实现有效领导的必备技巧。[30]

领导是否总有必要

在本章结束之际，我们提出这样一个看法：那种认为不管任何情况员工都需要领导的看法可能并不正确，领导并不总是重要的。大量的研究数据表明，在许多情况下，领导行为是无关紧要的。某些个体的、工作的、组织的变量可以取代领导者，或抵消领导者对员工的影响力。[31]这些情况导致领导行为无法改变员工的工作成果，也就是说，它们否定了领导者的影响。

另一方面，这些情况使得领导者不仅不可能施加影响，而且也没有必要那么做，它们可以代替领导者的影响。例如，一些员工在工作经验、职业培训、专业方向等方面的特点可以代替或抵消领导的效果。他们自身的

30 S. Robbins and T. Judge, *Organizational Behavior*, 13th ed. (Upper Saddle River, NJ: Pearson Prentice Hall, 2009), 431-432.

31 参见 S. Kerr and J. M. Jermier, "Substitutes for Leadership: Their Meaning and Measurement," *Organization Behavior and Human Performance* 22,no.3 (December 1978), 375-403; J. P. Howell and P. W. Dorfman, "Substitutes for Leadership: Test of a Construct," *Academy of Management Journal* 24, no. 4 (December 1981), 714-728; J. P. Howell, P. W. Dorfman, and S. Kerr, "Leadership and Substitutes for Leadership," *Journal of Applied Behavioral Science* 22, no.1 (1986), 29-46; J. P. Howell, D. E. Bowen, P. W. Dorfman, S. kerr, and P. M. Podsakoff, "Substitutes for Leadership: Effective Alternatives to Ineffective Leadership," *Organization Dynamics*, 19, no. 1 (Summer 1990), 21-38; P. M. Podsakoff, S. B. Mackenzie, and W. H. Bommer, "Meta-Analysis of the Relationships between Kerr and Jermier's Substitutes for Leadership and Employee and Attitudes, Role Perceptions, and Performance," *Journal of Applied Psychology* 81(August 1996), 380-399; and J. M. Jermier and S. Kerr, "Substitutes for Leadership: Their Meaning and Measurement — Contextual Recollections and Current Observations," *Leadership Quarterly*, 8, no.2 (1997), 95-101.

工作经验与培训经历可以替代领导者来组织工作、明确任务。那些明确且常规的工作（如流水线作业）或本身就令人满足的工作（如科学家）就不需要太多的领导。如果一些组织的目标明确而正规，规则和程序很严格，团队的凝聚力较强，也可以取代领导者。

领导者并不总是有必要的，管理者对此不必过于担忧，毕竟，态度、性格、能力和群体规范等因素都会影响员工的业绩和满意度。然而，领导力理论的支持者往往过分重视领导的作用，认为只有领导才能解释和预测员工的行为。他们认为员工只有在领导者的指导下才能获得成功，这种想法过于简单了。所以，我们应该认识到，领导力只是组织效率的一个影响因素。在某些情况下，领导力对员工的生产率、出勤率、营业额、公民行为和满意度会有一定的影响；但在某些情况下，它可能并没有什么作用。

第9章 有效沟通

应对管理困境

每个组织、每个部门、每个员工每天都在进行沟通。大部分的沟通与工作有关，但是从下面这个故事中我们可以看到，沟通有时候并不一定会带来正面的影响。

近期的一项员工调查表明，60%的调查对象认为流言蜚语是他们在工作中最不能忍受的事情，大部分流言都和公司或者同事的私人生活有关。你在工作中多久会传播或者被传播一次流言？也许你会觉得这些办公室流言无伤大雅，但它们有时会导致一些严重的后果。首先，散布谣言会挫伤员工的士气，增加他们的焦虑情绪；其次，散布谣言会降低员工的工作效率，影响他们的业绩。谣言甚至会导致一些你根本意想不到的结果，比如会让你丢掉工作。正如新罕布什尔州胡克西特镇的四位前公务员的例子，他们就因为散布有关领导者的流言而被当地议会解雇了。*

这几个员工已经工作数年，他们诬蔑镇行政长官与其女下属有染，其

* J. McGregor, "Mining the Office Chatter," *Business Week*, May 19, 2008, 54; E. Zimmerman, "Gossip Is Information by Another Name," *New York Times Online*, February 3, 2008; A. Fisher, "Harmless Office Chitchat or Poisonous Gossip?" CNNMoney.com, November 12, 2007; S. Armour, "Did You Hear the Story About Office Gossip?" *USA Today*, September 10, 2007, 1B+; "Women Lose Jobs over Office Scuttlebutt," *AARP Bulletin*, July-August 2007, 11; G. Cuyler, "Hooksett 4 to Seek Judge's Aid in Getting Jobs Back," *New Hampshire Union Leader*, June 25, 2007; and P. B. Erickson, "Drawing the Line Between Gossip, Watercooler Chat," NewsOK.com, June 15, 2007.

中一人使用了诽谤性的字眼。这位女下属工作经验不多且资历较浅，但其职位特殊，薪酬比其中两人高，这使四人心生怨恨。

尽管四人对此提出上诉，但胡克西特镇议会依然坚持这一决定，还发布声明："这些员工的话不代表小镇的立场。他们的流言蜚语和恶意诽谤对工作环境造成了恶劣的影响，引发了其他员工的强烈不满。"尽管之后国家媒体对此事件进行报道，而且当地 419 名居民联名写请愿书希望恢复他们的职位，但议会依然不为所动。四人的辩护律师认为他的委托人是在"合法地质疑上司的行为，质疑那位女员工是否受到了特殊待遇。他们的行为甚至不能称作流言，只能说是无心的闲谈，不带有什么深刻的分析，也没有任何恶意"。

尽管这四个员工加起来为小镇服务了近 50 年，公众对他们的评价也都很正面，但议会仍然认为他们的行为"与职位不符"，是"不诚实的"。市议会总共花费 330 000 美元，和这四个员工达成了接受解雇的庭外和解协议。根据该协议，其中两个员工终身不得再申请议会的任何工作。

对此你有什么看法？说闲话是人际沟通的一种方式，但是它会扭曲事实，引发道德问题，主管应该对此加以管理。你认为员工在公司公开讨论八卦消息合适吗？你同意镇议会的做法吗？如果上述例子中的四个员工将此八卦事件与领导层进行了沟通，那结果会不会有所不同？能否不将此类事件看作恶意中伤，而是在关心可能存在的性骚扰问题？你对控制办公室流言问题有什么好的解决办法吗？

下面是在亚利桑那州凤凰城万豪酒店（Marriott Hotel）的一个 8 小时工作日中发生的几个场景。

场景一：宴会销售总监罗尼 · 巴恩斯正在检查上一季度的销售报告，准备逐一点评三个员工的业绩。罗尼最担心帕蒂 · 威廉姆斯的业绩，于是把她叫到办公室。"帕蒂，我刚才看了你上季度的销售数据，我们之前设置的目标是上季度要订出六个大型会议（1 000 个或 1 000 个以上的房间），但数据显示你只完成了四个，这是怎么回事？""我不觉得这有什么问题，"帕蒂回应道，"六个会议是我们的目标，是我们试图努力达到的，但是我不认为这是一个非做到不可的硬性指标。"帕蒂明显很沮丧，罗尼在努力控制她的挫败感。“帕蒂，没错，六个会议是我们的目标，但它并不是什么天文数字，这是我们期望你能达到的最低预订量。你的责任就是要完成大型会议的预订量，罗宾和卡洛斯则要负责完成小型会议的预订量。你知道我们主要是靠大型会议来提升入住率的。我已经告诉莉兹（酒店的总经理，罗尼的直接上司）我们在第二季度至少会完成六个大型会议的预订量，现在我不得不去跟她解释为什么我们没做到！”

场景二：几个月前，酒店人力资源经理向所有经理和主管发出了一个关于酒店“无薪假期”政策的备忘录。该经理刚刚收到了一封来自餐饮部采购员的投诉信，该员工抱怨说，由于他的母亲过世了，他要请两周无薪事假来处理私人和财务方面的事务，但是他的要求被主管拒绝了。该员工认为自己的要求是合理的，应该被批准。然而，备忘录中明确规定了如果员工有亲人去世，对三周之内的事假都应该给予批准。于是，人力资源部经理打电话给餐饮部主管调查这一投诉，得到的回复是：“我根本不知道无薪假期的政策发生了变化。”

场景三：下面是一段发生在两个酒店服务员之间的谈话。“你听说了吗？总经理的女儿马上要和一个来自新泽西州的男孩结婚了。他曾经因为在做特许经营（franchise）时犯法，坐了五年的牢呢，听说涉及数百万美元资金！”“你不是开玩笑吧？”另一人回应道。“我才没有开玩笑呢！我今天早上从维修部的拉里那边听来的。你能想象总经理一家是什么感受吗？”

这个传闻虽然有一点事实基础，但和真实情况相距甚远。事实是这样的：上周，总经理宣布他的女儿和纽约喷气机橄榄球队（New York Jets）的一名球员订婚了，他是一位具有“特权球员”（franchise player）身份的进攻内锋，刚刚签订了一份高达数百万美元的五年合约。

这三个场景反映出沟通的三个问题：第一，不同的人对信息有不同的理解。在场景一中，对罗尼·巴恩斯来说，目标意味着要达到的最低水平；而对帕蒂·威廉姆斯来说，则意味着需要努力达成的最大任务。第二，很难保证一个信息被发出后会按照自己的预期被人接收或理解；第三，信息在人们传递的过程中经常会被扭曲。场景三中的婚姻谣言就说明了信息中的“事实”部分在被传递的过程中会失去其准确性。

这些例子也反映出主管可能会面对的沟通问题。主管再怎么重视有效沟通都不为过，因为他们所做的每一件事情都涉及沟通。有信息才能做决策，而收集信息的过程则需要沟通；制定好决策后也需要沟通，否则没人会知道这个决策。如果没有沟通，再好的想法、再好的创意、再好的计划也无法实现。主管需要和员工、同事、直属经理、其他部门的同事、客户等其他人一起工作，才能完成部门的目标。与不同的人互动都需要某种形式的沟通。因此，成功的主管需要具备有效沟通的技能。虽然有了沟通技能也未必可以成为成功的主管，但是无效的沟通的确会给主管带来一系列的问题。

9.1 什么是沟通

沟通（communication）涉及意义的传递。如果没有信息或想法，就没有沟通。然而，成功的沟通不仅要传达意义，还要保证意义被人理解。比如，用外语写成的备忘录只有经过翻译才能称为沟通。因此，沟通是指意义的传递和理解。

良好的沟通经常被沟通者错误地定义为“双方达成一致”而不是“充分地理解”。如果有人不同意我们的意见，许多人会认为他们只是不能完全理解我们的观点。换句话说，我们中的许多人把良好的沟通定义为让其他人接受我们的观点。但是，即便一个人非常理解你的意思，也不见得会同意你的观点。事实上，主管往往把两个员工之间的长期冲突归因于缺乏沟通，但如果进一步观察，会发现双方已经进行过足够有效的沟通了，每个人都能充分理解对方的观点，问题在于有人把有效沟通等同于达成一致。

9.2 沟通过程

沟通可以被看作一个过程或流程，当这个过程中出现偏差或障碍时，就会产生沟通问题。沟通都有其目的，以信息的形式被传递。信息则在信息源（发送者）和接收者之间进行传递。这些信息经过编码（被转换成符号形式），通过某种媒介（渠道）传达给接收者，然后由接收者转译（解码），其结果就是意义从一个人传达到另一个人。[1]

图 9-1 描述了沟通的过程。这个模型由七部分组成：①发送者；②编码；③信息；④渠道；⑤解码；⑥接收者；⑦反馈。

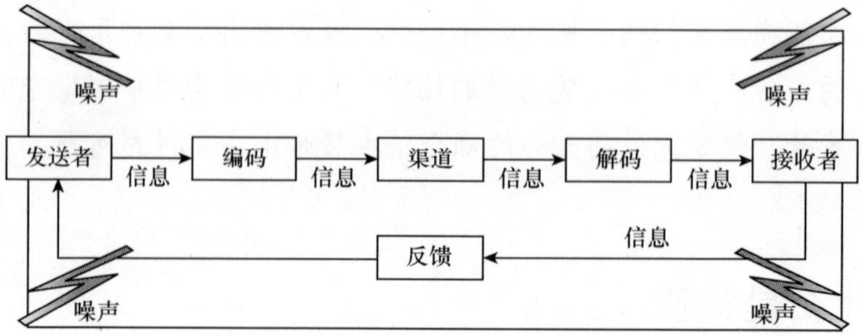

图 9-1　沟通过程

首先，信息发送者把想法进行**编码**（encoding），生成信息。被编码的信息受到三个因素的影响：技能、知识和社会文化体系。

沟通有赖于我们的写作技能。如果作家不具备必要的写作能力，信息就不能以他们想要的形式传递给读者。除了写作能力以外，沟通技能还包括听、说、读以及推理技能。沟通还会受到我们对某一主题的知识的限制，因为我们无法沟通不知道的事情。就算我们的知识广博，信息的接收者也未必能够理解。信息发送者对沟通主题的知识量会影响他们试图传达的信息。最后，我们在社会文化体系中的地位也会影响我们的行为。信仰和价值观、文化的各个方面都会影响信息的发送者。

信息（message）是发送者编码后的实际产物。“当我们说话的时候，言语就是信息；当我们写字的时候，文字就是信息；当我们绘画的时候，图画就是信息；当我们做手势的时候，胳膊的动作和脸上的表情就是信息。”[2] 信息受到很多因素的影响，如传递信息所使用的代码或符号、信息本身的内容以及我们对代码和内容的选择。

1 D. K. Berlo, *The Process of Communication* (New York: Holt, Rinehart & Winston, 1960), 30-32.
2 Berlo, *Process of Communication*, 30-32.

渠道（channel）是指传递信息的媒介。渠道由发送者选择，他必须区分正式渠道和非正式渠道。正式渠道是由组织建立的，用来传递与工作相关的组织成员的活动信息，它们通常通过组织内部的正式网络渠道传递；而个人或社交信息则通过组织内的非正式渠道传递。

接收者是信息传递的对象。他们必须把信息符号转化为可以理解的形式，这就是对信息进行**解码**（decoding）。就像编码者受到自身技能、态度、知识和社会文化体系的限制一样，接收者也同样受到这些因素的影响。信息发送者需要擅长写或说，信息接收者则需要擅长读或听，且双方都必须具有推理能力。知识、态度以及文化背景等不仅会影响人发送信息的能力，也同样影响人接收信息的能力。

沟通过程的最后一个环节就是**反馈回路**（feedback loop）。反馈是为了检验信息是否按照发送者的本意被成功传达，它决定了信息是否被对方理解。

9.3　沟通方式

主管主要有两种沟通方式：一种方式是**正式沟通**（formal communication）。这种沟通强调与工作相关的事务，通常沿着企业中的权力链传递。主管发出指示、给部门团队提出建议、接受员工的建议、与其他主管互动或回应上司的要求，都属于正式的沟通。主管主要通过谈话、书面文件、电子媒介和非语言行为等来进行正式沟通；另一种方式是**非正式沟通**（informal communication）。这种沟通方式比较灵活，可以越过权限级别，既有助于完成工作，又能满足社交需要。

如何进行口头沟通

口头沟通是主管主要使用的一种沟通方式。比如，单独会见员工，给部门员工做一个演讲，和一群员工召开会议解决问题，或与心存不满的客户通电话等。

口头沟通的优势在于，信息可以通过话语较快地传达，其中的非语言行为也有助于信息的传达。打电话不仅能够传达语言，而且可以传达语气和情绪。面对面谈话时，对方也能看到你的手势和面部表情。如今主管日渐注意到，口头沟通不仅可以快速传递信息，还具有积极的象征价值。语言与备忘录或电子信息不同，它更加私人化，能够传递更多的亲密和关心。因此，即使书面和电子沟通同样有效，一些优秀的主管仍极其重视口头交流。他们的经验表明，口头沟通更有助于与员工建立起信任关系，可以营造一种开放和支持的氛围。

为什么要使用书面沟通

如果你需要传达的信息非常正式、具有长期影响或非常复杂，那就需要使用书面沟通方式。例如，在引入一个新的部门工作流程时，主管就需要通过书面形式传达，因为书面的记录可以供员工们随时参考。员工绩效评估的书面总结有助于减少误解，形成相关的正式记录。对于包含大量数据的部门报告也最好以书面形式沟通，因为其内容太过复杂。

与口头沟通相比，书面沟通可以更好地把信息文档化，但这既有积极的一面也有消极的一面。从积极的方面来说，书面文件可以记录决策或行为，方便查找问题，也有助于接收者更清楚地理解信息；而从消极的方面来说，过度依赖书面沟通会导致风险规避、决策瘫痪，还会使工作环境高度政治化，在更极端的情况下，完成工作成了单纯的文书工作——员工只需要撰写一份滴水不漏的文件，保证自己不对任何有问题的决策承担责任即可。

电子沟通是否更加有效

计算机、微芯片和数字化极大地丰富了主管的沟通方式。今天，你可以选择许多复杂的电子媒介来进行沟通。[3] 这些媒介包括电子邮件、文字短信、语音邮件、电子传呼、移动电话、视频会议、互联网和局域网以及其他网络沟通方式。不管选择什么电子媒介，都要求员工在电子邮件或其他

3 "Technology Can Enhance Employee Communications, Help Attract and Retain Workers," *Employee Benefit Plan Review*, June 2000, 24-28.

电子文件中使用适当的商务语言，减少责任风险，提高组织电子沟通的整体有效性。另外，确保电子沟通中千万不要全部使用大写字母！

主管越来越多地使用这些便利的技术。电子邮件和语音邮件使得人们能够 24 小时随时传递信息，电子邮件里那些比较重要和复杂的信息可以通过打印来保存。手机极大地改变了电话这种沟通设备的作用。过去，一个地方有一个电话号码，而现在一个人有一个电话号码。你可以和员工、其他主管以及组织中的重要人物保持联系，不管他们人在何处。通过网络，主管可以监督那些远程工作的员工，参加电子会议，还可以与供应商或客户在外网或内网中沟通。

即时通信与短信会带来什么问题

即时通信技术最初只用于一对一的私人聊天，而现在它已经被普及到工作场所。除了电话和邮件，许多员工都选择了这种基于文本的即时通信（IM）。即时通信本质上是文本形式的“手机”，它速度快、效率高，通常被用作邮件沟通出问题时的沟通方式。

那么，你对网络语言了解多少？[4] 如果你收到内容为“GFTD”（gone for the day，即“夹着包下班”）的短信或邮件，你能理解它的意思吗？还有“NSFW”、“FYEO”（for your eyes only，即“只给你看”）、“BTW”（by the way，即“顺带一提”）或者“BIL”（boss is listening，即“老板听着呢”）。假设一个员工在工作时收到朋友的邮件，附件是一个标题为“怪怪家庭照”的幻灯片。她点进去后，确实看到了一些十分“奇怪”的照片。退出来后，她注意到邮件底部有个“NSFW”的缩写。她在 netlingo.com 查询，并在 internetslang.com 网站（这两个都是翻译网络用语和缩写词汇的网站）确认了这个缩写的含义。这时她才明白自己本该多加小心的，因为“NSFW”这个缩写的意思是“not safe for work”，即不宜上班时间浏览。

4 S. Raposo, “Quick! Tell Us What KUTGW Means,” *Wall Street Journal*, August 5, 2009, D1+; and C. Tuna, “Corporate Blogs and Tweets Must Keep SEC in Mind,” *Wall Street Journal*, April 27, 2009, B4.

随着这类缩写越来越多地出现在邮件、短信与推特里，人们需要理解它们的含义。在许多工作场所，理解网络语言成为一种必要的技能。员工越来越多地使用推特、Facebook 等社交网站以及短信，与同事或客户保持联系，而这些沟通方式通常有字数限制，所以经常需要缩写文本。但是，不了解或者误解网络缩写会带来一些出人意料的后果、不恰当的反应甚至是误解，正如上述“NSFW”的例子一样。

使用即时通信有益于团队工作或项目，因为它可以加强成员之间的协作。但是，我们需要认识到，它虽然能节省时间和成本，但也存在许多风险和弊端。下面是使用即时通信时要注意的“五要”和“五不要”。[5]

1．要建立使用者规范，为员工、客户和商业伙伴制定一个使用即时通信的通用准则。

2．不要用它来交流机密或是敏感信息，只用它讨论项目进展、会议时间或汇报个人行踪。

3．要妥善管理通讯录，把工作联系人和家人以及朋友分开，避免和员工、客户或商业伙伴聊天时出现社交闲聊。

4．工作时不要过多地用它处理个人事务，把私人聊天安排在休息或者午饭时间，除非有潜在客户或可以给公司带来收益。

5．要知道即时信息会被保存下来，聊天记录并不总会被及时清除。参与聊天的其他人可能会把聊天记录复制粘贴到记事本和 Word 文档里。一些即时通信软件还允许用户保存所有消息。和写邮件一样，你要注意自己的措辞。

6．不要发表一些有可能伤害个人或公司诚信或信誉的言论，损害公司利益和他人名誉。再次强调，要注意你的措辞。

7．要当心病毒和其他安全隐患。由于大多数即时通信服务都支持文件传输，你需要了解公司的防火墙，再决定是否要通过即时通信服务传

5 M. Enbysk, “10 Tips for Using Instant Messaging for Business,” 2011, Microsoft Corporation, Microsoft Business, http://www.microsoft.com/business/en-us/resources/ArticleReader/website/default.aspx?Print=1&Articleld=tipsforusing instantmessagingforbusiness&fbid=W5j9HZ3WINn (accessed May 24, 2011).

输文件。

8．不要提及个人信息，因为聊天内容会上传到网络服务器，即时通信服务商或黑客可能会看到。只用加密邮件发送重要信息。

9．减少询问，措辞要简单易懂，避免啰唆，直入主题，知道何时该结束谈话。

10．不要使用会误导他人的用户名或者状态；及时更新状态，这样别人才知道使用者何时有空回复消息。

非语言行为如何影响沟通

一些最有意义的沟通并不是通过讲话、书写或网络来传递的，而是通过**非语言沟通**（nonverbal communication）。大声鸣笛或十字路口的红灯都是在通过非语言的方式来传达信息。当你在为员工进行培训时，如果他们目光呆滞、昏昏欲睡，那么不用问就知道他们感觉十分乏味。同样，通常你也可以通过上司的肢体语言和语音语调来判断他是生气、愉快、焦虑还是在走神。

肢体语言（body language）是指手势、面部表情以及其他肢体动作。例如，面带微笑、眯起眼睛、牙关紧闭或者满脸通红，都能反映出不同的情绪。手部动作、面部表情及其他姿态可以表达诸如攻击、恐惧、害羞、高傲、愉快和愤怒等情绪。[6]

语调（verbal intonation）是指人们对词汇和短语的强调。比如，一个主管问他的同事一个问题，该同事回答："你这话是什么意思？"如果同事的语调不同，主管的反应也会不同。轻柔、平稳的语调和厉声、有强调的语调所表达的意思完全不同。大多数人会认为第一种语调表明说话人真心想要澄清问题，而第二种语调则表明这个人带有攻击性和戒备心。

任何口头沟通都包含非语言信息，这一点应该引起重视。为什么？因为非语言部分有时能传递最重要的信息。我们都知道，动物对人反应取决于我们说话的方式而非内容，显然，人在这方面也差不多。

---

6 M. Fulfer, "Nonverbal Communication: How to Read What's Plain as the Nose…Or Eyelid…Or Chin… On Their Faces," *Journal of Occupational Excellence* 20, no. 2 (Spring 2001), 19-38.

什么是小道消息

小道消息（grapevine）几乎在所有的组织中都很活跃。研究发现，小道消息是大多数员工最早听说组织领导者实施的重要变革的方式，领先于所有其他正式消息来源。

小道消息是否准确？有时候是准确的，但除了准确性问题之外，我们很有必要考虑一下小道消息都会在什么样的条件下传播。通常谣言无外乎有四个目的：形成和减少焦虑；试图理解有限或片面的信息；作为组织团队成员或与外人联合的一种手段；表明信息发送者的身份（“我是局内人而你不是”）或者权力（“我有权力让你成为局内人”）。研究发现，谣言产生于和自己息息相关的情况，局势不清的情况，或会引发焦虑的情况。工作中常常会出现这三种情况，这就是谣言在组织中非常活跃的原因。大型组织通常注重保密性且竞争激烈，如新老板任命、办公室迁移、重新分配工作以及裁员等，都会引发以上三种情况，从而产生小道消息。谣言会持续传播，直到大家制造不确定性的欲望得到满足，或直到焦虑的情绪得到缓解。

我们可以从以上分析中得到什么结论呢？小道消息是任何团体或组织的沟通系统的重要组成部分，而且它永远不会被根除，主管应该化弊为利。由于只有小部分员工会向一个以上的人传递信息，据此你可以分析小道消息并且预测它的传播。特定信息的传播方式是可以预测的。你甚至可以考虑使用非正式的小道消息向特定的人传播信息——只需向热衷传播小道消息的几个关键人员透露即可。

小道消息也有其价值，它能够反映出那些员工关心的、会引发他们焦虑的问题。它既是一个过滤机制，又是一个反馈机制，能筛选出员工认为与他们相关的问题，和他们想传达给组织“掌控者”的信息。比如，小道消息盛传组织将大规模裁员，你知道这完全是谣言，但这个谣言依然是有意义的，它至少反映了员工的害怕和担忧。因此，小道消息不应被忽视。

如今电子沟通影响着一切，小道消息也不例外。企业博客正在重塑小道消息。博客对内可以向员工传递信息，对外可以助力营销和公共关系，已经成了达成企业目标的一种手段。博客按时间倒序方式排列信息，允许参与者提出疑问、发表评论，以逻辑演进的方式从多方获取意见，就像在办公室饮水机旁的闲聊。由于博客对大众开放，许多组织建立了一套适用于各种情况的道德规则。企业内部博客则允许不同地点、不同时区的员工参与有关员工与管理的讨论。就这样，博客变成了电子“小道消息”平台！[7]

9.4 影响有效沟通的障碍

如前所述，成功的沟通是指发送者向接收者传递想法或主意，且接收者能够按照发送者的预期去理解信息。但是，由于歪曲信息和其他障碍，这个目标很难实现。我们将在这一部分介绍一些阻碍有效沟通的障碍（见图 9-2）。在下一部分，我们将提出一些建议，帮助主管克服这些障碍。

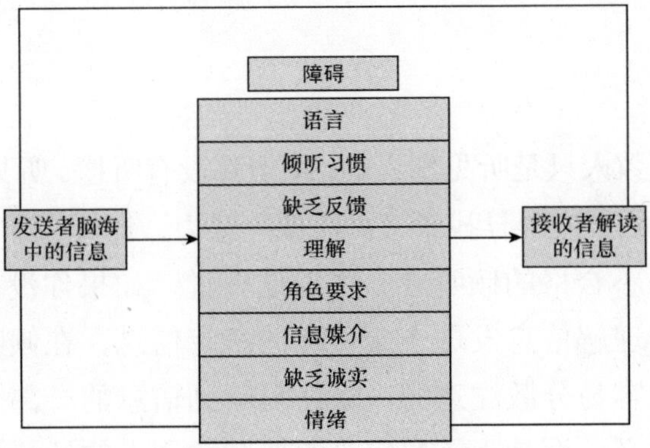

图 9-2 有效沟通的障碍

7 “Corporate Blog,” *Wikipedia*, June 18, 2008, en.wikipedia.org/wiki/Corporate_blog; “Is Blogging Really Good for My Company?Or Just a Buzz Word?”*Intra Focus*, January 18，2007, intrafocus.wordpress.com/2007/01/18/is-blogging-really-good-for-my-company-or-just-a-buzz-word (accessed June 19, 2008); “GM Blogger’s Code of Ethics,” *GM FastLane Blog*, June 18, 2008, fastlane.gmblogs.com/about.html (accessed June 19, 2008); and J. Sessum, “Why CEOs Should Blog,” *Global PR Blog Week* 2.0, September 19，2005, www.globalprblogweek.com/2005/09/19/sessum-why-ceos-should-blog (accessed June 19，2008).

语言如何影响沟通

不同的人对语言有不同的理解。年龄、受教育程度和文化背景是影响语言使用及其含义界定的三个最重要的变量。组织中的员工常常具有不同的文化背景，而且，专业人员之间的水平差异使他们形成了自己的行话和技术语言。大型组织中的员工通常分布各地，不同地区的员工都会使用自己区域特有的术语和词汇。纵向差异也会导致语言问题。例如，不同层级的管理人员对“激励”和“指标”这样的词语有不同的理解。高级经理常常会说需要激励和指标，然而这些词语对主管则意味着操控，会引发他们的不满。

就算我们说同样的语言（如英语），我们对语言的使用也各不相同。通过修饰语言可以最大限度地降低沟通中的困难。问题是你不知道其他员工、同事、上司、客户等和你发生互动的人是如何修饰语言的。信息发送者往往认为他们使用的词组和术语对接收者来说意味着同样的含义，但这种想法通常是错误的，因此也就导致了沟通障碍。

你说了什么

我们绝大多数人只是听见别人的话，但并没有听懂。听见只是收到声波，而听懂是从听到的声波中寻找意义，需要注意力、理解力和记忆力。

许多人都是不合格的倾听者。可以这么说，如果你没有良好的倾听能力，就无法完全理解信息发送者想传递的所有信息。在倾听方面我们有一些共同的缺点：容易分散注意力，最终只听到信息的一部分；倾听不是为了听懂其中的含义，而是为了决定是否要同意别人的话；急于开始考虑如何回应，而不是倾听完整的信息。这些缺点导致了我们接收到的信息和发送者发出的信息有所偏差。

你收到我的信息了吗

有效沟通是指对信息的传递和理解。反馈可以让你知道别人是否已经接收到你的信息并且理解了你的意思。比如，你要求每个员工都上交一份详细的报告，那么你收到的报告就是反馈。同样，当你的老师测验你对课本上的知识是否掌握时，你对课本上知识的理解就是给他的反馈。如果没有反馈，接收者可能无法准确理解甚至会扭曲发送者的意思。

你看到我所看到的了吗

你的态度、兴趣、过去的经历以及预期决定了你组织和解读周围信息的方式。这解释了为什么每个人看待事物的角度都不同（见图9-3）。在沟通过程中，信息接收者基于自己的背景和性格，有选择地去看信息和听信息。他们在解读信息的时候，也会投射自己的兴趣和期望。正是由于沟通双方都带有自己的一套认知偏差，所以他们想要传递的信息经常会被歪曲。

图9-3　你看见了什么——一个老妇人还是年轻的女士？

角色和沟通有什么关系

组织成员扮演着各种各样的**角色**（role），他们根据自己在组织中所处的位置表现出特定的行为方式。主管有自己的角色定位，他们应该忠于并且维护组织和老板；工会领导的角色要求他们忠于工会目标，如提高员工安全保障；市场部的角色要求他们努力提高销量；而信贷部门员工的角色则是尽量减少坏账损失。

组织对不同的成员有不同的角色要求，这会导致沟通障碍。每个角色有自己特定的用语，这导致了理解上的分歧。而且，个人要扮演好自己的角色，通常需要有选择地理解事情。不同角色的人彼此沟通起来会很吃力，因为他们听到的和看到的都与自己的角色要求一致。比如，市场部和信贷部的员工都希望“增加销量”，但前者只想把东西卖出去，并不在乎对象是谁，而后者只想把东西卖给有信誉的人。员工和企业代表有时会沟通困难，因为他们的角色不同，使用的语言不同，利益也不同。很多时候，组织内部沟通不畅仅仅是因为各方扮演的角色不同罢了。

有什么更好的信息媒介吗

面对面沟通比在公司布告栏里张贴传单能传递更多的信息。前者包含更多的信息线索（如语言、姿态、面部表情、手势和语调等），能提供及时的反馈和身临其境的接触，这些都是传单所不具备的。不同的媒介所能传递的**信息量**（richness of information）各不相同。图 9-4 反映了信息丰富性层级，媒介的丰富性越高，所能传递的信息量就越大。如果信息非常模糊或复杂，发送者应该使用信息丰富性较高的媒介。

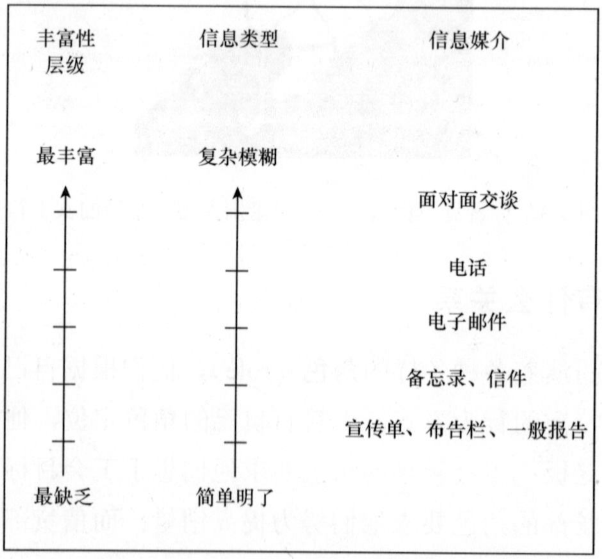

图 9-4　信息丰富性层级

高绩效的管理者往往对媒介较为敏感，他们会针对所传达信息的丰富性选择沟通媒介，以确保信息能够明确送达。通过面对面的会议和走动巡视，主管可以和员工进行丰富的沟通，因为这种沟通方式可以同时提供多种线索，而且能得到员工即时的反馈。面对面会议、视频会议和电话会议都可以让主管尽可能多地、清晰明确地传达信息。

如果你想向员工介绍公司即将引进的一条重要的生产线——这会影响到部门中的每一个人——那么你最好召开一个面对面的部门会议，这比发布备忘录更有效。公告、备忘录、预先录制的语音和电子邮件所能传达的信息有限，比较适合发布一些明确的、常规的信息。比如，你可以通过备忘录或电子邮件告知员工明天的生产计划会有轻微变动。但是，通常组织成员并不总能选择恰当的媒介来传达信息，这就导致了一些沟通问题。[8]

诚实如何影响沟通

许多“失败的沟通”之所以会发生，只是因为人们有意地避免了诚实和坦率。为了不引发冲突或者伤害别人的感情，我们经常传递模糊的信息，说一些别人希望听到的话或者完全不进行沟通。

有些人希望所有人都喜欢自己，所以他们会避免传递一些让别人不高兴的信息，以此避免冲突。结果反而会让关系日趋紧张，进一步阻碍有效的沟通。

人们接收到信息的那一刻的感受会影响他们解读信息方式。即使收到相同的信息，你愤怒或烦恼的时候和情绪平稳的时候，对信息的解读是不一样的。一些极端的情绪，如狂喜或抑郁，很有可能会阻碍有效的沟通。在这种情况下，人们大多容易失去理智和公正，做出情绪化的判断。有些时候，我们还会使用一些令人发怒的字眼，而事后后悔莫及。

如何提高沟通的效果

有些沟通障碍是组织生活的一部分，永远无法根除。比如，认知差异

8 S .Robbins and T. Judge, *Organizational Behavior*, 13th ed. (Upper Saddle River, NJ: Pearson Prentice Hall, 2009), 367-368.

和角色差异都是阻碍沟通的因素，但是纠正它们却并不容易。然而，大多数沟通障碍是可以克服的，下面是一些建议。

三思而后行　在讲话或书写之前先问自己：我想传递什么样的信息？接着问自己：我该如何组织和展现信息，别人才能明白我的意思？许多人写信息的时候都会遵循“三思而后行”这句格言。正式且深思熟虑的书写过程会鼓励人们思考自己想表达什么，以及怎样才是最好的表达方式。写书面材料时打草稿意味着材料将会被编辑和修改，但鲜有人在语言沟通时也如此谨慎。这是错误的。在说话之前一定要确保知道自己想表达什么，然后再以具有逻辑条理的方式表达出来，这样信息接收者才能清楚地理解你的意思。

控制情绪　人当然不可能总是以完全理智的方式进行沟通，但情绪确实会严重地影响甚至扭曲信息的传递效果。如果你对一件事情感到很沮丧，那很可能会误解接收到的信息，进而不能清楚、准确地表达出自己的意思。我们建议你暂时中断进一步沟通，直到恢复平静。

学会倾听　大多数人都不擅长倾听，但这并不意味着我们不能提高倾听能力。有一些具体的行为可以有效提升倾听能力，我们会在下一节“积极倾听”中进一步展开。

根据信息接收者调整语言　在传递信息时，应该选用清楚明白的措辞，以接收者容易理解的方式组织信息。简化你的语言，在传递信息时考虑信息的受众并根据受众的不同调整语言。切记，只有当信息被接收且被理解，才能实现有效沟通。简化与信息受众有关的语言，有助于对方理解。例如，护士长在和医护人员沟通时应该使用清楚、易于理解的术语，但在和患者沟通时则应有意地调整语言。在和专业人士沟通时，专业术语能够帮助理解，但在和不了解它们的人沟通时，术语反而会引起大量的问题。

言行一致　俗话说，事实胜于雄辩。你应该注意自己的行为，确保言行一致，用行动来巩固自己曾说过的话。非语言信息包含着大量线索，主管应该注意自己的非语言行为，用它们来传递希望传递的信息。员工会仿效主管的行为，如果你的话语有行动做支持，那你会赢得信誉和员工的信任；但如果你说一套做一套，员工将不会听你说的而会去模仿你的行为，极端情况下，他们不会再听你说的任何话，因为他们不再相信你的话有可信度。

利用反馈　许多沟通问题都是误解和信息不准确造成的。如果你懂得运用反馈手段，这种情况就可能大大改善。反馈可以是语言的反馈，也可以是非语言的反馈。如果你问别人："你是否明白我说的话？"别人的回应就是一种反馈。但是，反馈不应仅限于"明白"或"不明白"这样的回答。你可以询问与你所传递的信息相关的一系列问题，以检测他人是否按照预期理解了你的话。还有一个更好的办法：你可以让对方用自己的语言来复述你的话。如果该复述达到了你的预期效果，那就说明沟通问题已经得到了改善。

还有一些比提问或复述更微妙的反馈方式。一般性评论可以使你了解接收者对信息的反应。当然，绩效考核、薪水调整以及职业晋升都是反馈的形式。反馈也不一定要以语言的方式传达。例如，销售主管下达了一条员工指令，要求所有的销售人员上交新版月销售报表。如果有些人没有提交报告，那主管无疑就得到了反馈，这个反馈表明他需要进一步阐述该指令。同样，当你给一群人做演讲的时候，他们的眼神以及其他非语言线索会告诉你他们是否明白了你的意思。这或许就是为什么电视节目里的喜剧演员总会在表演时把现场观众的反应录下来。观众是否大笑、是否鼓掌，都可以反映出他们是否理解了演员想要传达的信息。

参加自信训练　许多人都可以做到坚持己见，坦率和诚实对他们来说是很自然的事情；而有的人则过分自信，显得具有侵略性，会伤害他人的感受；还有些人总害怕令他人不满，所以总是在需要坦率和坚定的时候避免沟通，或在沟通中传达含糊不清的信息。参加**自信训练**（assertiveness training）对这样的人会有帮助。高效的主管不需要总是很自信，但应该在需要的时候能够坚持己见。

自信训练旨在帮助人们变得更加开放并更好地表达自己。经过训练的人能够直截了当地面对问题，礼貌而深思熟虑地表达自己的意见。他们通过学习语言和非语言行为可以坦率而清晰地与他人沟通。这些行为训练包括：学习使用直接而明确的语言；使用代词“我”和“我们”（更具有合作精神）；有力、平稳和他人听得清的声音；良好的眼神交流；与所传递的信息一致的面部表情；恰当且严肃的语气；舒适但坚定的姿态等。

帮助移民员工适应当地文化 移民员工有责任学习英语并适应美国工作环境中的文化规范，但这需要一定的时间。如果雇主可以帮助他们适应文化差异，对自己也大有裨益。然而，许多雇主对移民员工都抱着“成败全靠自己”的态度，希望他们自己解决问题。这个方法很多时候并不奏效，不是一个明智的商业决策。如果雇主可以帮助移民员工适应工作环境，员工的生产率会更高，绩效表现会更好，对组织也会更信任、更忠诚，从长远看，还会给组织带来更高的商业收益。人力资源专家对提高和保留移民员工有以下建议：

尽可能多地了解移民员工的文化背景。

了解不同种族——如西班牙人和亚洲人——的种族多样性。

通过了解个体文化，尊重个体差异、个人能力与人格特质。

为新员工提供入职培训，帮助他们了解文化差异、解决语言障碍。

鼓励老员工扮演指导者的角色，帮助新员工适应工作环境，了解组织文化和学习工作语言。

与移民员工一起工作时，最好不要使用晦涩的行话或俚语。

培训移民员工时，确保他们明白你的培训内容以及培训对他们的益处。

永远不要假定英语能力有限的员工能够完全理解你的话，在培训中一定要让他们及时给予反馈。

与移民员工一起工作时要有耐心，在他们不能清楚、充分地表达自己的想法时，耐心可以缓解他们的不适与尴尬。

聘用双语经理和主管来沟通不同的文化，或鼓励现有员工帮助移民员工提高英语水平。

如果有一批移民员工需要学习英语，考虑与语言学校进行合作，为他们提供非母语英语课程（ESL），这有助于创造良好的学习环境，增强员工对组织的信任与忠诚。

关注移民员工的基本生存需要，帮助他们解决交通问题、开立信用证和提交所得税申报表等。

为本地员工提供敏感性训练，使他们意识到文化差异，并对此保持敏感。

适时提拔移民员工，既能给优秀员工更多的机会，又能让其他移民员工知道，只要他们能证明自己的能力，就有机会得到提升。

阅读美国移民局的《管理者手册》（*Handbook for Employers*），了解最新的移民条例，确保员工的移民资料登记表已妥当填写和保管。[9]

9.5　特殊的沟通技能：积极倾听

有效的倾听应该是积极主动的，而不是消极被动的。被动倾听时，你就像是一个录音机，在机械地吸收别人传递的信息。如果说话者传递的信息非常清晰而且表达方式足够有趣，你就可以保持注意力，领会说话者试图传递的大部分信息。但是，**积极倾听**（active listening）要求你"走近"说话者的思路，从他的观点来理解信息。正如你将看到的，积极倾听是一件很难的事情。[10] 你需要集中注意力，并且必须想要完全理解说话者所说的事情。如果学生在整堂课中都积极倾听，那么下课后他会和老师一样疲劳，因为他们积极倾听所投入的精力和老师讲课所投入的精力一样多。

积极倾听有四个要求，你在听的时候需要做到：①集中精力；②同理心；③包容与接纳；④愿意为信息的完整性负责。倾听的过程中有时会走神，所以积极的倾听者应该将注意力集中在说话者所说的事情上，忽略各种可能分散注意力的杂念（如工作的最后期限、金钱和个人问题等）。那么，

9 Charlotte-Mecklenburg Workforce Development Board, "Cultural and Language Barriers in the Workplace," February 2002, http://www.charlotteworks.org/clbpositionpaper.pdf (accessed May 24, 2011).

10 R. B. Cousins, "Active Listening Is More Than Just Hearing," *Supervision* 61, no. 9 (September 2000), 14.

积极的倾听者是如何克服走神的呢？他们会总结与整理听到的信息，会把每个新的信息与具体的情境联系起来。

同理心要求你设身处地地从说话者的角度思考问题。试着理解说话者想要表达的意思，而不是你想要理解的意思。还要注意的是，同理心既要求说话者具备相关知识，也要求倾听者具备一定的灵活性。别急着提出自己的想法，试着将自己融入说话者的世界，从他的视角去看问题、去感受，这样你才能按照说话者的预期更好地理解他所传递的信息。

积极的倾听者具有一定的包容性。他们会客观地倾听，先不对内容进行主观评判。要做到这一点并不容易。我们总是很自然地被说话者谈论的内容分散注意力，尤其是当我们不赞同他的观点时，总会不自觉地在脑海中构思反驳的话。当然，一旦这样做，你将错过其他信息。要做到包容和接纳，其挑战在于在说话者说完之前，只努力理解，而不对内容进行评判。

积极倾听的最后一个要求是愿意为信息的完整性负责。这就要求我们作为积极倾听者，应该尽一切可能去充分、完整地理解说话者想要传递的全部信息。[11]

9.6 反馈技巧的重要性

如果询问一名主管他对自己员工的反馈情况，他可能会觉得自己基本合格。主管通常会把正面反馈快速、热情地传递给员工，而对待负面反馈，即提高性反馈，却以不同的方式来处理。[12]正如大部分人一样，主管特别不喜欢沟通坏消息。他们害怕冒犯员工，引起他们的戒备心。这会导致人们回避、拖延或者扭曲要求改进的反馈。在本节，我们将介绍正面反馈和提

11 参见 K. Fracaro, “Two Ears and One Mouth," *Supervision* (February, 2001), 3-5.

12 参见 K. Leung, S. Su, and M. W. Morris, “When Is Criticism Not Constructive? The Roles of Fairness Perceptions and Dispositional Attributions in Employee Acceptance of Critical Supervisory Feedback,” *Human Relations* 54, no.1 (September 2001), 1155; and C. A. Walker, “Saving Your Rookie Managers from Themselves,” *Harvard Business Review* 80, no.4 (April 2002), 97-103.

高性反馈的重要性，并介绍一些有助于提升反馈有效性的方法。

正面反馈和提高性反馈的区别是什么

我们说过，主管会用不同的方式来传达正面反馈和提高性反馈，接收者也一样。你需要了解这一情况，并相应地调整反馈方式。人们总是更容易、更准确地接受正面反馈。尽管正面反馈很容易被人接受，你也可以预料到人们对提高性反馈的抵触情绪。为什么？符合逻辑的答案可能是：人们都喜欢听好消息，而隔绝坏消息。正面反馈符合大多数人的愿望，并且有助于建立他们对自己的信心。那么，这是否意味着你应该避免做出提高性反馈呢？不！这意味着你需要意识到潜在的抵触，并且学会在最可能被接受的情形下使用提高性反馈。也就是说，在有确切数据、实例等支持的时候，应该使用提高性反馈。

如何做出有效反馈

这里我们提供六项具体的建议(见图9-5)，帮助你更加有效地做出反馈。下面分别讨论每项建议。

1.反馈应具体。
2.反馈应对事不对人。
3.反馈应有目的。
4.反馈应把握时机。
5.确保反馈被理解。
6.有针对性地做出提高性反馈。

图 9-5　有效反馈的建议

反馈应具体　反馈信息应该具体，要避免类似“你的态度不端正”或者“你的表现很出色，令我印象深刻”这样笼统的评价。这些反馈太含糊，尽管它们能提供一定的信息，但并没有告诉接收者应该如何纠正“不端正的态度”，或者他做出了什么“出色的表现”应该日后加以坚持。

反馈应对事不对人　反馈，尤其是提高性反馈，应该使用描述性语言，而不是批评或者评价性语言。不管你有多么生气，反馈的重点都应该放在与工作相关的行为上，不要因为某个不恰当的行为而批评个人。告诉别人他很无能、很懒惰或者类似的评价总是会产生相反的效果，这会引发他们情绪化的反应，而忽略了他们的业绩表现。当你在批评的时候，切记应该批评与工作相关的行为，而不是员工本身。如果你想告诉某人他的行为十分粗鲁并且感觉迟钝（很可能是事实），这很难做到不针对他个人。你最好说一些比较具体的事情，比如，"我在和一位巴西客户打长途电话的时候，你打断了我三次，却只问了一些并不紧急的事情。"

反馈应有目的 不应该一股脑地把反馈"倾泻"给他人。如果你必须做出提高性反馈，一定要确保它和对方的目标有关。先问自己这个反馈对谁有帮助，如果完全是为了你自己——"我一定要把心中的话一吐为快"，那还是保持沉默忍住别说吧。这样的反馈会破坏你的信誉，没有什么意义，还会影响你以后的反馈效果。

反馈应把握时机 员工的行为和主管的反馈之间应该有短暂的间隔，这样的反馈对接收者最有意义。例如，犯了错误的新员工更愿意在犯错之后或者在当天的工作结束之后得到改正的建议，而不是在 6 个月后的业绩评估会议上得到反馈。除非你花时间再现当时的情景来唤醒他的记忆，否则你的反馈很可能没有什么效果。此外，如果你非常关注错误的行为是否得到改正，那么就应该及时做出反馈。推迟反馈时间会降低反馈的有效性，无法使员工按照你的预期及时改变行为。当然，如果你的信息并不充足，或者你心情很糟，仅仅是为了及时反馈而及时反馈的话，往往会导致事与愿违的效果。在这里，"把握时机"意味着"有一定延迟"。

确保反馈被理解 你的反馈是否足够简洁和完整，能保证接收者清楚、完整地理解？再次提醒，成功的沟通不仅强调信息的传递，也要求接收者能理解信息。要想有效地传达反馈，你需要确保接收者理解了你的信息。正如我们之前讨论的倾听技巧，你可以让接收者复述反馈的内容，以检查他是否按照预期理解了你的意思。

有针对性地做出提高性反馈　应该对接收者可以改变的行为做出提高性反馈。如果反馈只是针对一些他无法控制的缺点，那并没有什么意义。例如，批评一位因为忘定闹钟而迟到的员工是合理的，而批评一位因地铁故障而迟到的员工就没有意义了。因为他无法控制这件事，要求他因此改乘不同的交通工具来上班可能也是不切实际的。

此外，如果是针对接收者可以控制的事情做出提高性反馈，你可以具体指出他能做些什么来改善现在的状况，这会使你的批评显得不那么严厉。因为有些员工可能知道问题的存在，但不知道该如何解决。如果你可以给他一些指导，那就是在帮助他解决问题。

第 10 章 发展群体

应对管理困境

60 多年来，日本丰田汽车公司（Toyota Motor Corporation）一直被视为员工协作和团队合作的典范。尽管很多公司都为自己的团队文化感到骄傲，但丰田的团队精神是当之无愧的榜样。

团队精神、信任、持续改进、长远眼光、标准化、创新精神和解决问题等都是丰田的核心价值观。此外，丰田公司还以四个管理原则（即 4P 模型）来指导员工：解决问题（problem solving）、员工和事业伙伴（people and partners）、流程（process）和理念（philosophy）。这些原则背后的理念是："好的思维意味着好的产品。"丰田公司还有一个有趣的细节，它相信效率本身并不能保证成功。员工团队不仅可以提高工作效率，还代表一种从经验中得出的智慧。有些主管可能会问：丰田公司的企业文化是如何反映团队精神的呢？

第一，尽管个人主义是西方文化中一个重要的价值观，但在丰田公司并不受重视。丰田公司更强调员工、流程和产品交织在一起的价值流系统。员工经过培训，要能够解决问题，且有责任不断精简和优化生产系统。

第二，丰田公司在招聘员工的过程中就淘汰了那些不以团队合作为导向的人。求职者不仅要能胜任工作，具备专业技术能力，还要展现出较强的团队合作能力，如信任团队、协同解决问题以及愿意和集体一起取得成果等。

第三，丰田公司围绕团队来组织工作。每个丰田员工都知道这条格言："一人拾柴火不旺，众人拾柴火焰高。"团队合作不仅应用于生产环节，还应用于每个层级和每个职能部门。例如，金融海啸过后，英国丰田公司（丰田和雷克萨斯品牌在英国的销售和营销部门）的员工被召集在一起，要求大家"牺牲个人利益，发扬团队精神，保证集体的就业稳定"。

最后，丰田公司认为员工团队才是组织的权力中心。领导应该服务于团队，而非团队服务于领导。有人曾问美国丰田公司的前任 CEO，他的个人形象是否会出现在广告中。他回答道："不会，我们希望公司的每一位员工都出现在广告中。他们才是功臣，而不是个别人。"

对此你有何看法？以团队为导向的企业文化是否是丰田公司成功的原因？如果没有这样的企业文化，丰田还会取得成功吗？丰田是如何在组织中贯彻团队精神的？在这种团队式的组织中，主管的管理手段会有何不同？你能适应丰田公司这样的工作环境吗？为什么？

资料来源： W. Shul Shim and R. M. Steers, "Symmetric and Asymmetric Leadership Cultures: A Comparative Study of Leadership and Organizational Culture at Hyundai and Toyota," *Journal of World Business*, October 2012, p. 581-591; C. Chynoweth, "Team Toyota," *Business Case*, November 2011, p. 36-39; C. Piper, "Real Labour-Management Teamwork: An Idea Whose Time Is Due," *Ivey Business Journal*, May/June 2009, p. 1+; A. Webb, "The Trials and Tribulations of Teamwork,"*Automotive News*, March 2, 2009, http://www.autonews.com/article/20090302/RETAIL07/303029738/the-trials-and-tribulations-of-teamwork (accessed June 6, 2014); J. K. Liker and M. Hoseus, "Toyota's Powerful HR," *Human Resource Executive*, November 1, 2008, http://www.hreonline.com/HRE/view/story. jhtml?id=142379335 (accessed June 6, 2014); H. Takeuchi, E. Osono, N. Shimizu, "The Contradictions That Drive Toyota's Success," *HarvardBusiness Review*, June 2008, p. 96-104; and J. K. Liker and M. Hoseus, *Toyota Culture: The Heart and Soul of the Toyota Way* (New York: McGraw-Hill, 2008).

10.1　什么是群体

群体（group）是指两个或两个以上相互作用、相互依赖，为了实现特定目标而组合在一起工作的个体。**正式群体**（formal group）是由组织建立的，有着明确的职务分配和具体的工作任务。在正式群体中，个人的行为是由组织目标规定的，并且是指向组织目标的。正式群体包括委员会、小组会议、特别工作组和工作团队等。

正式群体既可以是常设的，也可以是临时的。例如，在纽约的锡达斯-西奈医院（Cedars-Sinai Hospital），所有外科的护士长都会按计划在每周一早上召开会议。另外还有一个由主管和员工组成的委员会，研究持续提高病患服务质量的方法。当他们完成工作、向医院主管提交报告后，这个委员会就随之解散了。

非正式群体（informal group）具有社交性质，是人们在工作环境中为了满足社交需要而自然形成的群体。非正式群体一般是基于友谊和共同的兴趣而组建的，如合伙拼车、兴趣小组、午餐伙伴或者悲伤支持团体等。

正式群体并不等同于团队。许多正式群体仅仅是个人之间零散的联系，不需要大家共同努力去实现集体承诺。也就是说，群体的总绩效仅仅是群体成员个人绩效的总和。

而**团队**（team）的不同之处在于，团队成员都有一个共同的目的，有一套具体的绩效目标，共同为团队的结果担负责任。也就是说，团队的绩效大于其成员绩效的总和。

10.2 为什么要加入群体

人们加入不同群体的理由各不相同。显然，不同的群体可以为其成员提供不同的好处。大部分人加入群体都是出于以下需要：安全感、地位、自尊心、归属感、权力或者有助于自己达成目标（见表 10-1）。

表 10-1 人们加入群体的原因

原因	预期好处
安全感	从人数上获得力量，减轻独自一人的不安感
地位	通过加入特定群体来获取特定的地位
自尊心	加强自我价值感，尤其是高价值群体的会员身份
归属感	通过社会交际满足个人的社会交往需求
权力	通过群体行为获得个人无法取得的东西；保护群体成员的利益免受他人无理要求的损害
达成目标	可以汇集各方的人才、知识或权力来完成特定的任务

通过加入群体，个人可以减轻“独自一人”的不安感。群体可以使个人感觉更强大，减少自我怀疑，并且增强抵抗威胁的能力。加入一个他人认为重要的群体，不仅可以提升其他成员的认同感，向群体外的人展示自己的地位，还能提升成员的自尊心——被一个评价较高的群体接纳是何等光荣。

加入群体可以满足一个人的社会交往需要。对于很多人来说，工作交际是满足他们归属需要的主要方式。工作群体可以极大地满足他们对友谊和社会关系的需求。群体吸引人之处还在于，群体代表着权力。通常个人办不到的事情，群体就有可能完成。这种权力可能会被用来要求别人，也可能只是一种对策。为了保护自己的利益免受主管无理要求的损害，个人需要与他人联合起来。非正式群体可以赋予某些人影响他人的权力，而不提供组织中的正式职位。非正式群体的领导者可以向成员发号施令，要求成员服从，但不需要承担正式的管理职责。对于那些权力欲较强的人来说，群体可以满足他们的需求。最后，人们还可能为了达成目标而加入某个群体。群体可以汇集各方的人才、知识或权力来完成特定的任务。

10.3　了解非正式工作群体

主管必须明白，任何组织内都会自然形成各种非正式工作群体，员工们也会加入不同的非正式群体。你应该对这些非正式群体有所了解，因为它们会塑造员工的行为，还会影响部门的生产率。

要了解非正式工作群体，首先需要探讨三个要素：规范、凝聚力和自发领导者。

何为规范及规范怎样影响工作行为

你是否注意到高尔夫球员在其同伴推杆的时候不会与其交谈，或者员工通常不会公开指责自己的老板？这是因为各行各业都有规范。所有群体都有自己的规范或者被群体成员共同接受的标准。规范规定了许多事情，如产量水平、缺勤率、反应快慢以及工作中允许的社交程度。

尽管每个群体有自己的一套规范，但大部分组织在努力和绩效、着装以及忠诚度等方面都有一些共同的规范。努力和绩效方面的规范是最普遍的。工作群体一般对成员有明确的暗示。比如，应该怎样努力工作，应该达到怎样的产出水平，什么时候要看起来很忙，什么时候可以放松，诸如此类。这些规范会极大地影响员工的表现，甚至只根据员工的工作能力和个人动机来测评的绩效往往是无效的。

有些公司有正式的着装规定，然而就算没有这样的规定，通常也会自然形成工作着装的规范。大学毕业生在面试工作时很快就可以学会这些规范，通常他们都会穿深灰色或蓝色的西装。当然，不同公司的着装规范可能各不相同。

没有主管会喜欢嘲笑公司的员工和积极寻找下家的员工；对公司不满的员工知道要悄悄寻找新工作。这些例子都说明了忠诚这一规范在组织中的普遍性。也正是为了展示忠诚，很多雄心勃勃的晋升候选人愿意下班后将工作带回家继续做，愿意周末加班，或者愿意去自己不喜欢的城市工作。

个人希望被所属的群体接纳，所以他们很容易感到从众压力。所罗门·阿希（Solomon Asch）的经典研究表明，从众压力会影响群体成员的判断力和工作态度。有些群体规范会迫使个人行为和群体行为保持一致。[1]个人希望成为群体的一员，避免看起来与众不同，当他的观点明显与其他群体成员不同时，就会感到巨大的压力，从而迫使自己遵从他人的观点。

有凝聚力的群体更有效率吗

凝聚力（cohesiveness）是指群体成员相互吸引及愿意留在群体中的程度。比如，有些工作群体更有凝聚力，因为成员长时间在一起工作；有些

1 S. E. Asch, "Effects of Group Pressure upon the Modification and Distortion of Judgments," in H. Guetzkow (ed.), *Group, Leadership and Men* (Pittsburgh, PA: Carnegie Press, 1951), p.177-190.

群体的规模虽然较小，但成员之间互动频繁；群体曾经历过外部的威胁或挑战，使成员更团结；或群体曾经取得许多成功。凝聚力与群体的生产效率息息相关，非常重要。

研究表明，群体凝聚力与生产效率的关系取决于群体制定的绩效标准。群体越有凝聚力，成员就越遵从群体目标。如果绩效标准较高（如要求高产出、高质量或与群体外的人合作等），那么凝聚力强的群体比凝聚力弱的群体的生产效率更高；如果群体凝聚力较强，绩效标准却较低，那么群体的生产效率也会较低；如果群体凝聚力不强，绩效标准却较高，那么生产效率会有所提升，但不会超过凝聚力强且绩效标准也高的群体；如果群体的凝聚力和绩效标准都比较低，则其生产效率属中下水平。这些结论如图 10-1 所示。

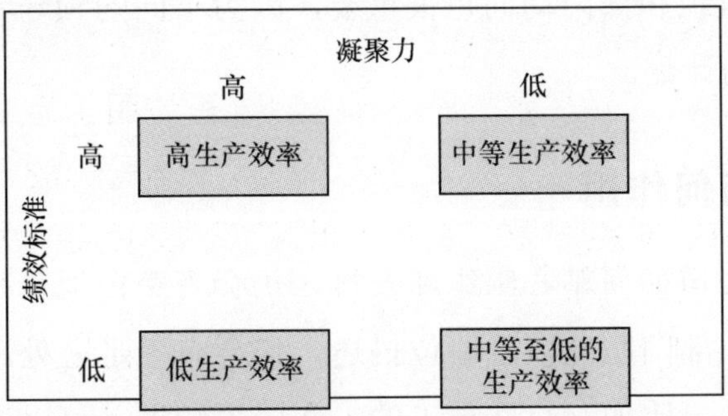

图 10-1　群体凝聚力、绩效标准与生产效率的关系

自发领导者是什么

工作群体中常常会出现领导者，但他们一般都没有正式职权。尽管如此，主管也必须认真对待这些**自发领导者**（emergent leaders）。

自发领导者很受大家喜爱，人们会很自然地被他们吸引，愿意听他们讲话。他们通常是各自群体的发言人，也是非正式沟通链的中心环节。自发领导者总能更早地获知重要信息，再将信息传递给他人。他们在组织中的“触角”很多，而且有能力通过这些“触角”来获取重要的信息，因此会成为非正式领导。

你应该找出工作群体中的自发领导者并与他们建立联系。要知道，他们对群体成员有很大的影响。如果你能尊重他们的领导地位并与他们合作，就能将潜在的敌人变成同盟者。记得使用小道消息来发现那些正式沟通系统无法满足的需求。用这种方法，你可以相当准确地发现有哪些个人和群体的影响力正在增强或减弱。

有领袖魅力的人以及那些具备组织或技术层面重要而稀缺知识的人有可能会成为自发领导者。有自信的人以及能够清晰阐明目标的人总是不乏追随者。如果群体成员认为某些人掌握的知识有助于群体良好运转，这些人也会被拥戴为领导者。

要记住，自发领导者并非一成不变。随着部门和公司内的人事变动，新的自发领导者也会随之出现。保持监控小道消息可以让你对这些变化了如指掌。注意组织和部门动向也很重要，因为不同的领导者会在各自的群体中推行不同的计划。

非正式群体有何作用

不论每个公司如何精心组织和安排，仍会有空白地带；不论如何设计正式沟通路径、部门职能以及职位描述，仍会有不足之处。非正式群体可以填补这些空白。比如，有些员工的工作压力较大，可以通过非正式群体与其他员工互相交流，从而排解压力；有些员工的工作内容差不多，非正式群体可以满足他们对地位、认同和声望的需要。在一些部门或组织单位中，员工之间的正式交流十分有限，那么非正式群体就可以填补这一信息空白。

如何影响非正式群体

非正式群体的某些方面是不受主管控制的，但主管仍然可以采取一些措施来管理这些群体，把它们变成部门和组织的财富。我们来看看其中的一些方法。

群体规范　如果绩效标准较低，阻碍了部门业绩，那么你可以考虑采取一些措施。比如，你可以要求调动一个或多个群体成员，把他们分隔开，以此降低群体的凝聚力，从而减轻低绩效标准对群体的影响。你还可以考虑奖励那些反对不良群体标准的员工，如给他们分配想要的工作任务、带薪休假，或者在那些没达到最低绩效标准的员工面前公开表扬他们。

部门目标　如果主管没能明确部门目标，或者任由员工无视部门目标，那么妨碍部门目标的员工行为就不容易被发现。相反，如果主管反复重申正式的部门目标并明确所提倡的行为，那么与这些目标不符的行为就很容易被发现（而且有不当行为的员工会被劝阻）。

为了解决部门内非正式群体的绩效标准较低的问题，你应该向他们着重强调产品质量、群体合作、顾客满意度、工作安全并且尊重少数员工。这不仅会使部门的正式目标更加明确，也会使员工更加理解部门所重视和希望达成的目标。

10.4　团队的广泛使用

当任务需要多项技能、多方判断和多种经验才能完成时，团队合作是一种比个人工作更加理想的工作方式。正因如此，团队正成为组织工作设计的首选形式。与其他形式的常设群体相比，团队能更好地运用员工才能，更加灵活，可以快速组建、部署、调整和解散，也能更快地响应外界的变化。

团队可以分为三类。有些公司用团队来提供建议。比如，组建一些临时工作小组，针对降低成本、提高质量或者为新工厂选址等问题提出建议。有些公司用团队进行管理。比如，在公司的各个层级设立管理团队，以保证公司的正常运转。然而，通常主管也会参与到组建的团队中来。这样的团队有生产团队、设计团队以及处理行政工作的办公室团队等。

许多组织已经围绕团队对工作流程进行了调整，因为主管们在不断地寻找有效的方法来提高组织绩效。[2]团队的广泛应用可以使组织有可能在不增加投入的情况下提高产出。然而，要知道这里所说的“提高”只是“有可能”会发生，使用工作团队无法保证一定能提高生产率。如果只是把某个“群体”更名为“团队”，那么这个团队的绩效也不会自动提高。[3]

如果公司要以团队为中心重新组织工作，主管必须知道如何有效地协调团队活动。在很多情况下，管理的重点应该是创建自我管理的团队，而这也将重新定义主管的管理角色。

工作团队有哪些类型

在工作团队流行的初期，大部分团队都是**问题解决型团队**（problem-solving teams）。它们来自相同的部门或者相同的职能范围，致力于提升工作效率或者解决特定的问题。团队成员之间就如何改善工作流程和改进工作方法分享自己的想法，提出自己的建议，但几乎没有什么职权去实施这些建议。

为了使员工参与到工作决策和流程中，组织组建了**自我管理工作团队**（self-managed work team）。这是一种没有管理者的正式的员工群体，负责完整的工作流程或者某个领域的工作。这类团队不仅要完成工作，还要自我管理，如计划和安排工作、给团队成员分配任务、集体控制工作进度、制定运行决策和解决问题等。据估计，目前有 30%的美国公司——其中有近50%的大型公司——正在使用这种工作团队。[4]大部分公司都认为这是一种

2 S. Adams and L. Kydoniefs, “Making Teams Work: Bureau of Labor Statistics Leans What Works and What Doesn’t,” *Quality Progress* (January 2000), p. 43-49.

3 T. Capozzoli, “How to Succeed with Self-Directed Work Teams,” *Supervision* (February 2002), p. 25-27.

4 C. Joinson, “Teams at Work,” p. 30; and “Teams,” *Training* (October 1996), p. 69.

十分有效的团队形式。[5]

另一种团队是**跨职能团队**（cross-functional team），由来自不同专业领域的员工组成。很多组织都使用了跨职能团队。比如，世界上最大的钢铁公司安塞乐米塔尔公司（ArcelorMittal）把科学家、工厂经理以及销售人员组织在一起，负责审查和监督产品创新。[6]

虚拟团队（virtual team）运用科技手段把分散在各地的成员联系起来，一起实现共同的目标。虚拟团队的成员通过互联网、视频会议、传真、电子邮件或在线会议网站等工具进行线上协作。[7]其他团队可以做的工作，虚拟团队都可以完成，如分享信息、制定决策和完成任务等。但虚拟团队的成员之间缺乏面对面的交流，因此这类团队通常都是以工作任务为导向的，尤其在成员从未谋面的情况下更是如此。

把群体转变为团队

群体和团队不一定相同。图 10-2 演示了一个工作小组（群体）一步步转变为真正团队的过程。绩效是推动工作小组转变为团队的主要动力。

---

5 J. P. Millikin, P. W. Hom, and C. C. Manz, "Self-Management Competencies in Self-Managing Teams: Their Impact on Multi-Team System Productivity," *Leadership Quarterly*, October 2010, p. 687-702; O. Turel and Y. Zhang, "Does Virtual Team Composition Matter? Trait and Problem-Solving Configuration Effect on Team Performance," *Behavior & Information Technology*, July-August 2010, p. 363-375; J. S. Bunderson and P. Boumgarden, "Structure and Learning in Self-Managed Teams: Why 'Bureaucratic' Teams Can Be Better Learners," *Organization Science*, May-June 2010, p. 609-624; and G. M. Spreitzer, S. G. Cohen, and G. E. Ledford, Jr., "Developing Effective Self-Managing Work Teams in Service Organizations," *Group & Organization Management*, September 1999, p. 340-366.

6 "Meeting the New Steel," *Fortune*, October 1, 2007, p. 68-71.

7 "Virtual Team Collaboration and Innovation in Organizations," *Team Performance Management*, March 2011, p. 109-119; M. Flammia, Y. Cleary, and D. M. Slattery, "Leadership Roles, Socioemotional Strategies, and Technology Use of Irish and US Students in Virtual Teams," *IEEE Transactions on Professional Communication*, June 2010, p. 89-101; P. Evans, "The Wiki Factor," *BizEd*, January-February 2006, p. 28-32; and M. McCafferty, "A Human Inventory," *CFO*, April 2005, p. 83-85.

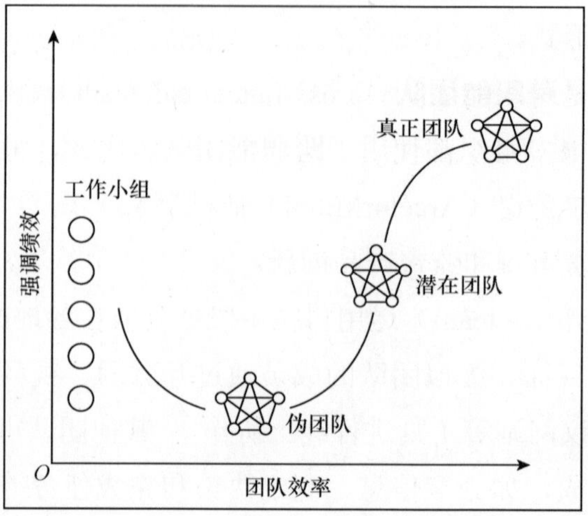

图 10-2　群体和团队的对比

工作小组（working group）是个体成员的集合，他们分享信息和制定决策，在既定的责任范围内互相帮助，以获得更好的表现。其成员不需要也没有机会参与多人协作才能完成的集体工作。因此，工作小组的绩效只是成员个人绩效的总和。

伪团队（pseudo team）是负面综效的产物。由于存在沟通不畅、恶意冲突以及推诿责任等因素，伪团队的整体绩效低于团队成员个人潜在绩效的总和。伪团队并不是真正的团队，因为它不重视集体绩效，成员也没有兴趣设立一个共同的目标。

潜在团队（potential team）的发展方向是正确的，它意识到了应该提高整体绩效并确实在为此努力。但是，其目的和目标尚不够明确，团队内部需要更好的协调，因而潜在团队还未能建立起集体责任感。

成为真正团队（real team）是工作小组的终极目标。真正团队有一整套特征，可以使团队保持较高的绩效。

群体发展的五阶段模型

随着群体逐渐走向成熟，它将经历若干发展阶段。一个广为人知的群体发展阶段模型是由塔克曼（Tuckman）和詹森（Jensen）在 1977 年提出的。

他们认为，群体要经历五个不同的发展阶段，而且必须经历前四个发展阶段才能实现最大的发展。这五个阶段分别是形成期、暴风期、规范期、表现期和解散期。如果主管懂得五阶段发展理论，就可以帮助群体加快脚步，尽快进入表现期。

阶段 1：形成期　在形成期，个体尚不太了解群体的其他成员。为了避免冲突和被其他成员接纳，即使他们独立工作，也会努力表现得最好。在这个阶段，个体具有工作积极性，但是还不清楚或不确定他们的职责。他们会观察其他成员的工作，寻找需要完成的任务，同时也会搜索信息，增进对其他成员和群体的了解。成熟、有经验的成员的行为会成为大家效仿的对象。群体成员会在这个阶段彼此了解，结交朋友。

主管应该在这个阶段给予指导，向成员解释群体目的、目标和外部关系，同时也能了解到个体的工作方式和应对压力的方式。群体成员在了解机遇与挑战、认同组织目标之后，就开始处理工作任务。主管应该与群体成员分享发展信息，但本阶段不会完成太多的任务。

阶段 2：暴风期　在暴风期，主管不仅要指导群体决策，还要确定良好的职业行为。主管必须使整个群体专注于实现目标，防止成员被关系和情绪问题分心。主管要帮助群体成员解决问题，确定如何独立或合作工作，还要了解成员乐于接受的领导模式。在这个阶段，主管应该指导群体成员，使他们了解任务的重要性。

但是，如果群体在暴风期失去控制，结果可能会是毁灭性的，会大大降低成员的积极性。有时候这个阶段会持续很长时间，很难制定决策，只有当问题得到解决，成员才能保持友好的态度。由于群体内部工作、角色和职责等方面尚不明确，成员需要相互妥协才能推动群体发展。这个阶段可能会充满争议，有些不喜欢冲突的成员可能会觉得很痛苦，还有些人很快会失去耐心。一些小规模的对抗会被很快处理或掩盖。有些成员可能会关注细枝末节而逃避真正的问题，有些成员会因为触及真的问题而感到如释重负，还有些成员更愿意留在舒适和安全的第 1 阶段。

在本阶段，要想避免失败，就要包容每个团队成员的差异性。一些成员会试图为自己在群体中争得一席之地，在此过程中，他们会遭遇其他成员不同的想法和观点。这个阶段通常还会形成一些团体和派别，有些成员会挑战领导者的权威，因此也会出现权力斗争。很多群体成员会寻找结构和规则来终止冲突。有时群体冲突看似得到压制，但其实仍潜伏在平静的表象之下。判断群体能否度过这个阶段的一个因素，就是看成员是否足够成熟。不成熟的群体成员可能会用行动去证明自己，并力求说服其他人认同自己的观点。

阶段 3：规范期　当群体成员在工作中论证了各自的观点并学会相互理解之后，就进入了规范期。在这个阶段，成员学会欣赏彼此的技能和经验。他们彼此倾听、彼此欣赏并且彼此支持，准备改变成见。此外，群体的凝聚力增强，效率提升，成员更加团结，各自的角色和责任更加明确，群体的任务和责任范畴也更清晰，成员对此已经达成一致。重大的决策由群体一起制定，但是小的决策可以委托给组内的个人或小团队来制定。

在本阶段，群体变得更加融洽，经常一起参加社交活动。成员会讨论和改进自己的工作流程和工作风格，改变自己的行为和工作习惯，以配合团队合作。成员会在规则、价值观、职业行为、共享方法、办公工具甚至工作禁忌等方面达成一致。随着群体对项目日渐熟悉，成员之间的信任加深，工作积极性也有所提升。

这个阶段，群体成员开始承担决策和其他职业行为的责任，他们会更加尊重领导者。主管的角色更具参与性和辅助性，通常会把决策权授予群体。由于群体成员付出长久的努力才到达这一阶段，他们会抵制内部和外部要求改变的压力，防止群体解体或陷入混乱。然而，如果群体行为过于规范，就会扼杀有益的反对意见，导致群体思维，群体可能会失去创新能力。

阶段 4：表现期　在这一阶段，群体在完成任务的过程中表现出明显的灵活性。群体从战略的角度明确自己目前的任务以及为什么要完成这些任务。因为群体目标一致，有较高的工作积极性，同时具备相关的知识，群体的自主性会大大提升，可以在没有主管指导的情况下完成决策。这时群体会显著地以工作为导向，通过判断领导者认同的标准，努力工作以实现目标，并制定与工作紧密相关的决策。

这一阶段也会出现分歧，但群体会改变工作流程和结构，用积极的方式解决问题。这时群体处于高绩效模式中，作为一个整体运转，可以顺利、高效地完成工作。在这个过程中，群体也应该注意成员关系、工作风格和工作流程等问题。成员对群体抱有高度的认同感、忠诚度和士气，他们相互信任，可以独立工作。在这种舒适的氛围中，群体可以把所有精力都放在工作上。

在这一阶段，群体需要主管来委派任务和项目，但不需要主管来指导或协助。但是，群体可能需要主管来帮他们解决个人发展和人际关系方面的问题。要知道，即使高绩效的群体，为了应对变化的环境，也可能退回之前的阶段。例如，如果新主管试图改变现有的规范和动态，群体可能会退回暴风期。

阶段 5：解散期 这一阶段的目的和前四个阶段不同，更侧重群体成员的感受。这一时期，成员意识到任务已经完成，开始脱离其他成员，准备着手新的工作。主管应该鼓励群体成员为自己的成就感到自豪，为有机会加入这样高效的群体感到自豪。但是，有些成员可能会有失落感，有些可能会很脆弱，对解散后的未知情况感到不安。

五阶段模型假设群体的发展会经历这些阶段，并且在坚持完成目标的过程中变得更高效。然而，群体并不总是能顺利地从一个阶段发展到下一个阶段，它可能同时处于几个阶段，可能倒退，也可能前进，这都是不可预测的。要知道，发展是动态的，不是静态的。尽管阶段性发展看似是线性的，但随着群体成员的变化，群体也可能在不同的阶段之间徘徊。经验丰富的主管总是可以领导群体回到表现期，同时他们也明白，群体可能会在适应某个阶段后拒绝迈入新的阶段。[8]

---

8 S. Robbins and T. Judge, *Organizational Behavior*, 13th ed. (Upper Saddle River, NJ: Pearson Prentice Hall, 2009), 286-287; B. Tuckman, "Developmental Sequences in Small Groups," *Psychological Bulletin* 63, no. 6 (June 1965), 384-399; and B. Tuckman and M. Jensen, "Stages of Small-Group Development Revisited," *Group and Organizational Studies* 2, no. 4 (December 1997), p.419-427.

期限驱动下的专门工作组的发展模式

专门工作组（ad hoc group）面对紧迫的期限，通常会有一个两阶段发展周期。这个周期通常被称为间断平衡模型（punctuated-equilibrium model）。第一个阶段是指工作组的首次会议，决定了工作组的方向。在初始阶段，工作组会创建许多与流程有关的假设和行为规范。即便这些规范可能不是很恰当，也会继续用来指导群体。即使发现新的信息，工作组也会抵制变革，而保持这种状态，直到时限的中间点（对学生群体来说，这可能指一个学期的一半）。

在工作组时限的中点，成员可能会有性格冲突，对工作进程或项目方向不满，一些内部或外部的力量可能会提醒他们需要尽快完成一些工作。这些危机预示着第二阶段的到来。在第二阶段，工作组开始高效运转，这时它们是团队，而非松散的群体。成员会不断努力，在工作组召开的最后一次会议上做最后的冲刺来完成整个任务。

主管需要明白，这一模式仅适用于期限驱动下的专门工作组，他们应该关注初始阶段设立的工作任务和行为基调。由于工作组会在项目的中间阶段出现危机，主管应该尽早计划，监测危机的迹象并做出预案，以顺利度过危机。工作组成员通常会因为进度缓慢而感到失望，因此，主管应该定期向群体成员通报实现目标的进展。[9]

如何组建高效的团队

相关研究表明，高效的团队都由数个拥有互补技能的个体组成，他们有共同的目的、共同的目标和共同的工作方法，可以相互负责。[10]

---

9 Robbins and Judge, *Organizational Behavior*, 287-288; C. Gersick, “Time and Transition in Work Teams: Toward a New Model of Group Development”, *Academy of Management Journal* 31, no. 1 (March 1998), 9-41; and A. Seers and S. Woodruff, “Temporal Pacing in Task Forces: Group Development or Deadline Pressure?” *Journal of Management* 23, no. 2 (March-April 1997), 169-187, findarticles.com/p/articles/mi_m4256/is_n2_v23/ai_19498953 (accessed June 21, 2008).

10 P. Strozniak, “Teams at Work,” *Industry Week*, September 18, 2000, 47-50.

较小的规模　最好的团队往往规模较小。超过 10 人的团队会在工作中遇到很多困难。团队成员越多，越难以在目的、目标、方法和责任等方面达成一致。成员没有投入到工作中，仅仅是在应付差事。因此，要想组建有效的团队，成员不应该超过 10 人。如果自然工作单位较大，而你又想以团队形式工作，那就分为几个次团队。

互补的技能　高效的团队需要配备以下三种类型的成员：第一，拥有专业技术的成员；第二，能够解决问题并做出决策的成员，他们可以发现问题、提出方案、评估方案并做出适当的选择；第三，具备良好人际交往能力（倾听、反馈以及解决冲突等）的成员。缺少这三种类型的成员，团队就不可能取得预期的绩效。但是，如果团队中掌握某种技能的成员过多，而掌握其他技能的成员不足，就会降低团队的绩效。顺便一提，团队并非在一开始就要有这三种类型的员工，可以在发展的过程中慢慢培养。

共同的目的　团队有没有愿景？高效的团队都有一个共同的、有意义的目的，为团队成员指明方向、提供动力和做出承诺，这比任何具体的目标都更宽泛。

成功的团队会花费大量时间与精力来讨论与规划，最终达成集体和个人都满意的目的。这一共同目的一旦被团队接受，就会和船长的作用一样重要——在任何情况下为团队指引方向并提供指导。

明确的目标　成功的团队会把共同的目的转化为具体的、可测的、现实的绩效目标。明确的目标可以促进沟通，使团队持续关注结果。比如，在 24 小时内回复客户的问题，在 6 个月内缩短 30%的生产周期，或者每月保持设备停工率为零。

共同的方法　目标是团队努力的终点。确定并认同共同的工作方法可以确保团队在实现目标的过程中使用统一的方式。

团队成员必须平等地承担工作量，并就个人承担的职责达成一致。另外，团队应该确定工作的进度、需要发展的技能、解决纠纷的方式以及制定和调整决策的方式。塑造共同方法的本质是整合个体的技能，从而进一步提高团队绩效。

共同的责任　高效团队的最后一个特征就是个人以及集体层面的责任

感。成功的团队可以使成员单独或与他人一起对团队的目的、目标和方法承担责任。成员也明白个人应该承担什么责任以及与他人共同承担什么责任。

研究表明，如果团队只注重集体层面的绩效目标，而忽略了个人的贡献和责任，那么团队成员就会处于**社会惰化**（social loafing）的状态。[11] 由于不能界定个人的贡献，成员会慢慢懈怠。他们会成为“搭便车者”，自己不努力，吃集体的“大锅饭”，这会导致团队的整体绩效下滑。因此，衡量团队整体绩效和成员个人绩效同样重要。成功的团队的成员也会对团队的绩效负起责任。

10.5 主管面临的团队挑战

团队工作方式在日本一直很流行。20 世纪 80 年代后期，当美国管理者将团队工作方式引入美国的时候，批评家们预言他们注定会失败。因为日本是一个集体主义社会，而美国文化则以个人主义价值观为基础，美国工人不会将他们对个人责任和认可的需求上升为团队的一部分。尽管这种工作方法在一些组织中遭到了抵制和冷遇，但总体效果依然是鼓舞人心的。组织只有适当运用团队，而且其内部环境要与团队工作相一致，才能产生积极的效果。

组建高效团队会遇到哪些障碍

以下这些障碍会阻碍团队取得较高的绩效：

缺乏明确的方向　如果团队成员不了解团队的目的、目标和工作方式，那么团队的绩效就会很糟糕。如果一个团队没有方向，成员就会无所适从，这会很快削弱团队的工作热情。

内讧　如果团队成员把时间都用在相互争斗、阻碍同事的工作上，那无疑是在浪费精力。高效团队的成员应该相互尊重，愿意包容彼此细微的

11 R. Albanese and D. D. Van Fleet, “Rational Behavior in Groups: The Free Riding Tendency,” *Academy of Management Review* 10, no. 2 (April 1985), 244-255.

差异，以推动团队实现目标。

推卸责任　有些团队成员缺乏对团队的承诺，总是设法让别人承担一些自己的工作。当出现个人或团队失误的时候，他们总会指责同事或管理者。这会导致团队变成伪团队，即只是名义上的团队。即使成员可以独立完成任务，团队的绩效也不理想。

缺乏信任　如果相互信任，团队成员就会相信彼此的诚实、性格和能力；而如果缺乏信任，团队成员就无法相互依靠，他们仅有的信任也会很快消磨殆尽。

缺乏关键技能　如果团队缺乏关键技能而未加以填补，那么团队工作就很难推进。比如，成员之间沟通不畅，无法解决破坏性冲突，无法做出决策或者无法解决技术难题。

缺乏外部支持　团队存在于大的组织中，需要依靠组织给予各种资源，如资金、人员和设备等。如果无法获得这些资源，那么团队的目标就很难实现。比如，如果没有组织的员工选拔程序、正式的规章制度、预算程序和薪酬体系等，团队就会发展不顺，业绩堪忧，很难达成目标。

团队如何克服障碍

主管可以采取一些措施克服上述障碍（见图 10-3），帮助团队发挥出最大潜能。

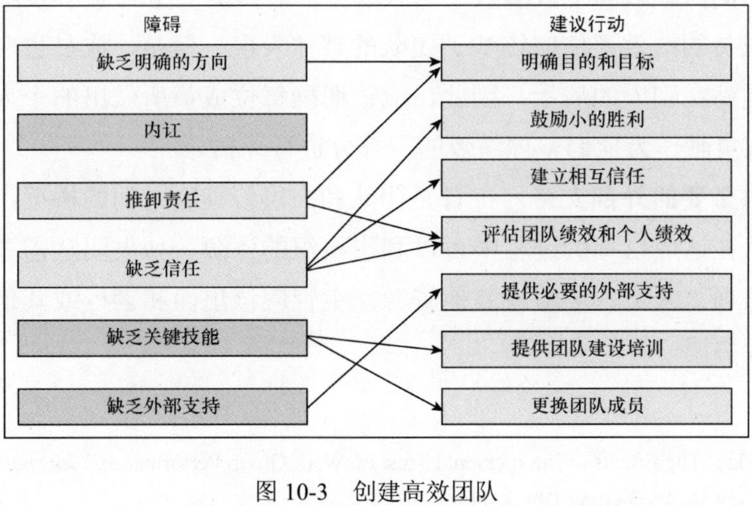

图 10-3　创建高效团队

明确目的和目标　高效团队对其目标有清晰的认识，并且坚信这些目标的重要性。目标可以鼓励成员把个人工作上升到实现团队目标的高度。在高效团队中，成员都对团队目标负责，知道领导者对他们的期望，也知道应该如何合作才能实现这些目标。

鼓励小的胜利　建立真正的团队需要花费很多时间。成员需要学会作为团队的一分子去思考和工作。主管要帮助团队设立可以达成的目标，把大的目标分为更容易实现的小目标。如果实现这些小目标，团队就离成功更近一步。这可以增强团队的凝聚力，提高团队的士气，增强成员的信心。小的成功孕育着大的成功，年轻的团队应该从实现小的目标开始，一步一步达成最终目标。

建立相互信任　信任很脆弱，要花很长时间才能建立，却能够被轻易摧毁。主管可以采取一些措施，创造一种互相信任的环境。[12]

要向团队成员解释高层管理者的决定和政策，并做出正确的反馈，让他们了解组织动态；要营造一种开放的氛围，员工可以自由探讨问题，不用担心被报复；要坦率承认自己的问题和局限性；要给予员工所需要的支持；要尊重并倾听成员的想法；要公正、客观、不偏不倚地对待所有团队成员；行事要有一贯性，避免做出反复无常、不可预测的行为；如有需要，对团队成员进行指导；最后，要做到可靠、诚实和言而有信。

评估团队绩效和个人绩效　团队成员应该和整个团队荣辱与共。因此，对每个成员的绩效评估应该基于团队的整体表现。但是，成员也应该知道不能总是站在别人的肩上。因此，应该明确每位成员所做出的个人贡献，并把个人贡献作为他们整体绩效的一部分进行评估。

提供必要的外部支持　主管是团队和高层管理者之间的桥梁，有责任保证团队在达成目标的过程中可以利用组织的资源。如果团队需要工具、设备、培训、人员、场所或其他资源，主管应该出面和老板或其他重要决策者进行协调。

12 K. T. Dirks, “The Effects of Interpersonal Trust on Work Group Performance,” *Journal of Applied Psychology* 54, no. 3 (June 1999), 445-455.

提供团队建设培训　团队需要培训来构建技能，尤其是问题解决技能、沟通技能、谈判技能、冲突解决技能以及小组发展技能等。如果你不能向团队成员提供这样的技能培训，那么可以寻求组织内专家的帮助，或者花钱请专业机构来进行培训。

更换团队成员　如果团队缺乏活力或陷入内部争斗，那么可以更换一些成员。要考虑什么性格的员工适合团队，以及如何重组才能使团队的技能更加互补。如果团队的问题是缺乏领导者，那么你要利用自己对员工的了解，创建一个极有可能出现领导者的团队。

10.6　当代的团队问题

在结束本章之际，我们还要解决几个与团队管理有关的问题：持续改进计划、多元化、全球团队，以及理解团队何时会失效。

为什么团队是持续改进计划的中心

持续改进的本质是对流程的改进，而员工的参与则是改进流程的关键。换句话说，持续改进计划要求管理者能够激励员工交流想法，并接纳员工的建议。

团队是一个员工可以交流思想并实施改进的自然的载体。例如，世界上最大的化工原料公司巴斯夫公司（BASF）通过一个叫作“一体化”（Verbund）的网络将公司在全球的 385 个工厂和十余万名员工联系在一起。一个项目团队通过 32 次试验，测试了 13 种不同的生产要素。这项工作帮助公司每年节约 70 余万美元的生产成本，还取消了近 100 万美元资本支出。通过应用一体化的概念，巴斯夫公司在全球范围内每年可以节约近 10 亿美元的支出。[13]

13 参见 BASF's website (www.basf.com); and D. Drickhamer, "BASF Breaks Through with Statistics," *Industry Week*, June 2002, 81-82.

员工多元化对团队有何影响

管理团队的多元化是一个平衡的过程。多元化可以给团队带来看问题的新角度，但同时也不利于团队的团结和达成一致意见。尽管很多人对此抱有乐观的态度，认为团队需要多元化，但调查却显示出相反的结果。“近50 年来对团队多元化的研究显示，种族，性别、年龄等表面的、社会范畴的区别对团队绩效有负面的影响。”[14] 还有一些证据显示，多元化的负面影响会随着时间逐渐减少，但没有证据显示多元化的团队最终会取得较高的绩效。

如果让一个多元化的团队来承担解决问题和制定决策等任务，你会在讨论中听到很多不同的观点，这可能会使团队的解决方案更有创意或更独特。由于缺乏共同的看法，多元化的团队通常会花更多的时间来讨论，这有助于排除不理想的备选方案。但是，多元化对决策团队的积极作用会随着时间的推移而减少。渐渐的，成员之间会难以共事和解决问题，但这种困难会随着时间而消失。[15]

研究表明，有凝聚力的团队满意度更高、缺勤率更低、团队内耗也更少。[16]然而，多元化团队的凝聚力可能会更低。因此，多元化可能会有另一

---

14 K. H. T. Yu and D. M. Cable, “Unpacking Cooperation in Diverse Teams,” *Team Performance Management*, March 2011, p. 63-82; A. Nederveen Pieterse, D. van Knippenberg, and W. P. van Ginkel, “Diversity in Goal Orientation, Team Reflexivity, and Team Performance,” *Organizational Behavior and Human Performance*, March 2011, p. 153-164; M. E. Roberge and R. van Dick, “Recognizing the Benefits of Diversity: When and How Does Diversity Increase Group Performance,” *Human Resource Management Review*, December 2010, p. 295-208; and E. Mannix and M. A. Neale, “What Differences Make a Difference: The Promise and Reality of Diverse Teams in Organizations,” *Psychological Science in the Public Interest*, October 2005, p. 31-55.

15 “Diversity Enhances Decision-Making,” *Industry Week*, April 2, 2001, 9.

16 参见 S. G. Barsade, A. J. Ward, J. D. F. Turner, and J. A. Sonnenfeld, “To Your Heart’s Content: A Model of Effective Diversity in Top Management Teams,” *Administrative Science Quarterly* 45 (December 2000), 802.

个消极影响：破坏团队的凝聚力。[17]但是，如果有相应的团队规范做支撑，多元化团队不仅可以增强凝聚力，还可以最大限度地利用异质性。[18]因此，让团队成员接受多元化培训也是很有必要的。

管理全球团队会有何挑战

今天的组织正日渐全球化，任何主管都有可能要管理一个全球团队。所以，主管除了要了解成员的能力、技能、知识和性格，还需要熟悉他们的文化特点，以及清楚地理解自己所管理的成员。[19]管理全球团队可能会碰到一致性、地位、社会惰化、凝聚力、沟通和冲突等问题。

关于一致性的研究表明，阿希的发现有其文化局限性。[20]比如，阿希认为，集体主义文化中的社会规范往往比个人主义文化中的社会规范更具一致性。但是，全球团队中的群体思维问题并不严重，因为成员没有要遵从群体想法、结论和决定的压力。[21]

地位的重要性因文化而异。法国人非常看重地位；在拉丁美洲和亚洲，地位通常是指在家庭中的位置和在组织中的职位；在美国和澳大利亚，人们不会过度炫耀地位，而更注重个人成就。主管必须知道，在和来自不同

17 L. H. Pelled, K. M. Eisenhardt, and K. R. Xin, "Exploring the Black Box: An Analysis of Work Group Diversity, Conflict, and Performance," *Administrative Science Quarterly* 46, no. 2 (March 1999), 128.

18 H. E. Joy, D. Joyendu, and M. Bhadury, "Maximizing Workforce Diversity in Project Teams: A Network Flow Approach ," *Omega* 28, no. 2 (April 2000), 143-155.

19 F. Niederman and F. B. Tan, "Emerging Markets Managing Global IT Teams: Considering Cultural Dynamics," *Communications of the ACM*, April 2011, p. 24-27; R. M. B. Boyle and S. Nicholas, "Cross-Cultural Group Performance," *The Learning Organization*, March 2011, p. 94-101; G. K. Stahl, M. L. Maznevski, A. Voigt, and K. Jonsen, "Unraveling the Effects of Cultural Diversity in Teams: A Meta-Analysis of Research on Multicultural Work Groups," *Journal of International Business Studies* (May 2010), p. 690-709; and M. R. Haas, "The Double-Edged Sword of Autonomy and External Knowledge: Analyzing Team Effectiveness in a Multinational Organization," *Academy of Management Journal* (October 2010), 53:5, p. 989-1008.

20 R. Bond and P. B. Smith, "Culture and Conformity: A Meta-Analysis of Studies Using Asch's [1952, 1956] Line Judgement Task," *Psychological Bulletin*, January 1996, p. 111-137.

21 I. L. Janis, *Groupthink*, 2nd ed. (New York: Houghton Mifflin Company, 1982), p. 175.

文化的人打交道时谁才是真正有地位的人，否则可能会无意中冒犯别人，导致人际沟通不畅。

个人主义文化受个人利益驱动，很容易导致社会惰化；而在集体主义社会中，个人受集体目标驱动，不容易出现惰化问题。和美国员工相比，中国和以色列员工在工作中相对不会懈怠。事实上，他们在集体中比自己单独工作表现得更好。[22]

有凝聚力的群体可能会给主管带来特殊的挑战，因为成员非常团结，步调统一。他们情谊深厚，群体认同感较强。但是，全球团队中很难培养凝聚力，因为成员更容易“不信任彼此、沟通不畅而且压力很大”。[23]

全球团队中经常会出现沟通问题，因为成员可能不熟悉团队的工作语言，导致沟通中信息传达不准确，造成误解和低效率。[24]另一方面，研究还表明，如果沟通中涉及多方面的信息，拥有多元文化背景的全球团队可以更好地利用成员多样化的想法。[25]

最后，处理全球团队中的冲突绝非易事。冲突可能会影响团队使用信息的方式。但是，研究表明，在集体主义文化中，合作的冲突管理方式可以有效解决这个问题。[26]

团队何时会失效

团队工作要比个别作业花费更多的时间和资源。[27]因为团队需要主管去

---

22 参见 P. C. Earley, “Social Loafing and Collectivism: A Comparison of the United States and the People’s Republic of China,” *Administrative Science Quarterly*, December 1989, p. 565-581; and P. C. Earley, “East Meets West Meets Mideast: Further Explorations of Collectivistic and Individualistic Work Groups,” *Academy of Management Journal* (April 1993), p. 319-348.

23 N. J. Adler, *International Dimensions of Organizational Behavior*, 4th ed. (Cincinnati: Southwestern, 2002), p. 142.

24 K. B. Dahlin, L. R. Weingart, and P. J. Hinds, “Team Diversity and Information Use,” *Academy of Management Journal* (December 2005), p. 1107-1123.

25 Adler, *International Dimensions of Organizational Behavior*, p. 142.

26 S. Paul, I. M. Samarah, P. Seetharaman, and P. P. Mykytyn, “An Empirical Investigation of Collaborative Conflict Management Style in Group Support System-Based Global Virtual Teams,” *Journal of Management Information Systems* (Winter 2005), p. 185-222.

27 S. P. Robbins and T. A. Judge, *Organizational Behavior*, 14th ed. (Upper Saddle River, NJ: Pearson Prentice Hall, 2011).

增进沟通、管理冲突和召开会议等，团队工作的回报需要超过投入的成本，但现实并非总是如此。[28] 有些情况下更适合员工单独作业，但主管却引入了团队工作方式。因此，在实施团队作业之前，主管应该仔细评估该项工作是否需要多人努力，或者是否会从集体作业中受益。

以下三个问题可以“测试”一项工作是更适合单独作业还是集体作业。[29] 第一，这项工作是否需要一个以上的员工才能更好地完成？这可以视任务的复杂程度而定，简单的任务可能更适合员工单独完成。第二，与单独作业相比，集体作业是否可以为团队成员创造更多共同的目的或目标？第三，员工是否需要互相依靠才能完成工作？如果任务需要员工互相帮助才能完成，那么就更适合团队作业。

28 C. E. Naquin and R. O. Tynan, “The Team Halo Effect: Why Teams Are Not Blamed for Their Failures,” *Journal of Applied Psychology* (April 2003), p. 332-340.

29 A. B. Drexler and R. Forrester, “Teamwork-Not Necessarily the Answer,” *HR Magazine*, January 1998, p. 55-58. See also R. Saavedra, P. C. Earley, and L. Van Dyne, “Complex Interdependence in Task-Performing Groups,” *Journal of Applied Psychology* (February 1993), p. 61-72; and K. A. Jehn, G. B. Northcraft, and M. A. Neale, “Why Differences Make a Difference: A Field Study of Diversity, Conflict, and Performance in Work Groups,” *Administrative Science Quarterly*, December 1999, p. 741-763.

4

第四部分

激励、领导、沟通及发展

如果有一件事可以让大部分主管达成共识，那就是一成不变的事情——至少在很长一段时间内不会改变。主管知道他们不仅要处理可能出现的问题，还要评估员工的表现。另外，主管还必须保障安全和健康的工作环境，随时处理组织中发生的动态变化。我们将在第四部分介绍这些内容。

第 11 章　绩效评估

应对管理困境

一项关于员工绩效评估的调查显示，几乎人人都讨厌绩效评估。主管不喜欢做出评估，员工也不愿意接受评估。那为什么组织还是要进行绩效评估呢？“……吉姆·赫斯克特（Jim Heskett）在发表于《哈佛商业评论》的一篇文章中说，绩效评估用途之争的关键在于‘强制排名’系统。这一系统自通用电气公司开始流行，不仅要排出优秀员工，还要排出表现不佳者……”*先排出优次，然后用恰当的方法分别对待，这就使得绩效评估得以延续使用。

绩效评估是员工和主管之间结构化的、正式的互动，通常以定期（每年或每半年）面谈的形式来考察和讨论员工的表现。这既可以给员工改进工作和发展技能的机会，也可以发现其弱点和长处。这一评估过程的目的在于认可员工成就，评估工作进展，以及为了进一步发展员工技能和优点设计相应的培训。绩效评估有助于激发员工的兴趣，提升他们的工作表现。主管可以把绩效评估作为激励和发展员工的工具。

不管是幸运还是不幸，主管可能是审查或评估的实施者。大部分主管都意识到了有效的绩效管理系统在组织中的重要性。他们知道员工的绩效对公司的成败至关重要，公司需要一个统一的绩效评估体系来为员工提供

---

* Ray Williams, “Why CEOs need to scrap employee performance reviews,” Wired for Success, May 17, 2001, *Psychology Today*, http://www.psychologytoday.com/blog/wired-success/201105/why-ceos-need-scrap-employee-performance-reviews (accessed May 25, 2001).

反馈。公司的规模越大，越可能拥有标准的评估形式和正式的评估程序。这些程序可以保证员工享有平等的机会，大部分主管都认同绩效评估必须满足公平就业机会（equal employment opportunity，EEO）的要求。也就是说，在如今多元化的员工队伍中，他们在管理中必须公平和公正地对待所有员工。

绩效评估的标准应该是可量化的、易懂的、可验证的、公平的以及可实现的。员工通过评估可以知道他们应该做什么以及做到什么程度。设置绩效标准，审查每个员工的绩效，可以让他们知道主管对他们的期待。如果评估能加以有效利用，就不仅仅是放在抽屉里只有排名时才会用到的一叠纸，而是具有讨论价值的工作文件。此外，标准必须能描述员工可以明显影响和控制的工作任务和职责。

在质量方面，文件中应该列出主管对员工工作表现的期望或对最终产品的准确性或有效性的要求；在数量方面，必须说明员工应生产多少产品；在时间方面，则应说明对员工工作速度、工作时间或截止时间的要求。主管应该记住，绩效评估是对员工绩效和职责的考察与讨论，必须基于员工的工作表现，而非其人格特征。

主管应该有计划地向员工提供持续的反馈。在绩效管理计划中加入有效的反馈环节，可以提升员工的绩效和组织的效率。有效的反馈环节可以让员工看到自己的进步，激励他们去实现个人的绩效目标。如果反馈可以与具体目标相联系，就可以发挥最大作用，员工也应该及时了解他们的工作表现。反馈的方式应该有助于提高绩效。在某些情况下，与员工每天一起工作的同事会了解他们的工作表现，可以帮忙提供相关反馈。

没有类似《公平就业机会法》的法规可以在绩效评估中强加道德标准，因此，评估过程可能并且经常是缺乏伦理规范的。正因为这一点，很多人认为组织应该废除绩效考核和评估，因为评估中存在灰色地带，他们的行为可能合法，但值得质疑。

很多著名的研究人员、管理学评论员和心理测量学家都对绩效评估过程的效度与信度提出了质疑。一些人甚至认为，评估过程存在一些后天无法弥补的先天缺陷。[+]确实，尽管很多主管相信评估是一种评价绩效和提供反馈的有效工具，可以帮助员工提升职业目标，但他们也承认，很多员工都把焦点放在排名上，而忽略了他们要求提升绩效的建议。看来，很多员工并不在乎评估过程中要求他们提升的方面，他们忽视主管的反馈，并不想捍卫自己的绩效。[‡]

该如何解决这个问题呢？为什么主管要使用绩效评估？你认为员工评估是否可以有效地帮助管理者了解员工的表现？他们达到预期目标了吗？实际效果是怎样的？主管是否真的需要绩效评估？有其他实现评估的途径吗？如果组织没有诚信，其绩效评估过程是否有效？作为主管，你会如何处理员工评估问题？

"我知道这不对，"罗恩·康纳斯（Ron Connors）说，"我知道我应该在评估员工方面投入更多努力，但我没有。只要上司不过问，我就会忽略这件事。因为当我评估后给出反馈时，员工和我总是无法达成共识。所有人都觉得自己的工作表现高于平均水平，但怎么可能呢？如果我相信他们的自我评估，那我手下就只有三类员工：明星、全明星和超级明星！"

罗恩·康纳斯的话恰好说明了为什么很多主管都把评估员工绩效视为最艰巨的任务之一。本章我们将回顾绩效评估的相关内容，为你和其他像罗恩·康纳斯一样的主管提供一些方法，使你们的绩效评估工作不再如此痛苦。

+ M. G. Derven, "The Paradox of Performance Appraisals," *PersonneI Journal* 69 (February, 1990), 107-111.*Additional Sources*: See T. Juncaj, "Do Appraisals Work?" *Quality Progress* 35, no. 11 (November 2002), 45-50; M. Brown and J. Benson, "Rated to Exhaustion? Reaction to Performance Appraisal Process," *Industrial Relations Journal* 34, no. 1 (March 2003), 67-81; and B. Erdogan, M. L. Kraimer, and R. C. Liden, "Procedural Justice as a Two-Dimensional Construct: An Examination in the Performance Appraisal Context," *Journal of Applied Behavioral Science* (June 2001), 205-223.

‡ T. Coens and M. Jenkins, *Abolishing Performance Appraisals*: *Why They Backfire and What to Do Instead* (San Francisco, Berrett-Koehler Publishers, 2000), http://www.bkconnection.com/static/Abolishing_Performance_Appraisals_EXCERPT.pdf (accessed May 25, 2001).

11.1　员工绩效评估的目的

35 年前，一般的主管每年都会和员工单独面谈，评论他们的工作绩效。主管会把没有达标的员工的缺点记录下来作为绩效评估结果。由于绩效评估对其调薪和升迁起决定性作用，员工们对此往往不敢掉以轻心。在这种情况下，主管想省略一整套评估程序也就不足为奇了。

如今，高效的主管将**绩效评估**（performance appraisal）既视作一种正式的法律文件，也当作评价与开发员工的工具。他们不仅记录员工的不足，也会记录员工取得的成就。除此之外，主管会通过绩效评估帮助员工提升未来的工作表现。对于员工的不足，主管也会拟订详细的改进计划。由于既强调过去又强调未来，员工就不大可能对绩效反馈持抵触情绪，而且评估过程很有可能会激励员工改进自己的工作缺陷。最后，不要忘记员工歧视问题。如果员工绩效表现不佳且没有相应的记录就受到处分，可能会导致一些问题。绩效评估的一个重要目的，就是为主管做出的人事变动提供证明。[1]

何时评估

绩效评估可以是正式的，也可以是非正式的。正式的绩效评估应该每年至少进行一次，每年两次更好。正如学生不希望自己的全部课程成绩都取决于期末考试一样，员工也不希望自己的职业生涯取决于一次年度评估。每年两次正式的绩效评估意味着每次评估的绩效相对较少，可以缓解员工对正式评估的紧张感。

积极主动的管理者可能会对员工进行阶段性的非正式评估，而不是只等待每年一次或两次的评估。非正式的绩效评估是主管对员工日常表现的评价与反馈。高效的主管会不断地给员工提供非正式的反馈信息：点评其工作中的优点，及时指出其工作中出现的问题。因此，虽然正式的绩效评估每年只有一两次，但非正式的绩效评估会持续不断地进行。此外，如果

1 本章中的材料来自 D. A. DeCenzo and S. P. Robbins, *Fundamentals of Human Resource Management*, 8th ed. (Hoboken, NJ: John Wiley & Sons, 2005), Chapter 10.

非正式评估是公开的、诚实的，员工对正式评估就不会过于紧张，也不会对评估结果感到特别意外。如果评估结果暴露出员工的不足或是目标没有达到，主管可能会通过工作指导分析原因，帮助他们建立起对个人责任的内部控制。管理者可能会发现，具有外部控制倾向的员工会把不良绩效归咎于老板的偏见、他们的同事或其他在他们控制能力之外的事件，而具有内部控制倾向的员工则会把原因归咎到自己身上。

11.2 管理者在绩效评估中扮演什么角色

组织的规模越大，越可能有一套供主管使用的标准化的评估表格及正规的评估程序。哪怕是小公司，为了满足《公平就业机会法》的相关要求，通常也会将部分评估程序标准化。

你是唯一的评估者吗 大多数员工的绩效评估是由主管实施的。但是近年来，一些组织还加入了自我评估和同事评估，作为对主管评估的补充。员工自己和同事往往能提供有价值的见解。

自我评估很受员工的欢迎，它能缓解员工对评估的抵触心理，并有效地促进员工参与到绩效讨论中来。但是，自我评估往往存在着自我高估的问题。因此，自我评估不能完全替代主管评估，只能作为补充。绩效评估是促进员工发展的重要手段，而不是单纯地为了评估而评估，自我评估的用途也是如此。

评估员工的工作绩效，在某些方面同事比主管更有发言权。例如，在某些工作中，由于管理跨度过大，或者由于地理上的分隔，主管不能总是直观地了解员工的工作状态。如果工作是以团队形式完成，那么团队成员则能更加全面地了解彼此的工作表现。在这种情况下，将同事评估补充到绩效评估中，可以提高**评估过程**（appraisal process）的准确性。

组织提供了哪些表格和文件 通常在进行绩效评估时，组织会要求主管使用标准化的表格。在某些情况下，高层管理者或人力资源部门提供的评估表会比较简略，主管在进行评估时拥有相当的自由度；而在另一些极端情况下，组织会提供一套详细的表格及规定，要求主管必须严格遵循（见图 11-1）。

普伦蒂斯霍尔公司绩效评估表
（非免税员工）

员工姓名：　　　　　　职务：

评估期：　　　　　年　月—　年　月

主管姓名：　　　　　　职务：

填写绩效评估等级

E卓然超群	在主要职责领域的表现一直超出预期。
C值得表扬	表现符合要求，在某些职责领域的表现超出预期。
I尚待提高	大部分表现符合最低工作要求，但在某些方面需要加强。
U不满意	绩效表现未达到最低要求，若要保留现有职位必须有所提高。

绩效因素

评定员工的每种绩效表现并列举具体事例。

E—卓然超群　C—值得表扬

I—尚待提高　U—不满意

绩效因素	E	C	I	U	评价及例证
质量（工作的准确性、全面性及条理性）					
数量（工作速度及工作量）					
积极性（独立思考能力及对新理念、新技术的应用能力）					
工作相关知识（是否理解工作要求，是否能够将知识与技能有效地运用到工作中去					
解决问题/制定决策（能否发现、分析和解决问题，提出可行的解决方案，以及分析方案可能带来的影响）					
判断力（能否做出合理、明智的决策，知道何时需独立工作，何时应寻求帮助）					

绩效因素	E	C	I	U	评价及例证
时间观念（是否遵守工作进度，缺勤时是否及时向主管报告）					
计划与组织能力（能否分清轻重缓急，落实计划，以及有效管理时间）					
沟通能力（是否能清楚地进行口头及书面表达，是否注意倾听）					
人际交往能力（与内、外部人员接触时是否机智和得体）					
可靠性（是否严格遵守工作安排，保守组织机密，可靠而灵活地按时完成工作）					
工作技能（如打字/文字处理速度、使用计算机及打电话等）					

总体绩效评估等级

__卓然超群　__值得表扬　__尚待提高　__不满意

图 11-1　员工绩效评估表格示例

绩效总结

I 过去一年的绩效及目标
描述员工在过去一年里完成既定目标及额外目标的情况。

II 来年目标
列举若干目标及预计完成时间。

绩效总结

III 优点
结合以上所列绩效因素，列出员工的优点。

IV 有待改善的方面
列出员工应重点改善的领域。

绩效总结

V 个人成长及发展
为尽可能地促进员工职业发展，计划采取的措施，如教育计划、咨询和在职培训等。

主管签名　　日期

员工意见
您的意见有助于改进绩效评估流程。若有需要可另附纸张。

本次绩效评估和相关评价已与员工本人进行讨论。

员工签名及日期	
主管签名及日期	职务

图 11-1　员工绩效评估表格示例（续）

我们发现，在对下属进行绩效评估时，你几乎不可能拥有完全的自由。因此，在开始评估前，你要做的第一件事就是了解组织所采用的标准评估表格。你需要熟悉应该提供什么信息，确保所有向你汇报的员工——尤其是新员工——了解自己将要接受的评估标准和方式。

如何设立绩效期望　主管应参与到员工绩效标准订立的过程中。理想情况下，主管应该与每个员工一起评估其工作，明确所需的工作过程和结果，然后设立绩效标准，以此来衡量员工表现。请谨记，在对员工进行绩效评估之前，必须先确定衡量绩效的标准。主管必须确保每个员工都拥有并完全领会这些绩效期望。

什么是绩效反馈　员工可以获取两种形式的**绩效反馈**（performance feedback）：一种是内在的，即工作本身就能向员工反馈绩效；另一种是外在的，由主管或其他外部来源提供绩效反馈。

有些工作本身可以向员工提供反馈。例如，汽车货运公司运输部门的货载管理员对装运的货物数量及重量都会有记录。每天工作结束后，他就可将这些数字加总，与自己的每日工作目标进行比较。这一计算结果可以将他每日的绩效以自生或**内在反馈**（intrinsic feedback）的形式反馈给他。

外在反馈（extrinsic feedback）由外部来源提供给员工。如果那位货载管理员每日的货运总量由其主管统计并在部门公告板上公布，那他所获取的就是外在反馈。

主管不仅应该每年或每半年对员工进行正式的绩效评估，还应该使用非正式的绩效评估不断地为员工提供外在反馈，即持续地让员工了解自己的表现。

绩效评估中存在哪些法律问题

很多员工提出法律诉讼的原因是认为主管的言行对自己构成了侵犯。比如，一个员工提起诉讼是因为主管告知他，他因宗教假日耽误工作，被降低了评估等级；还有一个员工认为主管的评估武断而主观；另一个员工的主管在绩效评估时未遵循公司的政策和程序，因而员工获得了赔偿。

关于绩效评估，主管必须牢记两项最重要的法律事实：①法庭越来越将组织手册里规定的绩效评估政策和程序视为有约束力的单方合同；②主管必须尽己所能避免偏见与歧视现象的出现。

如果你所在的公司印制了关于绩效评估程序的手册，你一定要完全理解手册的内容。大多数州立法院都将这种手册看作具有约束力的合同。若评估时未能遵循或未正确遵循这些程序，组织须为此负责。如果手册上说绩效评估每年都要进行，或经理要向员工提供建议，帮助他们改正缺点，那么你必须履行这些承诺。但是，若组织未出台任何关于绩效评估方面的政策，在不违背公平、公正原则的前提下，法庭会给予主管相当的自主权。

而第二点需要提醒的是，大家要注意《平等就业机会法》的要求：所有人力资源管理行为必须做到不存偏见。评估的标准、方法和文件都要确保与工作相关，绝对不能歧视女性及弱势群体。不论员工是什么种族、肤色、宗教信仰、年龄、性别或民族，评估判断一定要持中立态度。越来越多的组织专门对主管进行绩效评估技巧方面的培训，以减少评估过程中的歧视现象。

存在恰当的绩效评估标准吗

主管所采用的绩效评估标准会对员工的工作产生重大影响。例如，在为应聘者及雇用者提供服务的公共职业介绍所，对面试官的评估标准是他们所组织的面试场数。那么，面试官就更为看重自己组织了多少场面试，而非为应聘者找到了多少工作。[2]

这个例子说明了绩效评估标准的重要性。你应该评估什么？目前最流行的三套绩效评估标准分别是个人的任务执行结果、行为表现和个人特征。

什么是任务执行结果　如果主管认为结果重于手段，就会以员工的任务执行结果作为评估标准。比如，地毯清洁工的绩效取决于他每天所清洁的地毯面积；销售员的绩效取决于他在销售区内的总成交量、销售额的增长以及新客户的数量。

哪些行为表现很重要　如果主管要评估员工的行为表现，就需要观察员工的行为或者设计一套员工特定行为表现的报告机制。在前面所举例子中，如果要评估地毯清洁工的行为表现，可以考察其是否每天准时到工作地点报到，工作结束后是否认真清洗工具；对于销售员，可以考察其每天

2 P. M. Blau, *The Dynamics of Bureaucracy*, rev. ed. (Chicago, University of Chicago Press, 1963).

拨打联系电话的平均数量或者每年请病假的天数等。

通常很难将某个特定的结果归结于员工的行为，对那些人事部门的普通员工和团队工作成员来讲尤其如此。在第二种情况中，团队绩效很容易评估，但是，每个团队成员的贡献就很难甚至于不可能进行清楚的界定。在这种情况下，对员工的行为表现进行评估也就不足为奇了。

评估个人特征有用吗　若你是基于员工的可靠性、自信心、进取心、忠诚度、协作能力等进行评估的，那么你就是在评估他们的个人特征。评估特征不如评估任务执行结果及行为表现。特征代表的是潜在绩效，而不是绩效本身，特征与绩效之间没有什么联系。而且，特征通常带有强烈的主观成分，主管对员工特征的评估往往取决于他们对这些特征的理解。尽管特征评估有这样那样的缺点，但仍有许多组织将其作为评估员工绩效的一个标准。

如何收集绩效数据

收集绩效数据最好是一个持续不断的过程，而不要等到正式绩效评估前一个星期才着手去做。主管应该为每个员工建立档案并持续更新，记录影响他们工作成败的真实事件（行为或结果）。这样的文件能使主管在最终评估时不会因为记忆模糊而造成错误，可以为评估提供支持性的证据。同时要牢记，经常观察员工能够提高所收集数据的质量。主管亲自观察员工表现的次数越多，对他们的绩效评估就越准确。

11.3　绩效评估方法

数据收集完毕后，就可以进行绩效评估了。使用组织提供的现成表格，如果没有，就自己设计一套评估表。此举的目的是用一套系统的绩效评估程序替代主管对员工绩效形成的所谓“总体印象”，可以提高评估结果的准确性和一致性。

主管有三种不同的评估方法可选择：①绝对标准衡量法；②相对标准衡量法；③目标管理法。没有哪种方法是最好的，三种方法各有长短。主管的选择会受所在组织人力资源政策和程序的制约。

什么是绝对标准衡量法

采用绝对标准衡量法，主管不会把员工与其他任何人进行比较。绝对标准衡量法包括书面描述法、关键事件法、清单核对法、形容词评定量表法及行为锚定等级量表法。

书面描述法 也许最简单的评估方法就是将员工的优点、缺点、过去的表现、发展的潜力和主管的建议等写成一份叙述性文件。书面描述法（written essay）不需要复杂的表格，也不需要对主管进行大量的培训。其缺点是评估结果同时反映了评估者的表达能力，不仅取决于员工的实际绩效水平，同时也取决于评估者的写作风格。

关键事件法 员工的某些行为对于工作能否有效地开展至关重要，关键事件法（critical incidents）关注的就是这些行为。主管要做的就是将员工所做的特别有效或是无效的事件记录下来。这一方法的重点在于，记录的是特定的行为，而非模糊的人格特征。列出关键事件会使员工明白自己的哪些行为是令人满意的，哪些是需要改进的。

清单核对法 清单核对法（checklist）是利用行为描述清单对照员工的行为进行评估。如表 11-1 所示，对清单上的每个问题，主管只需根据员工的行为表现回答是或否即可。对管理者而言，清单核对法是一个相对简单且方便快捷的工具。但是，它也有缺点。首先是成本问题，组织中存在若干工种，每个工种建立一份清单会产生较高的成本；其次，仅仅回答是或否无法为员工提供足够的信息，对那些需要改进的员工来讲尤其如此。

表 11-1 清单核对法示例

	是	否
1. 是否按照主管的要求行事	____	____
2. 是否迅速回应顾客的需要	____	____
3. 是否向顾客推荐其他产品	____	____
4. 没有顾客的时候是否保持忙碌的状态	____	____
5. 是否在公共场合克制发脾气	____	____
6. 是否主动帮助其他员工	____	____

形容词评定量表法　形容词评定量表法（adjective rating scale）是最早使用且应用最为广泛的评估方法之一。图 11-2 就是一个形容词评定量表的示例。

绩效因素	绩效等级				
工作质量，是指工作的准确性、工作技能和工作的完整性。	1 经常令人不满	2 偶尔令人不满	3 基本令人满意	4 偶尔有优异表现	5 经常有优异表现
工作数量，是指一个正常工作日内完成的工作量。	1 经常令人不满	2 偶尔令人不满	3 基本令人满意	4 偶尔有优异表现	5 经常有优异表现
工作相关知识，是指员工为达到令人满意的绩效而应该掌握的工作信息。	1 几乎不了解工作职责	2 偶尔令人不满	3 能回答大部分工作相关问题	4 了解所有工作阶段	5 熟练掌握各阶段的工作
可靠性，是指在无人监督的情况下能否遵循公司及主管的要求。	1 需要时刻监督	2 有时需要跟进	3 基本可以信赖	4 有时需要监督	5 基本不需要监督

图 11-2　形容词评定量表示例

形容词评定量表法可用于衡量员工的工作数量与质量、工作知识、协作情况、忠诚度、可靠性、出勤率、诚实、正直、工作态度、主动性等因素。如果要衡量的方面不包括忠诚度、诚信等带有主观色彩的特征（除非可以通过具体的行为加以佐证），这种方法十分有效。

使用形容词评定量表法时，你只需根据表中的每项考核因素，逐一在评价尺度中选出最适合员工的等级或分值即可。评价尺度通常为 5 分或 10 分。设计此类评定量表的关键之处在于，要确保使用量表的主管能充分理解量表所评估的因素和尺度。

形容词评定量表法如此受欢迎，是因为它具有不少优点：建立和执行该方法耗时少；可以定量，也可以对比；与清单核对法相比，其项目更为标准化，从事不同工种的员工之间也可以进行对比。更为重要的是，当主管的人事决策受到质疑时，这一数字化的评定结果能很好地支持或维护主管的决策。

行为锚定等级量表法　行为锚定等级量表法（behaviorally anchored rating scale，BARS）是将关键事件法和形容词评定量表法的核心要素整合在一起的一种绩效评估方法。主管根据评价尺度对各项目指标做出评定，但评分点是某项特定工作的实际行为，而不是概括性的描述或特征描述。

行为锚定等级量表法会详细描述明确的、可观测和可测量的工作行为。

首先，获取每个绩效维度有效及无效行为的具体描述，找到与工作相关的行为和绩效维度范例；然后，将这些行为范例转化为一组绩效维度，并将每个维度划分为不同的绩效等级；最后，得到一份行为描述，如预见力、计划力、执行力、快速解决问题能力、指令实施能力及紧急事件处理能力等。表 11-2 是一个一线主管的行为锚定等级量表示例。

表 11-2　一线主管的行为锚定等级量表示例

一线主管的行为锚定等级量表

此绩效维度量表用于衡量一线主管关注和指导下属以实现工作目标的能力

一线主管应该:

排序	行为描述
14	持续提供反馈，尽可能提高员工个人和团队的绩效
13	为员工个人和团队设立高绩效期望，同时建立对结果的高度承诺和支持
12	采取行动寻找资源、培训、工具等支持员工的需求，同时与员工保持平易近人的交流
11	持续强调工作质量的重要性，同时使下属对边际质量工作负责
10	指导员工，和他们一起工作，为他们创造发展机会，并且通过提供积极的反馈和职业发展指导，拓展他们的知识和技能水平
9	监督员工绩效，并提供及时、客观和具体的反馈，作为年度绩效评估的补充
8	与下属一起设立具体的、可度量且有时限的绩效目标，并建立监督进展的流程
7	创造机会发挥团队成员的优点，扬长避短以促进团队的表现
6	找到合适的奖励方式，激励员工，以发掘员工的优秀之处
5	不愿或不能为下属提供常规的工作绩效反馈
4	不能明确和描述对工作成果的预期
3	不能和有问题的员工进行友好交流
2	不能持续强调工作质量的重要性
1	把组织绩效评估或排名系统视为完成工作的障碍

研究表明，使用行为锚定等级量表进行评估能减少等级评定中的错误，但这个方法的最大优点在于其创造出的绩效维度，而不是因为行为锚点优于特征锚点。一份行为锚定量表最有价值之处在于它能清楚地告诉员工及主管哪些行为代表了优良绩效，哪些代表了拙劣绩效。

尽管如此，行为锚定等级量表法也不是十全十美的。与大多数等级评定法一样，它也会在一定程度上扭曲事实。另外，开发与维护行为锚定等级量表需要耗费大量的时间与金钱。

如何使用相对标准衡量法

使用相对标准衡量法在评估员工的绩效时，将被评估者与其他员工进行比较，进而得出评估结果。以下介绍三种相对标准衡量法：分组排序法、个体排序法和成对比较法。

分组排序法　使用分组排序法（group-order ranking），主管需要将员工分配到特定的组别，如“前 1/5 组”或“第二个 1/5 组”。假设一共有 20 个员工，若使用分组排序法，那么排名前 1/5 的员工只有 4 个，同样，后 1/5 的员工也只能有 4 个（见图 11-3）。

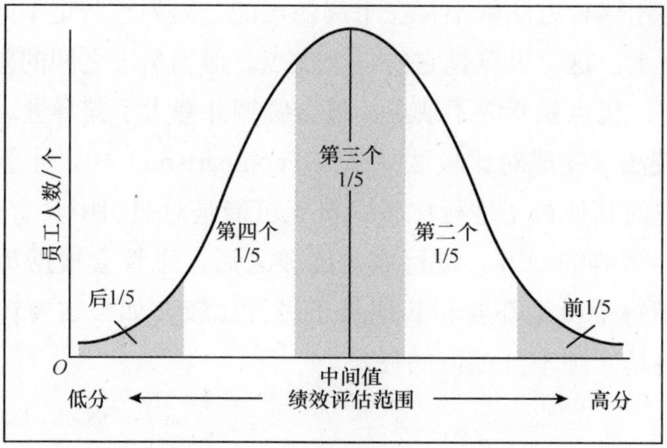

图 11-3　分组排序法分布图

分组排序法的优点在于它可以使主管避免夸大员工的评估结果：有意

抬高评分使得每个员工的分数都很高，或是调整员工分数，使所有人的评分都接近平均水平——通常图示评定量表都有此缺陷。当可比较的员工人数较少时，分组排序法就会暴露缺点。最极端的情况下，假如只有 4 个员工，可能他们每一个都很优秀，但按分组排序法，必须将他们划分出四个等级来。当然，随着员工人数的增长，分组排序法的准确性也随之提高。

所有相对衡量方法都有的另一个缺点是零和问题。这意味着，有加必有减，且两者之和必为零。假设某个部门里的 12 个员工处在不同的绩效水平上，3 个处在前 1/4，3 个处在第二个 1/4，依此类推，那么表现排第 6 名的员工处于第二组。若第三组或第四组有 2 个员工离职且无新进员工，那么排第 6 名的员工就落到了第三个组里。由于比较是相对的，一个表现平平的员工可能由于是“最差的优胜者”而获得高分；而一个表现优秀、在绝对衡量法中排名靠前的员工，在采用相对衡量法评价时，可能会因为竞争激烈而只能获得较低的评分。

个体排序法 使用个体排序法（individual ranking）需要将所有员工依业绩从高到低进行排序。这一方法假定“最优秀”的员工只有 1 个，同时假定人与人之间的差别是相同的。这意味着如果对 30 个员工进行评估，排名第 1 与排名第 2 的员工之间的差异，同排名第 21 与排名第 22 的员工之间的差异是相同的。使用这种方法就不存在平局的可能，因为它假定不同员工处在不同的绩效水平上，这可以算是它的一个优点。但当员工之间的差异十分小或不存在差异时，优点就变成了缺点：过分强调并夸大了差异性。

成对比较法 在成对比较法（paired comparison）中，主管会把每个员工和对照组中的其他员工进行比较。员工可能是对照组中具有优势的一方，也可能是处于劣势的一方。进行成对比较之后，主管会根据员工的成绩进行排名。由于每个员工都要和其他员工进行比较，如果需要评估的员工人数较多，这将是一项十分艰巨的任务。

目标管理法

绩效评估的最后一种方法是目标管理法。我们在第 3 章中曾经介绍过，这是目标设定的一种重要应用。

当一套切实、可证、可测量且包含了关键绩效指标的目标确立之后，员工的绩效评估标准也随之确立。在每个月度、季度或年度计划的末期，主管会与员工交流并评估其绩效。若所选定的目标包含了员工工作中的关键绩效维度，并以书面形式记录下来以便随时进行衡量，可以大大提高绩效评估的准确性。

11.4　绩效评估中可能存在的问题

尽管主管及雇主都试图避免评估过程中掺杂个人偏见、歧视、习惯等因素，但在评估过程中仍存在一系列的问题。员工的绩效评估可能会受以下各种因素的影响。

什么是宽容评价误差

每个评估者自己的价值观都会作为某种标准影响评估结果。在评估员工的实际表现时，一些评估者打分较高，而另一些人则打分较低。我们将前者称为正**宽容评价误差**（leniency error），将后者称为负宽容评价误差。如果评估存在正宽容评价误差，被评估者的绩效就会被高估，也就是其评估结果高于实际表现；同样，如果评估存在负宽容评价误差，被评估者的绩效就会被低估，也就是其评估结果低于实际表现。

若组织中的所有员工都由同一个人进行评估，则不存在这方面的问题。因为尽管误差仍然存在，但对每个人都是一样的。但是，如果评估者不止一人且宽容评价误差不尽相同，就会出现问题。比如，简（Jean）和斯蒂文（Steven）在不同的主管手下做着相同的工作，两人的绩效完全相同。如果简的主管倾向于正宽容评价误差，而斯蒂文的主管倾向于负宽容评价误差，那么两人的绩效评估结果将存在较大差别。

晕轮误差如何影响评估

晕轮误差（halo error）是指仅仅因为某一个体的某一特定因素的评价

高（低），而导致对该个体所有因素的评价都高（低）。比如，一个员工很让人信赖．你可能会对他的其他特征也给出较高的评价。

为大学生设计每学期教师评估表的人会遇到晕轮误差。学生们往往会因为一位老师在课堂上的某些优异表现而给他的所有方面都打高分；如果一位老师上课迟到、批改作业速度慢或给学生布置了难度很大的任务等，学生们可能会将其评为“令人讨厌的人”。

什么是相似性误差

如果评估者把自身认为自身所具有的某种特质作为参考因素，就会导致**相似性误差**（similarity error）。如果一个主管认为自己富有进取精神，他会在被评估者身上寻找这一特质。因此，那些表现出进取精神的员工会受益，而缺少这一特质的员工则处于不利的地位。

如前所述，若组织中的所有员工都由同一个人进行评估，则这一误差没有影响；而如果由多个评估者根据自身的不同特质进行评估，评估结果的有效性则值得商榷。

什么是近因误差

对大多数人而言，昨天的记忆较 6 个月前的记忆要生动得多，这就导致绩效评估中可能出现近因误差。

如果评估者侧重对员工临近绩效评估期的工作表现进行评估，就会出现**近因误差**（recency error）。假设每年的 6 月 1 日你要为员工填写绩效评估表，你可能对他们 5 月份的进展或错误记忆犹新，而对上一年 11 月份的情况没有什么印象了。每个人都有表现好或不好的时候，有时甚至还会持续很长时间，而且这些好或不好的表现并非在同一时间发生。因此，在进行每半年或年度总结时，员工近期的表现往往会导致评估结果出现偏差。

趋中误差如何影响绩效评估

不管评估对象是谁，采用什么特征标准，评估模式很有可能如出一辙。

还有一种可能，即主管在进行绩效评估时所打分数都避免选择极端值，无法保证评估的客观性及准确性。这类由于不愿使用极端评价而产生的误差称为**趋中误差**（central tendency error）。

有趋中误差倾向的评估者往往避免打出“优秀”或是“无法胜任”这样的等级，所打的分数皆趋于均值。比如，评估满分是5分，所有员工的分数都是 3 分，那就无法做出区分了。这种误差人为地掩盖了员工之间的差异，使得他们的绩效评估结果非常相似。

绩效评估结果是否有虚高的趋势

某保险公司的员工在绩效评估后，认为自己的工资涨幅太小，因为主管给她的综合评分是 86 分。根据公司的绩效评估系统，90 分及以上为“优秀”，80～89 分为“良好”，70～79 分为“一般”，70 分以下为“无法胜任”。当她从同事处得知自己工资的增幅低于公司平均工资增幅时，更是困惑。在向人力资源助理咨询过后，她发现公司员工的“平均”绩效得分竟然是 92 分！你完全可以想象她有多惊讶。

这一案例说明绩效评估中存在一个潜在问题——绩效考核结果虚高。在这种情况下，主管会给所有员工都打高分，缩小员工之间的差距。“虚高”在绩效评估中一直是个问题，并在近 30 年来越来越严重。如今，人们越来越强调平等的价值观，主管也担心那些未能获得“优秀”评价的员工心生不满，因此评估打分时往往比较宽松，会把分数都提高一个档次，以减少评估过程中产生的消极影响。

如何克服这些障碍

有效的评估可能会遇到一些障碍，但这并不意味着我们要放弃评估。通过以下方法，你可以克服这些障碍。

持续记录员工绩效　为每一位员工建立绩效档案，并持续地记录他们具体的工作表现及成就，包括日期及细节。在进行正式绩效评估时，每个员工过往的绩效表现都有详细的记录。这可以减少近因误差，提高评估的准确性，同时也为主管的评估提供了详细的依据。

使用基于行为的评估方法 基于行为的评估方法要优于基于特征的评估方法。很多被认为与良好绩效相关的特征实际上与绩效并没有什么关系，甚至可以说毫不相关。比如，人们的直觉认为，忠诚、上进、勇气、可靠等类似的性格特征是一位优秀员工需要具备的品质。但是，在这些特征评估中取得高分的员工，其绩效表现真的会优于那些得分较低的员工吗？我们无法回答这一问题。我们发现，一些在特征评估中获得高分的员工，其绩效表现却不甚理想；而一些优秀员工却无法在特征评估中获得高分。因此，我们的结论是：组织可能很欣赏忠诚、上进等性格特征，但并没有证据表明，在不同的工作中，这些特征能够完全替代员工的绩效表现。除此之外，不同的评估者对同一特征的理解也各不相同。或许你认为某人很忠诚，但我不一定认同。

基于行为的评估方法可以解决上述两个问题，因为它针对的是具体的绩效表现（无论是好的还是坏的），从而避免了使用不恰当的替代品的问题。由于评价的是具体行为，从而增加了不同评估者对某一看法趋同的可能性。你可能认为某个员工很友好，而我却觉得她为人冷淡，但在评估其具体行为时，我们可能会达成一致。比如，她经常对顾客说“早上好”，很少向同事提供建议或帮助，或者从不与同事闲聊。

绝对标准与相对标准相结合 绝对标准衡量法的一个主要缺点是，它往往会因评分虚高而导致偏差——评估者会提高所有员工的评估分数。而当被评估者的差异性较小时，相对标准衡量法则可能失效。

显然，解决方案是将绝对标准与相对标准评估方法结合使用。例如，同时使用形容词评价量表法和个体排序法。比如，主管 A 给鲍勃·卡特（Bob Carter）的评分为 86，在其部门 17 位员工中排第 4；而主管 B 给蒂娜·布莱克斯顿（Tina Blackstone）的评分也为 86，而在其部门 14 位员工中排第 12。这可能是因为主管 B 的下属的绩效表现要优于主管 A 的下属，或是主管 B 的评分“虚高”。如果同时采用绝对标准衡量法与相对标准衡量法，可以有效提高不同部门员工比较的准确度。

使用多个评估者 当评估者人数增加时，所获得的信息可能会更准确。如果评估者误差呈正态分布，那么随着评估者人数的增加，大多数评估结果都将集中在中间档。类似的方法在跳水、体操、花样滑冰等体育比赛中经常用到。一组裁判对运动员的表现打分，去掉最高分与最低分，运动员的最后得分为剩下所有裁判评分的总和。这种方法对组织绩效评估同样适用。

如果有 10 个主管给一个员工打分，其中 9 个主管认为他“优秀”，1 个认为“较差”，此时“较差”的评估结果就不是那么重要了。采用多个评估者可以降低评估者个人偏见导致的宽容误差、近似误差和趋中误差，从而提高评估结果的可靠性。

现在组织中流行一种多人评估的特殊方法，即 360 度评估。**360 度评估**（360-degree appraisal）从员工自己、主管、同事、团队成员、客户及供应商处获取绩效反馈信息，越来越受到组织的欢迎。[3]

在如今日新月异的组织里，传统的绩效评估系统可能已经过时。组织规模的缩减意味着主管肩负了更多的工作责任，有更多的员工要向他们直接汇报工作。因此，在某些情况下，主管确实无法掌握每个员工的具体工作情况，很多主管甚至不知道下属是如何看待自己及自己的工作的。此外，随着现代企业项目团队的涌现和员工参与度的提升，评估的责任也被赋予那些最适合评估的人。[4]360 度评估法同样有益于员工发展。

针对360 度绩效评估方法有效性的研究证明，它可以带来更多、更准确的反馈，赋予员工更多的权力，减少评估过程中的主观因素，还能培养主管的领导能力。[5]此外，为了确保反馈的有效性及可信度，一些企业已将其 360 度评估放到网上进行。

有选择地评估　作为员工的直接主管，你并不总是需要全面评估员工的绩效。你只需要对自己了解的、能够直接观察到的绩效进行评估即可。

---

3 T. J. Maurer, D. R. D. Mitchell, and F. G. Barbeite, “Predictors of Attitudes Toward a 360-Degree Feedback System and Involvement in Post-Feedback Management Development Activity,” *Journal of Occupational and Organizational and Organizational Psychology* 75 (March 2002), 87-107.

4 C. Hymowitz, “In the Lead: Do 360 Job Reviews by Colleagues Promote Honesty or Insults?” *Wall Street Journal*, December l2, 2000, B-1.

5 J. S. Miller, P. W. Hom, and L. R. Gomez-Mejia, “The High Cost of Low Wages: Does Maquiladora Compensation Reduce Turnover?” *Journal of International Business Studies* 32, no. 3 (Third Quarter 2001), 585-595.

如果只评估自己比较了解的方面，可以保证评估的有效性。

如果对员工工作中一些重要的方面，你无法给出准确的评估，就需要在评估体系中加入自我评、同事评估，甚至还可加入客户评估。很多销售主管在评估销售代表时都会参考客户的意见。而一些经常不在办公地点，无法直接观察员工工作的主管，多采用同事评估以提高评估的有效性。

参加评估培训　没有人生来就是优秀的评估者。若你的评估能力有所欠缺，可以参加绩效评估培训。有证据表明，培训能提高评估的准确度。

在培训班里，主管练习观察和评估员工行为，通过这些训练，可以有效减少或消除宽容评价误差、晕轮误差等常见误差。这种培训班一般持续 1～3 天，在培训上花费很多时间有时候并不必要。有案例表明，只需对主管进行 5 分钟左右的解说性培训即可立即减少宽容评价误差和晕轮误差的出现。[6]然而，培训的效果随着时间的推移会减弱，因此需要定期对主管进行反复培训。

进行团队绩效评估　绩效评估概念通常都基于员工个人，这反映了一种传统的信念，即员工是构成组织的核心要素。近年来，越来越多的组织基于团队进行自我调整。

在基于团队的部门里，工作绩效源于每个员工对团队的贡献及其是否能很好地与其他成员配合。对这两个维度的绩效进行评估，团队成员比主管更有发言权。因此，我们建议在对团队里的个人进行绩效评估时，引入团队成员的同事评估。这样一来，既提高了团队的自主权，强调了协作的重要性，又提高了绩效评估的准确度。此外，强调团队贡献比强调个体贡献对组织的好处更多。因此，当团队有明确的目标及清晰的职责划分时，对整个团队进行绩效评估比对个人进行评估更有意义。

对绩效问题做出回应

当下属的表现与工作环境不符（如打架、偷窃或无故缺勤）或其绩效

6 C. P. Neck, G. L. Stewart, and C. C. Manz, “Thought Self-Leadership as a Framework for Enhancing the Performance of Performance Appraisers,” *Journal of Applied Behavior Science* 31, no.3 (September 1995), 278-302.

表现无法令人满意时，主管需要介入。但是在介入之前，你必须弄清楚问题。若绩效问题是因为员工能力不足，主管应把重点放在鼓励员工参与培训及努力提高上；但是，若该问题是出于员工的意愿，那么不管他是故意还是无意不去改正，主管都需要对他进行**员工辅导**（employee counseling）。[7]

关于员工辅导你需要了解什么

尽管员工辅导流程各不相同，但仍需遵循一些基本的步骤（见图 11-4）。

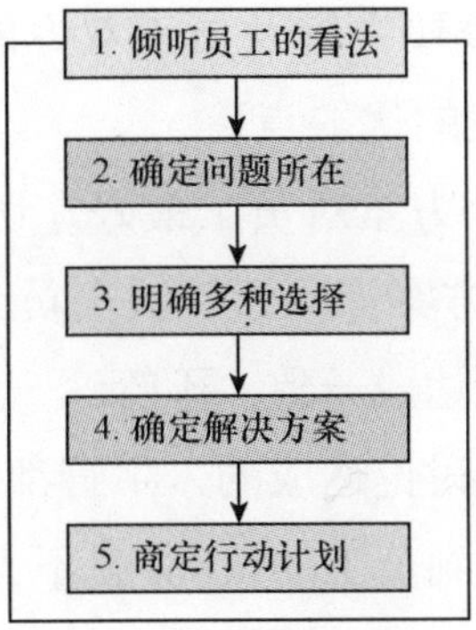

图 11-4　员工辅导流程

倾听员工的看法　若不能仔细倾听员工的看法，则无法很好地为其提供辅导。主管的辅导行动应取决于下属的具体需求、要求及个性。如果不积极倾听他们的话，这些因素就无法明确。

当你与下属谈话时，首先需要向其展示你想要帮助他的意愿。其次，倾听其所说及未说出口的话。他是如何看待问题的？他认为谁应对此承担责任？他是否过于感情用事而无法理智思考？切记，不要过早地下结论。努力掌握员工对问题的看法，不要赞成或否定他的观点。此时，应该充分了解和掌握员工的态度观点，他的看法正确与否并不重要。

确定问题所在　在倾听了下属对问题的看法后，接下来就需要明确问

7 M. Scott, "7 Pitfalls for Managers When Handling Poor Performance and How to Overcome Them," *Manage*, February 2000, 12-13.

题及其原因。员工认为问题是什么？谁或者什么造成了这个问题？这一问题给员工带来了什么影响？员工应对这一问题承担什么责任？此时主管需要牢记的是对事不对人。

明确多种选择　明确问题之后，就应该做出选择。大多数情况下，一个问题有很多解决办法，需要我们去寻找和分析。在这一阶段，主管与员工应该共同参与，因为主管可能了解一些员工不知道的情况。综合双方的意见，可以得出更多、更好的解决方案。

一旦确定了所有方案，就需要对每个方案进行评估。每个方案各有什么优点及缺点？这时同样需要主管及员工双方的参与。此时，主管的责任是让员工自己衡量每个方案的优缺点。

确定解决方案　哪一个方案对员工最好？切记对员工 A 最好的方案未必对员工 B 一样好，每个方案都应该反映出员工的特点。在理想情况下，主管和员工应该就解决方案达成一致。不管这一解决方案是由主管还是由员工自己决定，或是双方共同讨论达成的，主管都需要确保员工真心接受。如果一个优秀的解决方案得不到员工的认同，就不大可能会带来有意义的转变。

商定行动计划　最后，员工必须制订详细的活动计划来实施解决方案。他具体需要做什么？什么时候做？需要哪些资源？

员工辅导的最后应该让员工来总结其绩效问题和具体的行动计划。随后，确定一些具体的跟进时间点，跟踪评估员工的进展。如果不需要正式的面谈，可以让员工定期上交一份简短的备忘录，告知其所取得的进展。此举可提醒员工主管期待他的进展，也可以帮助主管评估员工所取得的进展。

你的行动是否符合道德伦理

你有什么权力介入员工的私人生活？这一问题确实值得我们关注，要求我们在辅导过程中注意道德问题。员工会将个人生活中的各种问题和烦恼带到工作中来。比如，无法为小孩找到合适的保姆，十几岁的子女被学校开除了，与配偶发生争执，某个家庭成员神经衰弱，无法按时偿还债务而被债主追债，密友出了严重的车祸，或父母患了老年痴呆症等。

明智的主管似乎不应涉足员工的私人生活，但这很难做到。为什么？因为工作与生活没有明确的界限。假设丹尼斯（Denise）是你的下属，她的儿子昨晚由于携带毒品而被警方拘留了。她几乎整晚都在跟警方与律师交涉。白天的时候，她筋疲力尽且心不在焉，无法集中精力投入工作。因此，认为员工每天踏入办公室后就能把私人问题抛诸脑后的想法未免有些天真。

那么，员工是否有隐私权呢？答案是一定的。但当其个人问题影响到工作绩效时，主管就需要介入，耐心倾听他们的问题，真诚地帮助他们解决问题。如果员工拒绝你的帮助，那就不要勉强。如果员工认识到自己的个人问题已经影响到工作，你应该向他说明工作绩效无法提高的后果。此时你的介入已达到了道德的边界。如果员工不希望他人过多介入自己的私人生活，那就没有必要帮助他解决个人问题了。尽管如此，你有权利和义务保证员工认识到若其个人问题影响了工作，他需要解决这些问题；而如果他们向你求助，你乐意提供帮助。

第12章 冲突与谈判

应对管理困境

"人质"和"主管"，通常这两个词不会出现在同一句话中。然而，在2009年年初，3M公司、索尼公司（Sony Corporation）和卡特彼勒公司（Caterpillar Inc.）在法国工厂的工人却把他们的主管扣为人质。他们为什么这么做？为了给被解雇的员工争取更多的解雇补偿金。

法国工人面临不公或残酷待遇时的反应总是激进甚至带有侵略性的。一个法国主管说过："反抗意识深深烙印在法国文化的基因中。过去，农民们反抗君主；如今只不过是把君主换成了CEO。"这些有反抗意识的工人曾在市区街道上焚烧成堆的轮胎，还把农场的拖拉机排成队来阻塞交通。甚至有一次，罢工的货车驾驶员封锁了马路和高速公路，来宣传他们关于55岁退休的要求。由于食物供给被切断，这一举动最终奏效了，政府妥协了。把老板扣作人质这样的手段他们以前也用过。1997年，法国地产信贷银行（Crédit Foncier de France，法国国有抵押贷款银行）的员工把他们的老板扣作人质长达5天，试图阻止银行倒闭，即使这家银行当时已经亏损。虽然绑架老板是不合法的，但2004年一位法国社会学家在对3 000家公司进行调查后发现，其中的18家在过去3年中都发生过主管被扣押的事件。

工人们通常会用和平的、象征性的抗议来应对持续衰退的经济。虽然法国的经济形势并不比其他几个较大的工业国家差，但这个国家有"强烈的平等主义传统"，当人们觉得自己受到了不公的对待，或发现有人看起来只付出了一般的努力却获得了大量财富时，会引起强烈的反应。在法国格勒诺布尔市（Grenoble）附近的卡特彼勒的工厂中，不满的工人起初进行了一天的罢工。翌日，他们扣留了工厂厂长和另外 4 位主管长达 24 小时。直到公司同意就“如何提高被解雇工人的补偿金”重启与工会和政府仲裁人的谈判后，几位主管才被释放。在卡特彼勒这一事件发生之前，索尼和 3M 公司也发生过类似的事件——被解雇的工人十分恼怒，扣押了主管。虽然这些劫持人质事件最后都和平解决了，但分析家担心，如果工人们觉得自己已经一无所有，是否会采取更为暴力的行为。

你如何看待这些事件？你的反应是否会受所在国家的文化、价值观和传统的影响？重温霍夫斯泰德的研究（见第 2 章），并用它来解释这些工人的行为。对于主管来说，了解外部环境因素有多重要？就以上例子讨论这一话题。

在事情还没发展到工人们必须通过扣押主管才能实现目的的时候，这些法国主管可以采取什么措施来改变局面？解释并说明你的观点。

你认为类似的事件会发生在中国吗？为什么？

资料来源: J. Marquez, “French Hostage Situations Have Some Wondering If U.S. Is Next,” *Workforce Management Online*, April 3, 2009; D. Gauthier-Villars and L. Abboud, “In France, Boss Can Become a Hostage,” *Wall Street Journal*, April 3, 2009, Bl+; L. Abboud and M. Colchester, “French Bosses Besieged as Worker Anger Rises,”*Wall Street Journal*, April l, 2009, Bl+; D. Gauthier-Villars, “French Business Leaders Vow to Give Up 'Abusive' Benefits,” *Wall Street Journal*, October 8, 2008, A14; and F. Coleman, “Take A Hostage, Save Your Job,” *U.S. News & World Report*, February 3, 1997, 43.

应对冲突是主管工作的一部分，学习处理这类事件对管理工作大有帮助。

本章我们将定义冲突，研究其产生的原因以及各种处理冲突的方式。之后，我们会提出一些建议，帮助你在谈判中获得更大成功。

12.1 什么是冲突

冲突（conflict）是一方有意阻挠另一方达成目标的过程。这种阻挠可能发生在主管和下属之间，可能发生在同一个部门的两个员工之间，也可能发生在主管与其上司之间，甚至还有可能发生在不同部门的两个主管之间。

所有的冲突都不好吗

我们大部分人从小到大都认为所有的冲突都是不好的。我们被告知不要与父母或者老师等长辈争论，要与我们的兄弟姐妹友好相处，国家在军事上花费了数十亿美元来维护和平等。但冲突不全是坏的，组织中的冲突尤其如此。[1]

冲突是组织生活中的自然现象，[2] 不可能被完全消除。原因在于：①组织成员各自有不同的目标；②人们需要而且愿意去争夺稀缺资源，如预算分配；③背景、教育、经验和利益的差异使人们对同一问题的看法各不相同。但是，组织中的冲突也有积极的一面。冲突能够激发创意与创新，而组织唯有通过变革才能适应环境并生存下去（见图 12-1）。如果组织中存在适当的冲突，成员就能够支持不同意见，质疑他人观点，以及向现状发起挑战；如果组织中完全没有冲突，成员就会变得迟钝和呆板，失去变革能力。

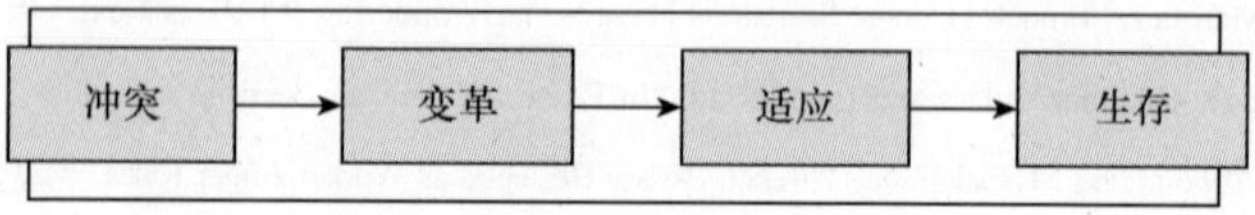

图 12-1　冲突的积极作用

主管应该看到冲突既有坏处也有好处，应该用足够的冲突来保持部门的发展，让部门能够自我批判，充满创造力。当然，太多的冲突也不好，应该尽力减少。你的目标应该是让部门有足够的冲突保持其反应能力和创新能力，但是又不至于影响部门绩效。

---

1 参见 S. P. Robbins, *Managing Organizational Conflict: A Non-Traditional Approach* (Upper Saddle River, NJ: Prentice Hall, 1974).

2 参见 C. Noble, "Resolving Co-Worker Disputes through 'Coaching Conflict Management,' " *Canadian HR Reporter*, September 24, 2001, 18-20.

冲突从何而来

冲突并不是凭空出现的，它们的出现自有原因。这些原因大体可以分为三类：沟通差异、结构差异和个体差异。我们来简单介绍一下每一类原因。

沟通差异　沟通差异包括因误解和理解差异而造成的冲突。我们大部分人都认同一种荒诞的说法，即沟通不畅是冲突产生的根源——“只要进行沟通就可以消除我们之间的分歧”。我们每个人都会花大量时间用于沟通，所以这种结论有其合理的一面。虽然有相当多的证据表明，沟通过程中的问题会阻碍协作、加深误解，但沟通不畅绝对不是冲突产生的全部原因。

结构差异　正如我们在第 4 章中讲到的那样，组织在横向和纵向上都进行了区分。公司首先进行任务分解，然后依照工作任务组成部门，之后在部门之间建立规章制度，以帮助部门进行规范化实践。

这种结构划分经常会引发冲突。组织中的个体之间可能无法在目标、决策、绩效标准和资源分配等方面达成一致，但是这些冲突并不是因为沟通不畅或个体间的敌意而产生的，更多时候它们是由组织自身的结构引起的。主管想要的“好东西”，如预算、升职、加薪、增补人员、办公室空间、对决策的影响力等，都是必须进行分配的稀缺资源。横向（部门）和纵向（组织层级）的划分，一方面通过专业化和协作提高了效率，另一方面也带来了潜在的结构冲突。

个体差异　冲突的第三种来源是个体差异，其中包括构成个人特质和差异的价值观体系和个性特征。

考虑一下这些价值观差异的例子：你注重家庭关系，你的老板注重物质财富；你部门的一个员工认为薪水应该基于资历增长，你却认为薪水应该基于工作绩效。这些价值观方面的差异都会带来冲突。同样，某些人之间复杂的相互作用使得他们很难共事。个人背景、教育经历、工作经验和培训经历等因素会塑造出个体独特的人格。有些人格类型之间会互相吸引，而有些类型则像油和水一样无法相溶。因此，有些人在他人看来粗暴无礼、难以共事、举止怪异或者无法信赖，这就会导致个体之间的冲突。

如何管理冲突

作为主管，如果你希望部门中保持最理想的冲突水平，就需要进行冲突管理。当冲突很严重且破坏了部门的绩效时，你需要解决冲突；当冲突较少时，你需要激发冲突。所以，**冲突管理**（conflict management）就是指运用解决和激发冲突的技能使部门冲突达到最优水平。

你可以使用哪些解决冲突的方法

有哪些切实可行的办法来消除或者减少冲突？有五种解决冲突的基本方法：规避、迁就、强迫、妥协和合作。正如图 12-2 所示，这些方法在关注他人和关注自己的倾向方面存在差异。每种方法各有其优点和缺点，没有哪一种方法适用于所有情况，每种方法都应该成为冲突管理组合中的一个工具。你可能只擅长使用其中的部分方法，但成熟的主管需要了解每种方法的作用以及在什么情况下最有效。

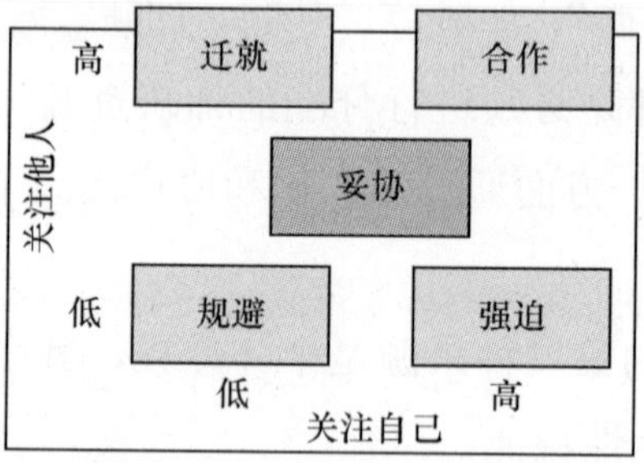

图 12-2　解决冲突的基本方法

规避　有时候规避（avoidance）是解决冲突的最好方法——离开冲突或对它视而不见。什么时候应该规避呢？当冲突是鸡毛蒜皮的小事时，当激动的情绪需要时间来冷静时，或者当武断的行动带来的损失超过好处时，规避都是最好的选择。使用这种方法时应该注意，有些主管认为所有的冲突都可以忽视。这些逃避所有冲突的主管通常水平不高，他们这样做不仅会让员工受挫，还会丧失自己的威望。有时候最好的行动是没有行动，但这不应该成为应对冲突的唯一方式。

迁就　迁就（accommodation）是指通过把他人的需求和关切置于自己的需求之上来保持和谐的关系。例如，你有可能为了达成一致而在某一问题上让步或者化解矛盾。如果争论的问题对你不那么重要，或者你想为日后建立信用，这种方法是最可行的。

强迫　强迫（forcing）是指通过牺牲他人的利益来满足自己的需求。比如在组织中，主管会使用他们的职权去解决纠纷。其他如威胁、投票（少数服从多数）、拒绝让步等都是一些强迫的例子。强迫适用于以下情况：①需要快速解决问题；②在重要的问题上必须采取不寻常的做法；③他人是否认同对解决问题不重要。

妥协　妥协（compromise）要求每一方都放弃一些自己重视的东西。通常高层管理人员与工会谈判新劳动合同时，会使用妥协的方法。主管通常使用这种方法来处理人际冲突。例如，一家小型印刷公司的主管想要他的一个员工利用周末去完成某个重要的项目，但这个员工不想整个周末都工作。经讨论，他们达成了一个妥协的方案：该员工只需周六加班，主管也会过来帮忙，而且他还会得到 8 小时的加班工资和下周五的假期。

我们应该在什么情况下采用妥协的方法呢？当冲突另一方的权力与你的权力不相上下时，当复杂的问题需要一个暂时的解决方法时，或者时间紧迫、需要一个权宜之计时，都可以使用这种方法。

合作　合作（collaboration）是一种双赢的最终解决方法。冲突各方都是为了满足自己的利益，而合作方法的典型特点是冲突各方可以开诚布公地讨论、倾听和理解分歧，寻找共识，仔细考虑所有的方案，最终找出对所有人都有利的解决方法。

在什么情况下合作是最好的冲突解决方法？当时间宽裕时，或者当冲突各方都十分想找到一个解决方案时，又或者当问题非常重要而无法妥协解决时，合作是最好的方法。

应解决哪些冲突

不是每一种冲突都值得注意。一些冲突可能不值得投入时间，还有一些冲突则很难处理。尽管规避可能被看作“逃避”，但是它在某些时候是最合适的选择。通过规避一些琐碎的冲突，你可以提高总体监管效率，提升冲突管理技能。主管应做出明智的选择，把精力用在处理有价值的冲突上。

不管我们愿不愿意，有些冲突可能很难管理。如果冲突双方怀有敌意，如果其中一方或双方都想延长冲突，或者如果双方情绪激动以致无法进行建设性的互动，那么冲突管理很难有所进展。不要被这种天真的想法所蒙骗——优秀的主管能有效解决所有的冲突。有些冲突不值得投入精力，有些超出了你的影响范围，还有一些可能有它们自己的作用。如果是最后一种情况，你最好不要干涉。选择你要管理的冲突，然后用最好的方式去处理。

如何选择合适的冲突解决方法

现在，你已经了解了各种解决方法，那么当你发现有冲突需要解决时，应该做什么呢？我们在图 12-3 中总结了你可以使用的解决方法，并在本节予以解释。首先，考虑一下你偏好的冲突解决风格。每个人都有一种让自己感觉最舒服的冲突解决方法。你会推迟冲突的解决，希望它们自行消失（规避）？还是安抚他人，防止分歧破坏你们的关系（迁就）?还是固执己见（强迫）？或是寻求中立的解决方法（妥协）?抑或愿意坐下来讨论差异，找出使每个人都高兴的解决方案（合作）？

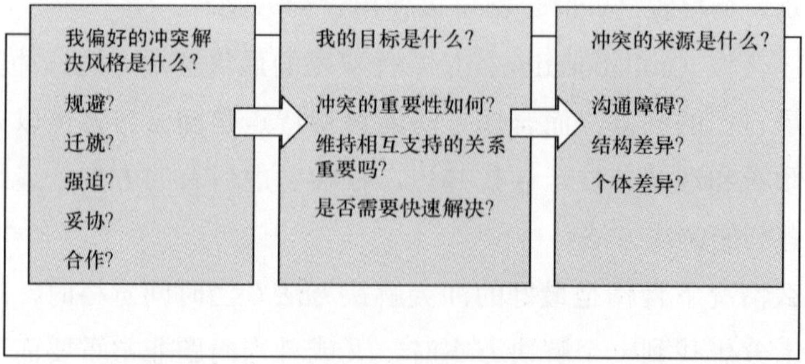

图 12-3 选择合适的冲突解决方法：指导意见

每个人都有一种反映自己性格的基本的冲突解决方法，你应该首先弄清楚你解决冲突的基本方法是什么。当然，很多人并不局限于他们的基本解决方法，而是根据需要，灵活地运用不同方法解决冲突。但是，还有一些人极为固执，不能调整自己的方法。这些人在处理冲突中明显处于劣势，因为他们不能使用所有的解决方法。你应该了解自己的基本解决方法，同时灵活使用其他方法。但是在紧要关头，大部分人还是会使用自己的基本解决方法，因为我们最熟悉这种方法，在使用时感觉最舒服。

接下来你需要考虑目标。何谓最好的解决方法，这取决于你对“最好”的理解。我们在讨论解决方法时，通常会考虑三个因素：冲突的重要性、是否有助于维护长期的人际关系以及解决冲突的紧迫性。假设其他条件保持不变，如果某个问题对你所在部门的成功很重要，那么最好是选择合作；如果保持互相支持的关系很重要，那么解决方法按优先程度排序是迁就、合作、妥协和规避；如果需要尽快解决冲突，那么解决方法的优先程度排序则是强迫、迁就和妥协。

最后，需要考虑冲突的来源。哪个是最佳解决方案，在很大程度上取决于冲突的原因。由沟通障碍引起的冲突应从错误信息和误解入手，用合作的方式解决；而由价值观和性格不同引起的个体差异冲突则最适合用规避的方式解决，因为这些差异通常根深蒂固、不易改变；当你要解决由个体差异引起的冲突时，可能经常需要使用强迫的手段——这样做不是因为它能安抚冲突各方，而是因为它见效快；而对因结构差异产生的冲突，大部分冲突解决方法都适用。

这个过程融合了你的个人风格、冲突解决目标和冲突来源分析，最终会帮你找到一个或一组能够应对具体冲突的最有效的解决方法。

如何激发冲突

在冲突管理中，有时需要主管去激发冲突。“激发冲突”这个说法通常很难让人接受。因为对大多数人来说，“冲突”这个词本身就带有消极的含义，故意制造冲突似乎不应该是优秀主管的作为。没有人喜欢冲突，但在有些情形下增加冲突有其建设性意义。表 12-1 提供了一系列问题，帮助你决定是否需要激发冲突。如果你对一个或者多个问题给予了肯定回答，那么增加冲突就有助于你提高所在部门的绩效。

表 12-1　如果下述任意一个问题的答案是肯定的，建议考虑激发冲突

1. 你周围尽是唯唯诺诺的人吗 2. 你的下属害怕向你承认自己的无知和不确定吗 3. 你和你的部门成员是否过于专注妥协，以致忽视了核心价值观、长期目标或者组织的福利 4. 你是否认为自己的最大利益在于不计代价地维持部门和平与合作的表象 5. 你的部门是否过分避免伤害他人的感受 6. 你的部门成员是否会认为在获得奖励时，受欢迎程度比绩效或能力更重要 7. 你的部门是否在所有决策上都希望获得全部成员的认同 8. 员工是否强烈抵制变革 9. 你的部门缺乏新想法吗 10. 你的部门人事变更率是否非常低

资料来源：经出版商许可转载。来自 Putting Total Quality Management to Work, copyright © 1993 by M. Sashkin and K. J. Kiser, Berrett-Koehler Publishers, Inc., San Francisco, CA. 保留所有权利，www.bkconnection.com。

相比激发冲突，我们更加了解如何解决冲突。如果你发现所在部门需要增加一定的冲突，以下建议可能会对你有所帮助。

利用信息传播　在富兰克林·罗斯福（Franklin Roosevelt）当政期间（可能包括之前），白宫一直在利用传媒来激发冲突。高级官员会通过看似可靠实则臭名昭著的渠道散播一些试探性言论。比如，他们会泄漏消息，称一位著名法官可能会接到最高法院的任命。如果候选人经受得住公众的监督，那么总统就会宣布该任命；但是，如果候选人无法得到传媒和大众的认可，总统的新闻秘书或者其他高级官员就会发表一份正式声明，称“该法官从未被列入考虑范围”。

主管也可以利用谣言和模糊的信息来激发部门的冲突。比如，某些员工可能会被调任，即将削减预算，或者即将裁员等。这样的信息可以激发冲突，减少员工的冷漠，激发新的想法，也可以促使主管对员工进行重新评估。

引进外人　让僵化的部门重新焕发活力的一个办法，就是引进一些和现有员工在个人背景、价值观、工作态度或个性等方面都不同的新成员。可以聘用新人，也可以内部调动。使员工更具多元化（鼓励聘用或晋升一些不同的员工）的最大好处之一就是可以激发冲突，提高组织的绩效。

改变部门结构　结构上的变化是冲突的一个来源。把结构当作激发冲突的手段再合适不过了。比如，集中决策、调整工作组和增加形式化等都是这方面的例子。这些手段可以打破现状，提高冲突水平。

任命“魔鬼代言人”　“魔鬼代言人”（devil’s advocate）是指那些故意和大多数人唱反调或违背现行实践的人。他们往往吹毛求疵，甚至就算内心认同某些观点，也会故意持反对立场。

任命“魔鬼代言人”是为了检测群体思维和守旧实践。如果其他员工愿意听命，该代言人就可以提高群体决策质量。另一方面，群体中的其他成员通常会认为这些唱反调的人在浪费时间，任命他们只能拖延决策过程。

激发冲突时你应当多谨慎

尽管激发冲突可以提高部门绩效，但请谨慎使用，因为这可能对你的职业生涯不利。

如果你的组织文化或者直接上司把你所负责部门的任何冲突都看成管理不善，那么在激发冲突或者容忍低水平冲突前请三思。如果公司领导者认为所有的冲突都是不好的，他们会通过判断部门环境是否和谐来评估你的能力，这是再正常不过的事情。零冲突的氛围容易造成组织的僵化和冷漠，最终导致绩效低下，但采用一种适合组织的冲突管理风格对你的生存仍是非常重要的。在某些情况下，这可能意味着你只能采取方法来解决冲突。

12.2　谈判

众所周知，律师和汽车销售工作人员会花费大量时间用来谈判，主管也一样。他们要为即将入职的员工商定薪水、与老板讨价还价、解决与同事的分歧以及消除员工之间的冲突等。为了论述方便，我们将**谈判**（negotiation）定义为有不同偏好的双方或者多方必须共同决策并达成一致的过程。各方都会使用谈判策略来达到目标。

谈判策略有哪些类型

有两种常见的谈判方法——分配式谈判和整合性谈判。[3]下面让我们看看每一种谈判方法的具体内容。

假设你在报纸上看到一则二手汽车广告，你对这辆汽车很满意。然后你到现场看了这辆汽车，觉得很好，想买下它。车主开了价，但你不想付那么多，你们会针对价格进行谈判。这时的谈判过程被称为**分配式谈判**（distributive bargaining）。这种谈判最主要的特点是它在零和情况下进行，也就是你的任何所得都以他人的损失为代价，反之亦然。在这个二手汽车的例子中，车主每降价 1 美元，你就会节省 1 美元；相反，他从你这里多得到 1 美元，你就会损失 1 美元。因此，分配式谈判的本质是对固定资源的划分。

分配式谈判最常见的例子可能是劳动者与管理者之间关于工资和福利的谈判。通常，劳工代表在谈判时下定决心要从管理者那里得到尽可能多的东西。由于劳工在谈判中每多获得一分钱，管理者的成本就相应地增加一分钱，所以在谈判中每一方都咄咄逼人，将对方看作一定要打败的对手。在分配式谈判中，每一方既有他们想要达到的目标点，也有可接受的最低抗拒点（见图 12-4）。在他们抗拒点之间的区域是和解范围。只要双方的期望范围有重叠的部分，就存在和解范围。在和解范围内，每一方的期望都能得到满足。

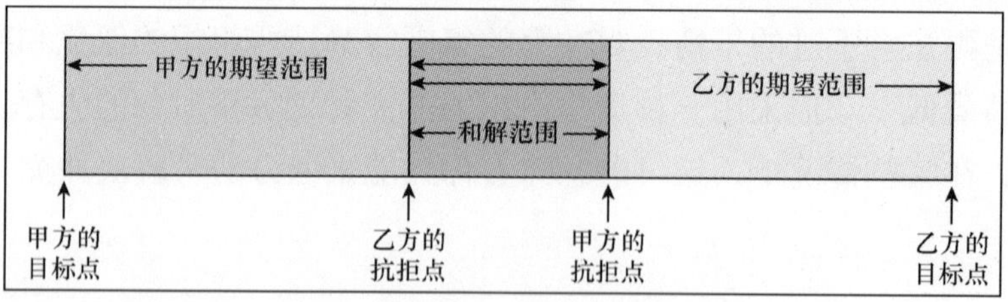

图 12-4　谈判区域或和解范围

在分配式谈判中，你的战术重点应该是使对手同意你的特定目标点或者尽可能地靠近它。例如，让对手知道他不可能达到目标点，接受你提出

3 R. E. Walton and R. B. McKersie, *Behavioral Theory of Labor Relations: An Analysis of a Social Interaction System* (New York: McGraw-Hill, 1965).

的解决方案才是明智的；让他相信你的目标才是比较公平的；试着让对手在情感上对你慷慨起来，进而接受靠近你目标点的结果。

假设一家女士运动服装制造商的销售代表最近获得一家小型服装零售商的一笔 35 000 美元的订单。销售代表通知了公司信贷部门，但她被告知，由于该零售商以前有拖欠货款的记录，所以公司不能批准该客户的信贷申请。第二天，销售代表和信贷主管见面讨论这个问题。双方都不想失去这单生意，但信贷主管也不想摊上一笔坏账。两个人开诚布公地讨论了各自的选择，之后达成了一个可以同时满足双方需求的解决方案，即信贷主管批准这个订单，但是该服装零售商必须提供银行担保，承诺如果零售商 60 天以内没有付款，银行会代付。

上述销售代表和信贷主管之间的谈判就属于**整合性谈判**（integrative bargaining）。与分配式谈判不同，整合性谈判假设至少会有一个双赢的解决方案。总体来说，整合性谈判比分配式谈判更可取，因为它有利于建立长期关系和未来的合作，可以增强谈判双方的联系，让每一方都觉得自己得到了胜利。而分配式谈判使得一方成为潜在的失败者，它容易使未来仍在一起共事的人之间产生敌意、加深分歧。

但是，为什么我们在组织中没有见到更多的整合性谈判呢？原因在于达成这类谈判需要具备一些必要条件，如各方开诚布公，谈判者了解对方的需求，互相信任，以及愿意保持灵活性。[4]因为很多组织的文化和组织内的关系不具有开放、信任和灵活的特点，无怪乎谈判总是不惜一切代价的拉锯过程。知道了这些，现在让我们来看看一些有助于促成谈判的建议。

如何提高谈判技巧

有效谈判的精髓可以归结为以下六点建议。[5]

---

4 K. W. Thomas, “Conflict and Negotiation Processes in Organizations,” in M.D.Dunnette and L. M. Hough (ed.), *Handbook of Industrial and Organizational Psychology*, 2nd ed., vol. 3, (Palo Alto, CA: Consulting Psychologists Press, 1992), 651-717.

5 基于 R. Fisher and W. Ury, *Getting to Yes: Negotiation Agreement without Giving In* (Boston:Houghton Mifflin,1981); J. A. Wall, Jr., and M. W. Blum, “Negotiations”, *Journal of Management*, 17, no. 2(June 1991), 295-296; and M.H. Bazerman and M. A. Neale, *Negotiating Rationally* (New York: Free Press, 1992).

了解对方的情况 尽可能多地获取有关对手的利益和目标的信息。他们要让哪些人满意？他们的战略是什么？这些信息可以帮助你理解对手的行为，预测对手的反应，还能够根据对手的利益提出解决方法。而且，如果你能预见对手的立场，就可以准备更充分的事实和数据来支持自己的立场，反击对手的论点。

采取具体的策略 谈判就像下棋。有经验的棋手都有策略，他们会提前计划，以应对任何可能出现的情形。你处于什么状况？问题有多重要？你是否愿意搁置差异早点达成解决方案？如果问题对你十分重要，你的处境是否有足够的优势可以让你展现强硬姿态，拒绝妥协？在开始谈判之前，你应该考虑这些问题。

以积极的姿态开始谈判 关于谈判的研究表明，让步是互惠的，有利于达成一致。因此，你应该以积极的姿态开始谈判。或许你做出一个小的让步就可以赢得对手的让步。

针对问题而不是个人 把谈判重点放在问题上，而不是对手的个人特点上。如果谈判陷入僵局，不要攻击对手。你不同意的是对手的观点或者立场，而不是他个人。应分清楚问题和人，避免将差异个人化。

不要在意最初的提议 把最初的提议仅看作一个起点。每个人都有最初的立场，而最初的立场往往都是极端的、理想化的。就像这样看待它们。

解决方法强调双赢 谈判者通常认为他们的所得必然是建立在牺牲对方的利益之上的。正如在整合性谈判中提到的那样，不必这样，因为通常会有双赢的解决方案。如果你认为谈判是一场零和游戏，可能会错过稍做取舍就能使双方受益的机会。所以，如果条件允许，请尽量寻求整合性解决方案。参照对手的利益来设计解决方案，并寻找可以使对手和你同时获利的解决方法。

第13章 变革管理

应对管理困境

“没有什么比一个好的理论更加实用的了。”

“如果你真的想了解一样东西，那就试着改变它。”

库尔特·勒温（Kurt Lewin）的这两句名言给我们提供了一个独特的视角去了解他是一个怎样的人以及他是如何学习管理的。*勒温被称作现代社会心理学之父，他的群体动态研究在管理学界非常有名。他认为，“群队行为是一系列复杂的、象征性的互动和既影响群队结构又影响个人行为的力量。”

勒温曾经研究过第二次世界大战期间家庭饮食习惯的改变，为引入变革提供了一些新颖而重要的视角。他发现，“群体决策比报告演讲或个人申诉更容易带来变革。”这意味着什么？他的研究表明，如果一个人觉得他有机会参与变革，而不只是简单地被要求做出改变，会更容易接受变革。这对管理者是重要的一课，甚至在今天，这仍然值得任何一个管理者去学习和加以运用。

勒温的另一项重大贡献是他的力场分析理论（force field analysis），这是用来审视影响情境的各因素（力量）的理论框架。有些力量可以驱动目标的

* 基于 D. A. Wren and A. G. Bedeian, *The Evolution of Management Thought*, 6th ed. (New York : John Wiley & Sons, Inc., 2009) ; “Biography and Quotes of Kurt Lewin,” About.com, http://psychology.about.com (accessed July 15, 2009); and K. T. Lewin, “The Dynamics of Group Action,” *Educational Leadership* 1, no.4 (January 1944), 195-200.

实现，而有些则会阻碍目标的实现。从管理变革的角度来看，你会发现这个观点也有助于我们理解动态变革的作用，以及主管应如何克服对变革的抗拒心理。答案就是：增加动力，减少阻力，或者增加动力的同时减少阻力。

主管与公司的其他管理者一起在部门中进行广泛的变革，给部门带来新的面貌，我们把这些行为称作组织发展（organization development）。组织发展干预通常需要组织成员的配合参与，他们可以形成一种开放、信任和尊重的气氛。在干预中，主管会向员工授权，鼓励他们大胆尝试，希望这样的氛围可以提高组织的绩效。

勒温认为，员工的积极参与可以带来更多智慧的火花，但也会带来一些风险。试想，一个员工质疑主管要改变工作环境的决定，坚信这对部门有害。这样的声音可能会招致主管的记恨。即使主管似乎一开始接受了这样的反馈，但过后可能会对这位员工不利。无论在哪一种情况下，员工都会受到伤害。

主管应该参与像组织发展干预这样的变革吗？他们应该让员工也参与其中吗？如果员工——甚至其他部门的人——也参与了，你认为他们会驱动还是阻碍组织的发展？主管应该如何确保参与其中的员工不受到伤害？

变革（change）是指组织在环境、结构、技术或者人员方面的改变。主管的工作如果不包括变革，那就轻松多了：计划可以万无一失，不需要适应新情况，可以准确预见每一种选择的结果。而如果组织不用推出新产品，政府的规章不用修订，科技永不进步，或者员工的需要总是一成不变，也会极大地简化主管的工作。

但是，变革是组织必须面对的现实。应对变革是主管工作的重要组成部分，有许多外界的力量都会要求组织做出变革。

13.1 推动变革的力量

外部和内部力量不仅会限制主管的行为，也会带来变革的需要。首先，我们来看看都有哪些推动变革的力量（见图 13-1）。

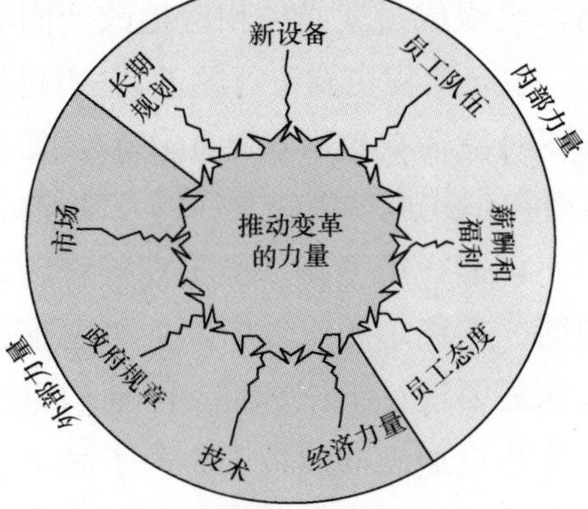

图 13-1　推动变革的力量

推动变革的外部力量有哪些

推动变革的外部力量来自不同方面。近些年来，激烈的市场竞争影响了公司的变革。政府的法律法规也是推动变革的因素。1990年，《美国残疾人法案》要求成千上万的商店扩宽大门、改装卫生间、增加斜坡以及采取其他措施来为残疾人提供便利。20 世纪 90 年代中期，互联网成了获取信息和销售商品的多层面媒介。

技术的进步也会推动变革。尖端设备的发展给许多公司带来了巨大的经济效益。例如，证券经纪公司通过采用新技术，每天可以处理上千次的基金交易。很多行业用先进的机器人代替了人工劳动力，对装配线进行了重大变革。劳动力市场的波动也促使管理者去寻求变革。

经济的变化影响我们每一个人。2011 年原油和汽油价格飙升，导致很多依赖燃油产品的美国公司开始寻求其他运输方式，以此降低运费成本。

推动变革的内部力量有哪些

除了外部力量，还有很多可以推动变革的内部力量。这些内部力量主要是组织内部运营和外部变革影响的结果。

如果公司管理层改变或修改组织战略，通常会带来大量变革。例如，如果赫曼米勒公司（Herman Miller, Inc.）在办公家具业务领域提出一种新的、更加大胆的竞争战略，组织成员就必须相应地改变固有的工作方式：营销策略发生极大的转变，生产流程也要进行修改。[1]引进新设备是推动变革的另一股内部力量。员工可能需要重新设计工作，接受相关培训来学习如何操作新设备，或者需要在正式群体中建立新的互动模式。

组织的员工队伍不可能一成不变，员工在年龄、受教育程度、性别、国籍等方面都各不相同。在稳定的组织中，如果主管在目前的岗位上已经工作了很多年，可能就需要进行工作重组，给他们更加灵活的工作时间和发展的机会，以留住那些更加进取的员工。为了满足多元化员工队伍和掌握稀缺技能的员工的需要，可能还需要修改薪酬和福利体系。员工的态度问题，比如对工作的不满情绪，可能会导致越来越多的缺勤、辞职，甚至罢工。反过来，这些问题也会推动公司在政策和实践方面进行变革。

主管如何当好变革的推动者

组织变革需要催化剂。那些充当组织变革催化剂并负责监督变革进程的人被称为**变革推动者**（change agent），他们所进行的活动被称作**组织发展**（organization development, OD）。

任何人都可能成为变革推动者，比如那些擅长执行变革的内部员工专家或者外聘的咨询师。如果要对整个组织系统进行重大变革，公司高层管理者通常会从组织外聘请顾问来提供专业的建议和帮助。与组织内的员工相比，他们可以提出更加客观的看法。然而，外部顾问也有其劣势，因为他们可能对组织的历史、文化、运营和人事等方面不够了解。他们会比组织内部人员带来更剧烈的变革，因为他们只负责实施变革，而不必面对变革后的反弹。相反,如果由组织内的主管来推动变革，他们必须考虑得更加周全一些，因为他们必须面对变革的结果。

13.2 关于变革过程的两种观点

我们可以从不同的角度看待**变革过程**（change process）。传统的观点将

1 D. Rocks, "Reinventing Herman Miller," *Business Week E.Biz,* April 3, 2000, EB89-EB96.

组织看作一艘驶过平静海面的大船，船长和船员很清楚他们的目的地，因为他们之前已经成功航行过很多次。变革就像偶然发生的暴风雨，是一次平静且可预测的航程中的小插曲。而当代的观点把组织看作一只在黑夜中航行的小船，河面水流湍急，船员经验不足，没人知道目的地在哪里。这种观点认为，变革是一种自然状态，管理变革是一个持续的过程。这两种关于变革的观点在理解与应对变革方面有非常大的差异。下面我们来详细分析这两种观点。

什么是传统的变革观

传统的变革观认为，变革的过程分为三步[2]（见图 13-2）。

图 13-2　传统的变革观

在这个模型中，变革要想成功，需要先将现状解冻，变成一种新的状态，再重新冻结新状态，使之成为稳定的状态。现状可以被视为一种平衡状态，要打破这种平衡，首先必须解冻。有三种解冻方式：

1. 增加使行为脱离现状的动力。
2. 减少可能打破平衡的约束力。
3. 两种方法结合使用。

一旦解冻过程完成，就可以实施变革了。但是，仅创造变革的条件并不能保证变革一定会发生。新的状态需要重新冻结才能持续下去。如果没有这一步，变革极有可能不会长久，员工将会回到原来的平衡状态。再冻结是为了通过平衡动力和阻力来稳定变革后的新态势。

这种三步论把变革看成对组织平衡状态的“破坏”。现状被打破后，需要通过变革建立一种新的平衡状态。这种观点可能适合 20 世纪晚期大

2 K. Lewin, *Field Theory in Social Science* (New York: Harper & Row, 1951).

部分组织所处的相对平静的环境，但是后来越来越不适合管理者所面临的处境。

什么是当代变革观

当代变革观认为，组织所面对的环境是不确定的、动态发展的。管理变革就像在充满未知的状况里演习。假设你在滑雪，但必须面对如下情形：滑雪道很开阔，但长短不同、难度不一。更糟糕的是，你开始滑的时候并不知道雪道的实际情况，可能很容易，也可能充满挑战。而且，你在计划滑雪之行的时候假设雪道会开放，毕竟 1 月份正是滑雪旺季。但实际上呢？滑雪场地并不总会开放。更糟糕的是，雪道还可能毫无理由地停止开放。除此之外，滑雪票价波动很大且没有明显的规律可循。想要在这样的情况下玩得开心，你必须异常灵活，能够迅速应对所有的环境变化。那些反应迟钝或者行事刻板的人肯定会玩得不开心。

越来越多的主管开始接受这种观点：他们的工作就像是上述滑雪旅程中要面对的状况。那种稳定的、可预测的传统变革观已不复存在。打破现状不是偶然的，也不是临时的，随后会再次回归平静的状态。很多当代的主管永远不可能从激流中脱离，他们必须面对持续的变革，处在混乱的边缘。他们不得不参与以前从未玩过的游戏，而游戏规则只有在玩的过程中才会形成。

你将面临持续、混乱的变革吗

并不是每个主管都会面临持续、混乱的变革。然而，不会面对持续变革的主管越来越少，几乎没有主管再认为变革是对平静的组织环境的暂时性干扰。如果你还这么认为的话，就会面临巨大的风险。当今世界瞬息万变，没有人能掉以轻心。职业作家汤姆·彼得斯（Tom Peters）的描述恰如其分，“不破不修”这样的老话已不再适用。相反，他建议，“没破？不可能。找到它，修好它。”[3]

---

3 T. Peters, *Thriving on Chaos* (New York: Knopf, 1987).

人们为什么会抵制变革

研究发现，人们会抵制变革。正如有人所说："大多数人讨厌任何不会带来利益的变革。"

对变革的抵制有多种表现形式，有些明显，有些含蓄，有些在变革伊始就会出现，有些则是过一段时间才显现出来。对主管来说，最容易处理的是明显的、立即表现出来的抵制。例如，变革一经实施，员工就立即有了反应。比如，他们会抱怨连连，工作效率降低，甚至以罢工进行威胁等。那些含蓄的、过一段时间才显现出来的抵制活动带给主管的挑战更大。含蓄的抵制行为看不见、摸不着（如丧失对组织的忠诚、丧失工作的热情、工作中失误不断、缺勤严重等），更难分辨。由于时日已久，很难查明抵制的缘由。有些变革刚开始可能没激起什么反应，但是，随后的抵制活动可能持续几周、几个月甚至几年，会成为压垮骆驼的最后一根稻草。因为对变革的反作用力会日积月累、不断增大，一旦爆发，其影响可能比变革还要大。

那么，人们为什么会抵制变革？原因有多方面（见图 13-3），具体如下：

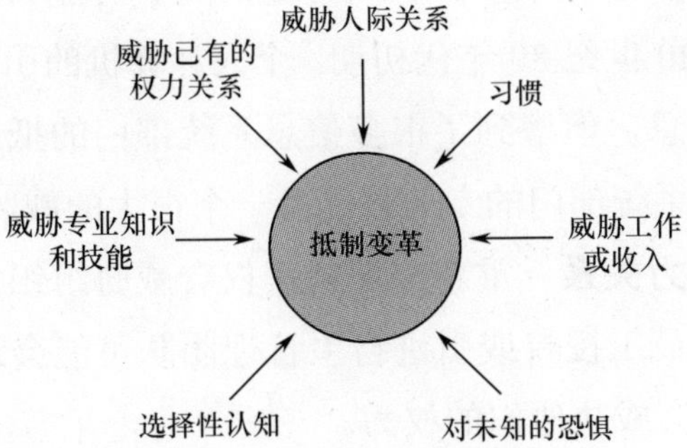

图 13-3　人们为什么要抵制变革

习惯　人是习惯的动物。生活已经足够复杂，我们每天要做数百个决定，每个决定都有多个选项。为了应对如此复杂的情况，我们在做决定时不必考虑所有选项，而是会依赖习惯或者把反应程序化。面对变革时，这种依习惯处理事情的倾向就成了抵制的一个来源。比如，你把部门搬到新的办公地点，员工就不得不改变他们的习惯，如提前10分钟起床，规划新的上班路线，寻找新的停车位，适应新的办公布局，以及调整午饭习惯等。

威胁工作或收入 员工通常特别害怕那些可能威胁工作或者收入的变革。例如，组织决定引入新设备，在员工看来可能是失业的先兆。对工作任务的调整或者对既有工作规则的改变也会让员工感到威胁，因为人们可能会认为自己无法很好地完成新任务或适应新规则。当工作效率与薪酬紧密相关时，员工尤其会觉得受到威胁。

对未知的恐惧 变革充满不确定性，而人们不喜欢模糊不定的事情。如果一家小型出版社引进了桌面排版系统，这意味着编辑人员必须学习用计算机来完成所有的工作。有些人会担心自己无法操作这个复杂的系统，因此，他们可能会对这个工作系统产生消极情绪，或者在需要使用这个系统的时候表现出行为障碍。

选择性认知 人们总是通过自己的认知来认识世界，而认知会抵制变革。所以，人们总是选择性地过滤所见所闻以保护自己的认知。通常人们只会听他们想听的东西，而忽略挑战自己认知的信息。

威胁专业知识 组织政策和实践方面的变革可能会对专业技术群体或者部门构成威胁。20世纪80年代初期，个人计算机的引进方便主管直接看到公司主机上的信息，但遭到了很多信息系统部门的抵制，因为分散的终端机对集中的信息系统部门的专业技能是一个很大的威胁。

威胁已有的权力关系 重新分配决策权会威胁组织内存在已久的权力关系。公司对操作员工授权或引进自主管理团队可能会遭到主管的抵制，因为这些变革可能会威胁他们的权力。

威胁人际关系 人际关系是工作的一部分，它对满足人们的社交需求起着举足轻重的作用。我们希望在工作中与同事互动并结交朋友，然而变革可能会威胁这些关系。重组、调动、重新设计工作布局等都会改变员工的同事、上司和其他日常互动的人。这些变化通常被视为威胁，受到员工的抵制。

如何克服对变革的抵制

对变革的抵制可以被克服。这里我们将介绍五种具体的方法，可以帮助你消除员工的抵制情绪。

建立信任 如果员工信任你，对你充满信心，就不太可能觉得你提出的变革会威胁到他们。

位于佛罗里达州维罗海滩的优鲜沛（Ocean Spray）加工厂实施的自主管理团队变革，一开始就遭到了员工的抵制，因为他们不信任主管。很长时间以来，主管不信任员工可以自己做出决策，然而突然间，这些主管告诉员工他们可以自己做出决策。员工们用了一年多才承担起自己解决问题的责任。信任需要很长的时间才能建立起来，它也很脆弱，很容易被破坏。

建立沟通渠道 通过与员工沟通，让其了解变革的合理性，可以大大减少他们对变革的抵制。如果员工可以充分了解事实，就可以减少误解，从而消除抵制。

然而，只有当主管和员工互相信任，且组织真正关心员工的福利时，开放的沟通渠道才会发挥作用。改善沟通可以有效减少变革的不确定性所带来的抵制。例如，当减产和裁员的小道消息漫天飞时，就需要真诚和开放的沟通来平息谣言。如果沟通中仍充满模糊信息，人们会觉得受到威胁，他们通常会编造出一些比真正的“坏消息”更糟糕的消息。

鼓励员工参与 很多组织都让员工协助制定重大的变革项目，因为他们很难抵制有自己参与的变革决策。如果那些受变革影响的员工在变革早期就参与其中，他们通常会积极地支持变革——没有人想反对有自己参与的决策。

采取激励措施 要让员工明白，变革是对他们的利益有好处的。给他们提供新技能培训，或者一个短期的带薪休假，让他们有时间重新思考自己的恐惧，平静下来，他们会意识到自己的担心是没有事实依据的。

裁员对那些“幸存”的员工来说是机遇。工作被重新设计后，他们会有新的挑战和责任。加薪、新头衔、灵活的工作时间或者更多的工作自主权，都能减少员工的抵制。

管理员工的情绪　“我讨厌我的工作”“我的老板对女员工的需求不够敏感”“我认为我们生产的药品可以真正影响人们的生活”等，这些都是**态度**（attitudes）的例子。态度可以反映出人们对事物的感受。作为主管，你可以做些什么来改变员工的消极态度？首先，明确你想改变的态度；然后，找到态度背后的原因；接着，给这些态度“解冻”，提供一种可供选择的态度；最后，巩固和支持新的态度（见图 13-2）。

13.3　激励创新

“不创新则灭亡！”这句刺耳的话正日渐成为当今主管的战斗口号。在这个充满变化、全球竞争的世界里，组织必须创新产品和服务，采用高精尖的技术，才能在竞争中占据优势。[4]杜邦（DuPont）、伊士曼化工（Eastman Chemical）和 3M 等公司为我们树立了创新的榜样。[5]3M 公司的目标之一是：每个部门 25%的利润必须来自五年之内推出的新产品。为了达到这个目标，该公司每年都会推出 200 多种新产品。在最近五年中，该公司的销售额高达 130 亿美元，其中超过 30%都来自产品创新。

创造力与创新有何关系

一般来说，**创造力**（creativity）是指用独特的方式综合各种思想或者在各种思想之间建立起特殊联系的能力。例如，美泰玩具公司（Mattel）的管理者引进了“鸭嘴兽项目”（Project Platypus）部门。这个部门集合了各个领域——如工程技术、市场营销、设计和销售等——的人员。员工们需要“跳出既有框架”“理解孩子们游戏模式背后的社会学和心理学”。为了实现这个目标，团队成员开展了想象力训练、集体哭闹（group crying）、扔沙包

4 J. Benditt, “Lessons from Innovation,” *Technology Review,* July-August 2002, 9.

5 K. H. Hammonds, “How to Design the Perfect Product Start with Craig Vogel and Jonathan Cagan: Integrate Style and Technology with a Dash of Fantasy. Apply Everything from Toasters to Cars,” *Fast Company*, July 2002, 122-127.

等活动。[6]他们的第一个产品——Ello——经过两年的研发，于 2002 年投入市场，取得了巨大成功。

创新（innovation）是指采用有创造力的想法，并将其转变为有用的产品、服务或者操作方法的过程。[7]富有创新精神的组织具有这样一个特点，即有能力将具有创造力的想法转变成有用的结果。当管理者说想把组织变得更有创造力时，他们通常是想激发创新。人们认为 3M 公司富有创新精神，因为它能把一些新奇的想法转变成可以盈利的产品，如透明胶带、消防水龙带、便利贴和带弹性腰带的尿片等。英特尔公司（Intel）也被公认为具有创新能力。其酷睿处理器（Intel Core Processors）获得巨大成功，销售额占 2010 年全球微处理器厂商总收入的 81%。2010 年，英特尔公司的全年销售额高达 436 亿美元。2011 年，英特尔计划支出 102 亿美元来开发一系列更新、更强的产品，以保证在竞争中立于不败之地。2005 年其研发预算只有 50 多亿美元，而到 2010 年则增长至 66 亿美元。[8]

创新包括哪些方面

有些人认为创造力是天生的，而有些人相信创造力可以通过后天训练

---

6 L. Bannon, "Think Tank in Toyland," *Wall Street Journal*, June 6, 2002, B1, B3.

7 "Learning from Leading Innovators," *The Futurist*, May 2002, 62.

8 参见 L. P. Livinstone, L. E. Palicyh, and G. R. Carini, "Promotion Creativity Through the Logic of Contradiction," *Journal of Organizational Behavior* 23, no.3 (May 2002), 321-327; IC Insights, Inc., "Samsung Poised to Overtake Intel as Largest Semiconductor Maker," August 25, 2010, http://www.icinsights.com/news/bulletins/Samsung-Poised-To-Overtake-Intel-As-Largest-Semiconductor-Maker (accessed May 26, 2011); E. Savitz, "Update: Intel Opens Wallet, Semi Equipment Shares Rally," *Forbes*, April 20, 2011, http://blogs.forbes.com/ericsavitz/2011/04/20/update-intel-opens-wallet-semi-equipment-shares-rally/?partner=contextstory (accessed May 26, 2011); P. Darling, "Intel Reports Record Year and Record Fourth Quarter," *Intel Newsroom*, January 13, 2011, http://newsroom.intel.com/community/intel_newsroom/blog/2011/01/13/ intel-reports-record-year-and-record-fourth-quarter (accessed May 26,2011); N. Eddy, "Intel, AMD Hold Lead on Microprocessor Market Share: Report," e-Week.com, *Midmarket News*, March 2011, http://www.eweek.com/c/a/Midmarke/Intel-AMD-Hold-Lead-on-Microprocessor-Market-Share-Report-654921/ (accessed May 26, 2011).

获得，任何人都可以变得有创造力。后者认为，创造力包括认知、酝酿、灵感和创新四个方面。[9]

认知（perception）是指你如何看待事物。富有创造力意味着用独特的视角来看待事物。也就是说，员工能够想出一种其他员工不能或不会想到的问题解决方案。然而，从认知到创造不是一瞬间发生的，每个想法都要有一个酝酿（incubation）的过程。有时员工需要"孵化"自己的想法。这并不意味着只是坐着无所事事，而是在"孵化"期应该收集大量数据，存储、检索、研究、改造，最终形成一个新的想法。这个过程有时可能要花好几年时间。

这就像你在考试中艰难地思索问题的答案，虽然搜肠刮肚，但是没有任何结果。然后你突然灵光一现，答案"嘭"的一声出现在你的脑子里，就是它！在创新过程中，灵感（inspiration）就是这样出现的。灵感就是你之前所有的努力成功聚合的一瞬间。

虽然灵感可以给人带来愉悦，但至此创造工作还没有完成，需要我们进一步努力才能实现创新。创新（innovation）需要把灵感转变成有用的产品、服务或者做事的方法。人们经常引用托马斯·爱迪生（Thomas Edison）的名言："天才是1%的灵感加99%的汗水。"这99%的汗水，或者说创新的过程，就是指对灵感的反复测试和评估。通常正是在这个阶段，个体会让他人参与到自己的工作中来。这种参与非常重要，因为如果个体不能有效地与他人沟通，实现富有创造力的想法，再伟大的创新也可能会推迟面世，甚至夭折。

主管如何培养创新精神

有三种变量可以激发创新：组织的结构、文化以及人力资源管理实践。

结构变量　大量研究发现，结构对创新的影响可总结为以下三个方面：第一，非正式的结构有利于创新。因为与官僚结构相比，非正式的结构对

9 C. Vogel and J. Cagan, *Creating Breakthrough Products: Innovation from Product Planning to Program Approval* (Upper Saddle River, NJ: Prentice Hall, 2002).

员工工作专门化的要求更低，规定更少，权力更分散。这样的组织更加灵活，适应性更强，更容易吸收外界的成果，这些都有利于创新。第二，获取资源的方式简单些会更有利于创新。丰富的资源使主管能够承担创新的成本，并承受可能的失败。第三，经常性的部门间沟通可以促进各部门的互动，消除创新之路上可能存在的阻碍。

文化变量 富有创新精神的组织往往都有一些相似的企业文化。[10]它们都鼓励尝试，既奖励成功也奖励失败，甚至会为错误喝彩。例如，在索尼公司，鼓励并奖励员工在市场上尝试新产品。与其他公司不同，索尼公司明白并非所有投入市场的新产品都能取得巨大的成功，但还是这样做了。索尼公司的企业文化鼓励这种冒险行为。富有创新精神的文化通常具有以下七个特征：

1. **接受模糊性。**过多地强调客观和具体会限制创造力。

2. **容忍不切实际的行为。**公司不会压制那些提出不切实际甚至愚蠢答案的员工。有些一开始看上去不切实际的想法可能会成为一个极富创新的方案。

3. **外部控制程度低。**尽可能减少规则、条例和政策等类似的控制。

4. **容忍冒险。**公司会鼓励员工大胆尝试，不用担心失败的后果，员工可以从错误中学习。

5. **容忍冲突。**公司鼓励不同的观点存在，员工或者部门之间的和谐、一致并不是高效的表现。

6. **强调结果而非手段。**公司制定明确的目标，鼓励员工通过不同的方式去实现。强调结果意味着一个问题的解决方案可能有好几种。

7. **打开视野。**公司会密切关注环境并快速应对变化。

人力资源管理实践变量 富有创新精神的组织非常重视人力资源管理部门的培训和发展，以确保员工的知识与时俱进；为员工提供较高的工作保障，使其不用害怕因犯错而被解雇；鼓励员工成为变革的倡导者。一旦

---

10 同前, p.63.

员工形成一个新想法，倡导者会积极、热情地进行宣讲，寻求支持、克服抵制并确保创新的落实。

研究发现，变革的倡导者具有一些共同的个人特质，如高度自信、持之以恒、精力旺盛和勇于冒险等。他们还会表现出一些动态领导者的特点。比如，他们会看到创新的潜在价值，通过个人强有力的说服力来鼓舞和激励他人。他们还擅长获得他人的支持。此外，变革倡导者拥有较多的自主决策权，能帮助他们引进和实施创新。

后记 个人发展

引言

职业生涯对我们每个人都很重要。大家知道，有时我们很难实现自己的职业目标。这反映出一种新型的、意外的复杂性，即主管不仅要努力调动员工的积极性，还要调动自己的积极性。过去人们相信人人都会争夺晋升的机会，组织内总有人才会填补空缺，有价值的员工永远都会有价值……这些看法如今已不再正确。人们的生活方式在改变，人们的需求和渴望正日渐变得多元化。

过去 40 年来发生了一些剧烈的变化。几年前，组织的职业生涯发展规划主要是通过向员工提供信息，给员工做评估，帮助员工提升工作能力，达成职业目标。职业发展也是组织吸引和留住高素质人才的手段。但在今天不断变化的工作环境中，这些已不复存在了，一起消失的还有那些人们从事了几十年的工作。[1]缩编裁员、结构重组、工作流程再造、全球化、临时员工等新变化让我们得出一个重要结论：你，只有你自己，能对你的职业生涯负责。[2]职业发展不再是公司的责任了！不幸的是，数年来仍有很多员工在屡撞南墙后才懂得了这个道理。[3]因此，你必须做好一切必要准备来

---

1 L. T. Eby, M. Butts, and A. Lockwood, "Predictors of Success in the Era of the Boundaryless Career," *Journal of Organizational Behavior* 24 (September 2003), 689-709.

2 D. C. Feldman and C.R. Leana, "What Ever Happened to Laid-off Executives? A Study of Re-employment Challenges After Downsizing," *Organizational Dynamics* 29, no. 1 (Summer 2000), 64-75.

3 K. Heim, "With Layoffs Up and Stock Prices Down at High-Tech Firms, Unions Step Up Their Quest for Power in the New Economy," *San Jose Mercury News* (December 28, 2000), A-1.

推动自己的事业发展。

在这样的新形势下，当代组织要为员工的职业发展承担什么责任呢？通常组织的责任就是培养员工的独立性，帮助他们通过不断学习来保持“适销性”。[4] 现代职业发展规划的实质就是给员工提供支持，让他们能持续提升自己的技术、能力和知识。这些支持包括如下内容：

1. 向员工明确组织的目标和未来的战略。如果员工知道组织的发展方向，就能更好地拟订个人计划，与组织共创未来。

2. 创造成长机会。员工应该有机会承担新的、有趣的和充满专业挑战的工作。

3. 提供经济支持。组织应该给员工报销培训费用，帮助他们与时俱进。

4. 给员工学习时间。组织应该不吝提供带薪的脱产培训。另外，员工的工作负荷不应过大，否则会占用过多时间而阻碍员工学习新技能和获得新知识。

什么是职业

“career”这个术语有很多种解释。最常见的解释有：①提升（如“他在职业生涯中又上了一个台阶”）；②职业（如“她选择从事医学”）；③长久而稳定的状态（如职业军人）。[5] 我们将职业定义为“贯穿人的一生与工作相关经历的轨迹”。[6] 我们每个人都拥有或会拥有职业。这个概念不但对工程师和外科医生很重要，对无特别技能的临时员工也同样重要。所以，任何工作，不管有没有薪酬，只要能够持续一段较长的时间，都能够称作

4 参见 “Career Development Ranks Among the Most Demanded Content Areas Across Industries Worldwide,” *Training and Development* (September 2003), 18,

5 D. T. Hall, *Careers in Organizations* (Santa Monica, CA: Goodyear Publishing, 1976); and J. Van Maanen and E. H. Schein, “Career Development,” in J. R. Hackman and J. L. Suttle (eds.), *Improving Life at Work: Behavioral Sciences Approaches to Organizational Change* (Santa Monica, CA: Goodyear Publishing, 1977), 314-355.

6 J. H. Greenhaus, *Career Management* (New York: Dryden Press, 1987), 6.

职业。除了正式工作，职业还包括学业、家政和志愿者工作等。而且，职业成功不仅指客观上的“晋升”，还指主观上的“满意”。

有效的职业发展对每个人都很重要。由于职业和成功的定义均已发生变化，个人职业发展规划的价值也随之得到扩展。职业成功可能不再仅仅通过收入的增加或职位的晋升来衡量了，它还包括很多方面，比如面对挑战时使用自己的技能，在工作中承担更多的责任，获得更多自主权等。内在职业发展，或者说薪水和工作保障以外的“心理收获”正成为许多当代员工的新追求。许多员工都想做感兴趣和有意义的工作，而这种兴趣和意义通常只有在自己搭建职业生涯时才能得到。

只有能够发展积极的自我意识，做自己认为重要的工作，过自己想要的生活，才算是精彩的职业生涯。第一资本金融公司（Capital One Financial Corporation）近期的一项调查显示，66%的大学毕业生认为完善的配套福利（如卫生保健、401（k）计划、儿童看护和配偶福利等）是他们选择职业的最重要的考虑因素，紧随其后的是起薪（64%）和工作地点（60%）。[7]今天的大学毕业生还希望自己的志愿和慈善行为可以获得回报或补偿（如补偿性休假或相应的捐款等）。

如何做出职业决策

良好的职业决策可以给人们机会表现得更好，能让人们想长期投身于某一领域，还能给人们很高的工作满足感。个人的职业选择应该有助于形成积极的自我意识，去做一些我们认为重要的事情。[8]

职业规划能够帮你更加了解自己的需求、价值和个人目标。你可以通过以下三步自我评估增加对自己的了解。[9]

---

7 “Capital One Survey Highlights What Today’s College Graduates Want from Employers,” www.businesswire.com, June 10, 2008, http://www.businesswire.com/news/home/20080610006130/en/Capital-Survey-Hightlights-Todays-College-Graduates-Employers#.U5oDOLGCp8E (accessed June 12, 2014).

8 D. E. Super, “A Life-Span Life Space Approach to Career Development,” *Journal of Vocational Behavior* 16 (Spring 1980), 282-298.

9 I. R. Schwartz, “Self-Assessment and Career Planning: Matching Individuals and Organizational Goals,”*Personnel* (January-February 1979), 48.

1. 发现和组织自己的技能、兴趣、与工作相关的需求和价值。最好先简单总结一下自己的受教育经历。你最喜欢或最不喜欢哪些课程？你在哪些课程中获得了最高分或最低分？你曾参加过哪些课外活动？你掌握了什么特殊技能？你是否熟练掌握其他技能？接着，评估一下你的工作经验。列出你做过的工作、工作过的组织的，你对这些组织的满意度，你最喜欢或者最不喜欢哪份工作以及你离开的原因。在回答这些问题时要诚实。

2. 把这些信息转化为一般的职业领域和具体的目标工作。通过第一步，你已经了解了自己的兴趣和能力。现在你需要看看这些信息如何被转换为适合你的组织环境和工作领域。可以进入哪些领域？商界？政府？还是非营利组织？之后，可以把答案进一步细化到教育、金融、制造、社会服务或者医疗保健等领域。确定兴趣所在往往比确定具体职业容易得多。当你找到几种感兴趣的职业时，可以把你的技能与这些职业联系起来。这份工作需要你调动吗？如果需要，你能适应新的工作地点吗？你有没有这份工作所必需的教育背景？如果没有，你是否需要额外学习？这份工作能否提供你想要的地位和潜在收入？这份工作的长远前景怎么样？该领域会不会有周期性失业？你是否认真考虑过该工作所有的消极方面？如果你能全面地回答这些问题，就应该得出一个简短的目标工作清单了。

3. 和目标领域、公司或圈内人谈谈，了解公司或就业市场的现状，检验目标工作的可行性。这样的面谈可以为你的自我评估和目标工作提供值得信赖的反馈。

如何增加进入目标公司的机会

申请工作是你将面对的最有压力的状况，因为没有具体的指导原则保证你必然成功。但是，仍有一些小诀窍可以帮你增加找到工作的机会。在求职过程中，得到面试机会是一个重要的目标，但获得面试机会本身需要付出巨大努力。你应该把目标工作视为已经在做的工作。

如何在互联网上找到工作广告

网络招聘已经取代报纸广告和职业介绍所，成为招聘和求职的主要信息渠道。目前有将近80%的公司都在自己的网站上增加了招聘板块，通过互联网招聘新员工。[10]还有一些组织开发了专业的招聘网站，专门从事互联网招聘工作。这些网站上不仅有招聘广告中的常见信息，如资格、经验、福利等，还会展示组织的产品、服务、理念和使命等。这些信息可以提高应聘者的质量，因为那些无法认同组织的人会自动退出。那些设计得好的网站还提供在线申请功能，这样应聘者就只需要制作一份简历，然后单击“提交”按钮就可以了。商业工作信息发布服务商提供电子分类广告，也促进了网络招聘的发展。[11]

---

10 M. N. Martinez, “Get Job Seekers to Come to You,” *HR Magazine* (August 2000), 42-52.

11 参见 B. Leonard, “Online and Overwhelmed,” *HR Magazine* (August 2000), 37-42; P. Curry, “Log on for Recruits,” *Industry Week* (October 16, 2000), 46-54; R. E. Silverman, “Your Career Matters: Raiding Talent Via the Web—Personal Pages, Firms' Sites Are Troves of Information for Shrewd Headhunters,” *Wall Street Journal* (October 3, 2000), B1; and M. N. Martinez, “Get Job Seekers to Come to You,”*HR Magazine* (August 2000), 45-52.

补充资料来源: “Managing Your Career Module” based on: J. H. Greenhaus, V. M. Godstalk, and G. A. Callahan, *Career Management*, 3rd ed. (Cincinnati: South-Western, 2000); K. A. Ericsson, “Deliberate Practice and the Modifiability of Body and Mind,” *International Journal of Sports Psychology* 38 (January-March 2007), 4-34; J. P. Newport, “Mastery, Just 10,000 Hours Away,” *Wall Street Journal*, March 12-15, 2009, W6; “Capital One Survey Highlights What Today's College Graduates Want from Employers,” www.businesswire.com, June 10, 2008, http://www.businesswire.com/news/home/20080610006130/en/Capital-Survey-Hightlights-Todays-College- Graduates-Employers#.U5oDOLGCp8E (accessed June 12, 2014); M. Gladwell, *Outliers: The Story of Success* (New York: Little, Brown, 2008); R. N. Boles, *What Color Is Your Parachute?2009: A Practical Manual for Job-Hunters and Career-Changers* (Berkeley: Ten Speed Press, 2009); D. E. Super and D. T. Hall, “Career Development: Exploration and Planning,” in M. R. Rosenzweig and L. W. Porter (eds.), *Annual Review of Psychology* 29 (Palo Alto, CA: Annual Reviews, 1978), 334; and M. B. Arthur and D. M. Rousseau, *The Boundaryless Career: A New Employment Principle for a New Organizational Era* (New York: Oxford University Press, 1996).

准备简历

不管你正处于职业生涯的哪个阶段，都应该有一份最能体现近况的简历。简历是雇主了解你以及决定是否给你面试机会的主要途径。你的简历必须能提供关键信息来支持你的候选资格，突出你的优势，并使你与其他应聘者区分开来。任何能体现你与众不同的正面信息都应该被写进去。例如，志愿工作和社区服务表明你是一个全面发展、对社区有责任心而且乐于助人的人。

用独特的方式来展现简历，且其内容应该对你的目标雇主有意义，不应每次都使用同样的简历。在讨论以往的工作经验时，应该侧重讨论你在该工作中的表现，而非工作本身。记得要介绍你做过什么，为哪些人工作过，以及取得过多大的成就。不要在简历中撒谎，不然日后你会为此付出代价。

还要注意一些细节。许多东西看似是常识，但很多人都会忽略。如果你在制作纸质简历，应该使用质量好的打印机，字体应该易于阅读（如Courier或Times New Roman这两种字体）。避免使用任何难以阅读的字体，如手写体或者斜体字。整体的视觉效果应该干净简洁，格式和布局不应该分散阅读者的注意力。

如今很多公司都依靠计算机软件来筛选简历。每份简历都要经过扫描，检索特定的信息，如关键工作因素、工作经验、工作经历、受教育程度或技术专长等。因此，你在制作简历时需要注意两个重要方面：第一，计算机会在工作描述部分进行关键字匹配，因此你应该使用标准的工作描述措辞；第二，字体应该易于扫描，否则你的简历就会被放入“拒绝”文件夹。简历应该用高质量的白色或灰白色纸（而不是古怪的颜色）打印。但在某些工作领域，如需要表现创造力的艺术行业，这个建议可能不怎么适用，不过这只是特例。选择含棉20%的高级白纸绝不会出错。无论如何不要使用标准复印纸，因为它使你看上去好像是在海投简历（即使确实是这样，也不要使用复印纸）。

我们上面所讨论的内容也通常适用于制作电子简历。招聘广告中通常会说明是否需要电子简历，招聘网站也会直接向雇主提供你的电子简历。很多有进取心的求职者会建立自己的网页来自我推销，不仅有标准的简历内容及支持性文件，有时甚至还有自我介绍的视频，这样的简历叫作网页式简历。当他们得知某个工作空缺时，会鼓励潜在的雇主来他们的网页浏览。

不管你的简历是电子版的还是纸质版的，一定要仔细校对。因为简历是招聘者认识你的唯一材料，一份马虎草率的简历注定你会被淘汰。简历中的拼写或语法错误会影响你获得面试的机会。因此，要好好校对几遍你的简历，如果可能的话，请别人也帮忙校对一下。

如何在面试中有突出表现

能否获得一份工作，面试起着关键性作用。直到你接到面试通知为止，招聘者看到的只是你精雕细琢的求职信和简历。然而你要记住，几乎没有人能不通过面试就得到一份工作。不管你的条件多么符合那个职位，如果你在面试中的表现不尽如人意，很可能不会被录取。

面试之所以被普遍采用，是因为它能帮助招聘人员从动机水平和人际交往能力方面确定你是否适合公司。下面的建议可以帮助你在面试中取得成功。

首先，做一些“作业”。在互联网或图书馆搜索你要面试的公司，尽可能多地获取信息，尽可能全面地了解这家公司，比如它的历史、市场、财务状况以及竞争对手。

面试的前一天晚上，好好地睡一觉。在准备面试时，要记得外形是留给别人的第一印象。穿着要得当，不恰当的着装可能会给人留下负面印象。提前 15 分钟到达面试地点，等待总比应对堵车等突发情况要好。提早到达也可以给你一个机会了解面试环境，更多地了解这家公司。要注意等候室的布局、接待员的正式程度以及其他能让你更加了解公司的事情。

见到招聘人员时，请上前握手，握手要坚定有力。面试全程都要与招聘人员保持良好的眼神沟通。切记，肢体语言可能会泄露那些你不想让招聘人员知道的秘密。坐姿要端正得体。你肯定会感到紧张，但是要尽量放松。招聘人员也知道你会紧张，好的招聘人员会尽量使你放松。提前准备面试有助于你建立自信，缓解紧张情绪。

很多面试都会以一个程式化的问题开头，比如“介绍一下你自己”。招聘人员并不是真的想让你从小学说起，听你谈论童年时光。这种问题有套路可循。可以用“电梯演讲”的方式帮助招聘人员了解你的背景、过去的成绩、加入该公司的原因以及未来的目标。把这些内容压缩在 30 秒至 2 分钟时间。你可以在头脑中构思，但在面对不同的招聘人员时要会即兴发挥。可以在别人面前大声练习电梯演讲，并请他给出反馈。

你可以提前准备一些常见问题来建立自信。可以在学校的就业辅导中心获取这些信息。提前准备这些问题的大致答案，面试时就不至于措手不及。但我们最好的建议是：做真实的自己。不要在面试时背诵提前准备的内容，回答问题时要做到心中有数，不要按照提前准备好的脚本回答。有经验的招聘人员会一眼看穿这些小伎俩，可能会降低对你的评价。

如果可能，建议“实战”练习几次。学校里通常有校园招聘日，公司的招聘人员会进行现场面试。要好好地利用这些机会，即使你并不想申请某个工作，但实战练习会提升你的面试能力。你还可以与家人、朋友、职业咨询师、同学群体或指导老师一起练习。

面试结束后，要感谢招聘人员给你表达自己的机会。不要认为“自我推销”就到此为止了。回到家后，你应该给招聘人员发一封感谢信，感谢他抽时间面试你，给你机会讨论自己的候选资格。这种细节的礼貌行为会让招聘人员对你留下良好的印象，所以要善于利用。

助你走向成功职业生涯的几点建议

如何为自己职业生涯的成功增添砝码？你已经完成了最重要的一件事：接受大学教育！这绝对是一件可以增加收入的事。目前，高中毕业生平均每年能挣 27 915 美元，但大学毕业生平均每年能挣 51 206 美元。在整个职业生涯中，本科生要比高中生多挣 800 000 美元。投资教育和培训是最明智的选择。除此之外，你还能做些什么呢？以下是根据大量职业管理研究总结出的一些建议。

了解自己的优势和劣势 你有什么天赋？与他人相比，你有什么竞争优势？你是否对数字特别敏感？你是否擅长人际沟通？有没有一双巧手？是否擅长写作？每个人都有自己的强项和弱项，要发挥你的长处。

寻找市场机会 未来的工作机会在哪？不论你有哪些优势，有些工种在未来的几十年很有可能出现衰退，如银行出纳、小农户、电影放映员、旅行社和秘书等。然而，由于人口老龄化加剧，人们日渐重视技术，加大对教育与培训的投入，关注个人安全，可能会创造出大量的机会，如老年医学咨询、网络管理、咨询师培训、安保公司等职业。

对自己的职业负责 以前公司会为员工管理职业，但是现在，除非有条款规定，否则几乎是不可能了。公司希望员工可以对自己的职业负责。

如果把职业看作一门生意，你就是自己的 CEO。为了使你的公司生存下去，你要观察市场中的各种力量，小心竞争对手，随时准备抓住机遇。你必须保护自己的职业，还要调整自己，从不断变化的环境中获益。

培养人际关系能力 人际关系能力，尤其是沟通能力，是雇主最看重的技能。不管你是要找工作还是升职，强大的人际关系能力永远会给你带来竞争优势。

熟能生巧 越来越多的证据表明，那些成功人士其实本质上和大多数人没什么两样，他们只是更努力、更聪明地工作而已。这是对世界顶尖的音乐家、运动员、象棋大师、科学家和商人的研究得出的结论，如泰格·伍兹（Tiger Woods）、莫扎特（Mozart）、比尔·盖茨（Bill Gates）等。这些人在迈向人生巅峰之前都花了上万小时（或者 10 年，每年 1 000 小时）来训练和练习。如果你想在哪个领域有所成就，就需要进行大量练习，即不断重复那些可以提升能力的活动。

与时俱进 现在的世界瞬息万变，任何技能都会很快过时。为了使你的职业生涯与时俱进，你需要终身学习，不断地“上学”。即使不能去学习正式的课程，也要阅读书籍和期刊，以确保你的技能不会过时。

建立人脉 人脉是指为了达到目标，与他人建立和维持互利的关系。这有助于结交高层次的朋友，使你及时了解到组织和行业中的变革。还可以多去参加会议，与大学同学和校友保持联系，多参加社区活动等，细心经营你的人际关系。当今世界，人和人的联系越来越紧密，还可以加入在线企业网络群体，如 LinkedIn、Spoke 和 Talkbiznow。

提高知名度 扩大人脉可以提高你的知名度。在专业期刊上发表文章，授课或在自己的专业领域发表演讲，参加专业研讨会，以及适度宣传自己的成就，都可以提高知名度。通过提高知名度，你可以提升自己在人才市场中的机动性和价值。

寻找指导者 如果员工有指导者，就可以提高在组织中的机动性，增加对组织的了解。他们会有机会接触高层管理者，对工作会越来越满意，自己也会越来越显眼。指导者还可以帮助女性员工和少数群体推动职业发展，促进事业成功。

利用竞争优势 要发展那些能给你带来竞争优势的技能，尤其要重视雇主看重的、比较稀缺的技能以及你的竞争力有限的领域。千万要避免这样的悲剧——别人只要半小时就能学会你的工作。记住一点：那些你很难掌握的价值较高的技能，别人同样很难掌握。一般来说，一份工作需要的培训越多，而接受过培训的人越少，你的“饭碗”就越安全，影响力也越大。

有一个多年来学生和教授都认同的观点是：想要在学业上取得成功，你需要全面发展，在每个方面都要做得比别人出色。比如，要想拿到 4.0 的平均成绩点数（GPA），就必须学好英语、数学、科学、地理、语言等多门课程。然而，“现实世界”只会嘉奖专业人士，所以你不必样样在行，只需要擅长一些他人不擅长而社会需要的技能就够了。成功的诀窍就在于找到你的比较优势并充分挖掘利用。此外，还有我们之前提到的，你还需要付出大概 10 000 小时来练习技能、精通专业。

勇于冒险 不要害怕冒险，尤其在你年轻的时候。没什么好顾虑的，你也没有太多的东西可输。回学校继续深造、搬到另一个州、出国、辞职创业，都是开始新生活的好机会。伟大的成就都需要经过一些别人没走过的路，没有人知道终点在哪儿，沿途充满了未知的恐惧。

跳槽没什么大不了　上一代人总是认为“不要轻易辞掉一份好工作”。这个观点现在不适用了。如今的劳动力市场瞬息万变，原地踏步就意味着落后。雇主也不再期望员工会保持长期的忠诚。为了让你的技能跟上时代的脚步，为了增加收入，或者为了增加工作的趣味性，你很可能会需要换工作。

机会+准备+运气=成功　成功人士大多有抱负、聪明且勤奋，此外，他们还很幸运。微软公司的比尔·盖茨和保罗·艾伦（Paul Allen），苹果公司的史蒂夫·乔布斯（Steve Jobs），太阳微系统公司的斯科特·麦克尼利（Scott McNealy），都出生在 1953 年 6 月—1956 年 3 月。他们都很聪明，对计算机和技术都很感兴趣，也都非常幸运。1975 年个人计算机兴起之际，这些人刚 20 岁出头，年轻有为。而拥有同样兴趣和才能的人若是出生在 20 世纪 40 年代中期，他们大学毕业后极有可能会加入 IBM 这样的公司，倾心于研究大型计算机；而如果他们出生在 20 世纪 60 年代，可能就无法成为这一伟大变革的奠基人物了。

结束语

机会永远属于有准备的人。我们一生中只会碰到几个绝好的机会。你必须比别人先行一步才能发现机遇，做好充分准备，然后向世人展现自己。

我们无法控制出生的年代和地点，也无法控制父母的经济状况等，但当机会来敲门时，我们可以控制自己的准备程度和抓住机遇的意愿。

在未来的组织中取得成功，这并不是绝望的空想。你必须认识到过去的职业道路已成历史，昨日不会重现。但是，只要你做好充分的准备，保持积极的心态，就可以开启职业生涯成长之门。然而，现在，这将只是你自己的责任。

祝你好运！我们衷心希望本书能够帮助你实现自己的职业目标！

推荐阅读·管理经典译丛

书名：《管人的真理》（原书第4版）

原书名：The Truth about Managing People

［美］斯蒂芬 P. 罗宾斯（Stephen P. Robbins）◎著

慕云五 尚玉钒◎译

销量突破600万册的全球管理畅销书作者最新力作！

《金融时报》最佳畅销书！

原书第4版最新修订，管理学权威罗宾斯博士从最重要的管理学实证研究中，提炼出的62条行之有效的真理。

在这个快速变化的时代，找到管人的最好方法。

书名：《管人的艺术》（原书第6版）

原书名：Training in Interpersonal Skills：Tips for Managing People at Work

［美］斯蒂芬 P. 罗宾斯(Stephen P. Robbins) 菲利普 L.亨塞克（Phillip L. Hunsaker）◎著

樊 登 马思韬◎译

全球众多商学院一致选用的经典教材！

销量突破600万册的全球管理畅销书作者最新贡献！

在《管人的艺术》中，斯蒂芬 P. 罗宾斯把倾听、交流、合作、授权、反馈、劝说、谈判这些日常管理工作都变成一个一个的“范式”和工具，无论你悟性如何经验几多，只要严格按照步骤进行，就能做到起码80分。

书名：《卓越领导者》

原书名：The Extraordinary Leader: Turning Good Managers into Great Leaders

［美］约翰H.曾格（John H. Zenger）
约瑟夫·福克曼(Joseph Folkman）◎著

赵 实◎译

戴维·尤里奇、马歇尔·戈德史密斯、詹姆斯M.库泽斯等全球顶级管理大师一致推崇的领导力大师代表作

从优秀经理人迈向卓越领导者的登峰之道

《卓越领导者》必然是一本学者及从业者在未来几年里会不断参阅的书籍。如果你的目标是想超越自我，成为一名更为出色的领导者，你一定要阅读这本书。

——詹姆斯 M.库泽斯

书名：《高管继任》

原书名：Succession: mastering the Make-or-Break Process of Leadership Transition

［美］诺埃尔 M.蒂奇（Noel M. Tichy）◎著

徐汉群 等◎译

领导力大师、《商业周刊》"世界最有才华的十位管理大师之一"诺埃尔·蒂奇30年经验之大成

世界500强领导力开发圣经

要读这本重要的书——公司的未来就取决于你从中学到了什么。

——肯·布兰佳

书名：《无边界组织》

原书名：The Boundaryless Organization: Breaking the Chains of Organization Structure, Revised and Updated

［美］戴维·尤里奇（Dave Ulrich） 等◎著

康至军 等◎译

全球排名第一的管理学大师戴维·尤里奇畅销代表作！

张瑞敏说，互联网时代企业运行特点是三无：组织无边界，管理无领导，供应链无尺度。

《无边界组织》对传统管理体系的核心，包括它的一切壁垒、边界和限制发起了猛攻。书中充满了实用的行动建议，它们对任何规模的企业都会非常有帮助。

书名：《战略的回归》

原书名：Bringing Strategy Back: How Strategic Shock Absorbers Make Planning Relevant in a World of Constant Change

［美］杰弗里 L.桑普勒（Jeffrey L.Sampler）◎著

方 颖◎译

中欧国际工商学院管理学教授杰弗里 L.桑普勒博士最新力作，塔克商学院教授、通用电气前首席创新顾问维贾伊·戈文达拉扬(Vijay Govindarajan)作序推荐

《战略的回归》重新定义了组织进行战略规划的方法，解决了如何应对持续变化和动荡的环境、如何调整战略规划的问题。